Parece haber un resurgimiento del interés por Tomás de Aquino y la teología natural en los tiempos que corren. Estoy totalmente a favor de recoger lo que podamos de quienes nos han precedido, y Tomás no es una excepción. Sin embargo, ¿cómo debemos evaluar este renacimiento del interés Tomista? Debemos evaluarlo porque este resurgimiento del interés se da principalmente entre teólogos y pastores reformados. Necesitamos evaluarlo porque abundan las afirmaciones de lo que constituye el Teísmo Clásico (esas afirmaciones frecuentemente apelan a Tomás y a la teología natural). Jeffrey Johnson nos ha ofrecido un importante análisis de este tema. Con su habitual amplitud de conocimientos y perspicacia, Jeffrey ha ofrecido una evaluación imparcial de Tomás y la teología natural. Este libro me ha resultado increíblemente útil. No todo el mundo estará de acuerdo con la valoración de Jeffrey sobre Tomás y la teología natural, pero no podrá discrepar a la ligera. Insto especialmente a los pastores a que abran y digieran este importante libro.

—Dr. Brian Borgman,
Pastor fundador de Grace Community Church
Minden, Nevada

Tomás de Aquino proyecta una larga sombra sobre los salones sagrados de la historia de la Iglesia. Hoy en día, el entusiasmo por el teísmo de Tomás incluso ha ganado terreno en la comunidad reformada. Por eso el libro de Jeffrey Johnson es tan oportuno y necesario. Jeff se centra en el "defecto fatal" del método teológico del Aquinate: su teología natural. En un intento de hacer de la filosofía la sierva de la teología, Tomás sacrifica la inmanencia divina en el altar de un tipo pagano de trascendencia que tiene más afinidad con el deísmo que con el cristianismo. Al final, la teología natural de Tomás (que se basa en una metafísica griega) funciona como una especie de lecho de Procusto hermenéutico en el que el testimonio bíblico de un Creador-Redentor trino se "redimensiona" para ajustarse más a las dimensiones del Impulsor Inmóvil de Aristóteles. Tal metodología, como muestra Johnson, distorsiona el retrato bíblico de Dios Padre, Hijo y Espíritu Santo. Además, socava la suficiencia y autoridad de las Escrituras. No podría estar más de acuerdo. Si estás considerando las llamadas contemporáneas a casar tu teología reformada con el tomismo, te insto a que leas la juiciosa crítica de Jeff.

—Dr. Robert Gonzales Jr.
Decano Académico y Profesor de Estudios Bíblicos
Reformed Baptist Seminary
Sacramento, California

En los círculos evangélicos y reformados está en auge la recuperación y el refuerzo histórico y teológico, y como amante de la historia de la Iglesia, creo que en última instancia es algo bueno. Sin embargo, el péndulo parece oscilar hacia el extremo de que todo lo antiguo es bueno y, por tanto, todo debe ser bien recibido. Jeffrey Johnson presenta un argumento convincente, que en el caso de Tomás de Aquino, deberíamos hacer una pausa en nuestro abrazo al "Doctor Angélico". Explica que Tomás era un innovador en su época que se desviaba de la teología clásica recibida, y al hacerlo, cometió un error fatal en la raíz de su método teológico que produjo un fruto inferior. Si la teología natural de Tomás parte de la razón del hombre y nunca se reconcilia verdaderamente con la teología revelada, entonces nunca podremos tener un conocimiento adecuado de Dios y, por tanto, nunca experimentaremos verdaderamente la vida eterna (Juan 17:3).

— Dr. Ryan L. Rippee
Presidente y Profesor de Historia de la Iglesia y Teología
The Cornerstone Bible College and Seminary
Vallejo, California

Existe una tendencia creciente a recuperar teológicamente la época patrística y medieval para la Iglesia actual. Las obras de Tomás de Aquino, teólogo medieval *por excelencia*, vuelven a estar en manos de muchos evangélicos. Sin embargo, quizá con demasiada frecuencia se lee a Tomás de Aquino en el vacío, o sus obras de forma aislada, sin una comprensión contextual más amplia de su vida, su época y sus influencias. El libro del Dr. Johnson sirve como un correctivo crucial para aquellos que abrazan todas las cosas de Aquino sin comprender realmente su teología filosófica y naturalista. Comprender la influencia que Aristóteles y Pseudo-Dionisio ejercieron sobre Tomás proporciona una visión aguda de la comprensión que el Aquinate tenía de Dios y de su creación. Este libro critica con razón tanto a los trinitarios sociales que elevan la diversidad en Dios por encima de su unidad, como a muchos estudiosos trinitarios contemporáneos que enfatizan tanto la unicidad de Dios que no dedican el tiempo y la atención adecuados a su trinidad. Johnson proporciona una advertencia necesaria y necesaria a aquellos que desearían bautizar al Aquinate como evangélico de que, aunque hay mucho oro que recoger en los escritos de este teólogo, sus obras deberían ser analizadas cuidadosa y bíblicamente más que abrazadas sin reservas. Tanto pastores como eruditos se beneficiarán enormemente de este estudio más profundo y amplio de la teología filosófica de Tomás de Aquino.

—Jonathan J. Routley
Profesor de Biblia y Teología
Emmaus Bible College

Tomás de Aquino fue un hombre brillante, y su material filosófico en particular es de una profundidad abismal. El erudito, pero ameno texto de Jeff Johnson muestra que, a pesar de su intelecto, la metafísica mezclada, la metodología mixta y la promoción de la "inmovilidad divina" de Tomás de Aquino merecen una gran cautela. Hay mucho que considerar y evaluar dentro del extenso sistema llamado "teísmo clásico"; el libro de Johnson nos ayuda a conseguir una base sólida para esta tarea. Revela por qué es del todo impropio bautizar a Aristóteles como hizo el Aquinate, y no menos problemático para él (y para nosotros) abrazar el misticismo indiferenciado de Dionisio. Este es el libro que la Iglesia necesitaba sobre este tema. Es una lectura urgente de uno de nuestros mejores teólogos.

—Dr. Owen Strachan
Rector y Profesor de Investigación de Teología
Grace Bible Theological Seminary
Conway, Arkansas

Hoy en día, en los círculos reformados se promueve cada vez más la opinión de que para ser históricamente reformado uno debe ser Tomista en cierto grado. Estoy de acuerdo con el desafío de Jeff a esta noción, especialmente cuando se trata de la idea Tomista de la teología natural. Tomás de Aquino no es la única ni la mejor alternativa histórico-eclesiástica para el cristiano reformado. Está claro que Calvino prefería los planteamientos de Agustín sobre muchas cuestiones, incluido el conocimiento de Dios, a los de Tomás. (Cita a Agustín de forma mayoritariamente positiva en las *Institutas* más de 300 veces, pero a Tomás sólo unas 3 veces y de forma mayoritariamente negativa). El libro de Jeff es una contribución bienvenida al debate que está y debería estar teniendo lugar en los círculos reformados sobre el valor del tomismo en general y la utilidad de su teología natural en particular.

—Dr. Sam Waldron
Presidente y Profesor de Teología Sistemática e Histórica
Covenant Baptist Theological Seminary
Owensboro, KY

Jeff Johnson ha proporcionado a la Iglesia de Jesucristo un estudio sólido y perspicaz de Tomás de Aquino con *El fracaso de la teología natural.* El autor ha hecho el trabajo de campo necesario y se adentra en los detalles del pensamiento de Tomás con respecto a la teología natural y escribe de forma clara y convincente. En concreto, Johnson se centra en la afirmación de Tomás de la idea aristotélica de la inmovilidad divina como núcleo de su problema. Por el camino, Johnson aborda el argumento cosmológico y la relación entre filosofía y teología. La fuerza del trabajo de Johnson aquí es su intrínseco fundamento trinitario. Se trata de una lectura obligada tanto si se está de acuerdo con el autor como si no. Los futuros trabajos sobre la importancia de Tomás deberán tener en cuenta los argumentos aquí expuestos.

—Jeffrey C. Waddington, PhD
Pastor de Faith Orthodox Presbyterian Church,
Glenside, Pensilvania

Muy pocos protestantes, en particular dentro de la tradición reformada, evalúan críticamente a Tomás de Aquino. A menudo se le celebra como un gran intelectual al servicio de la cristiandad, pero pocos reconocen que Aquino no llevó a cabo su labor filosófica de manera verdaderamente cristiana. Fue mi lectura de Herman Dooyeweerd, H. Evan Runner y Cornelius Van Til lo que me abrió los ojos al pensamiento de síntesis de Aquino. Su aporte a la escolástica afianzó aún más la infiltración pagana de la filosofía griega y su influencia en el pensamiento cristiano, un proceso que comenzó con los padres de la Iglesia. Fue el esquema naturaleza–gracia, y la Reforma procuró deshacer esta síntesis al recuperar el marco bíblico de Creación–Caída–Redención. Leer el libro de Johnson es como un soplo de aire fresco, pues nos llama a contemplar la obra de Aquino con ojos críticos mientras procuramos mantener nuestro pensamiento fiel al señorío de Cristo.

—Steven R. Martins
Director del Cántaro Institute,
Pastor de Sevilla Chapel, St. Catharines,
Ontario, Canada

EL FRACASO DE LA TEOLOGÍA NATURAL

UNA EVALUACIÓN CRÍTICA DE LA TEOLOGÍA FILOSÓFICA DE TOMÁS DE AQUINO

Jeffrey D. Johnson

UN SELLO EDITORIAL DEL CÁNTARO INSTITUTE.

El fracaso de la teología natural: Una evaluación crítica de la teología filosófica de Tomás de Aquino

Publicado por Cántaro Publications, un sello editorial del Cántaro Institute, Jordan Station, Ontario, Canadá.

Composición tipográfica: Cántaro Institute

Diseño de portada: Steven R. Martins

Traducido al español por: Arturo Valdebenito y Joe Owen

Para precios por volumen, por favor contacte a info@cantaroinstitute.org

Library & Archives Canada

ISBN 978-1-998711-24-6

Impreso en los Estados Unidos de América.

Dedicado a
Dr. James Fetterly

Contenidos

Abreviaturas

Tomás de Aquino

CJ	*Comentario sobre Juan*
DDN	*Dionysii De Divinis Nominibus*
DT	*Comentario al De Trinitate de Boecio*
ES	*Sobre la Esencia y el Ser*
SI	*Sobre la Existencia de un Solo Intelecto*
QDP	*Quaestiones Disputatae De Potentia* Dei
QDQ	*Quaestiones De Quolibet I-XI*
SCG	*Summa Contra Gentiles*
ST	*Summa Theologiae*
ECA	*El Catecismo de Aquino*

Aristóteles

Metaf.	*Metafísica*
Fis	*Física*

Pseudo-Dionisio

ND	*Nombres Divinos*
TM	*Teología Mística*

Introducción

Tomás de Aquino fue un teólogo errante; se calcula que recorrió más de catorce mil quinientos kilómetros por Europa.[1] Después de cumplir veintitrés años, nunca permaneció en un mismo lugar más de tres años. De Nápoles a París, pasando por Colonia, siguió recorriendo Europa -todo a pie- hasta su prematura muerte. Como fraile dominico, había hecho el voto de no viajar nunca a lomos de un animal, por lo que iba a pie a todas partes. [2]

Pero aún más impresionante que el ingente número de pasos que dio el Aquinate es el ingente número de páginas que escribió: casi un centenar de libros en total.[3] Su vida estuvo dedicada a la escritura, y tras una vida de escritura había una vida contemplativa de pensamiento. A menudo estaba tan absorto en la contemplación que perdía la noción de lo que le rodeaba. Una vez, olvidando que estaba cenando con Luis IX, el rey de Francia, de repente golpeó la

1. Véase Thomas O'Meara, *Thomas Aquinas Theologian* (Notre Dame, IN: University of Notre Dame Press, 1997), 34.

2. Sin embargo, hay que señalar que, según Jean-Pierre Torrell, era tan urgente que Tomás llegara a París en 1268 que sus superiores le ordenaron que viajara en barco desde Roma, vía Civitavecchia, hasta Aigues-Mortes, para luego remontar el Ródano. Véase Jean-Pierre Torrell, *Saint Thomas Aquinas*, Vol. 1 The Person and His Work, trad. Robert Royal (Washington, DC: The Catholic University of America Press, 2005), 181-182.

3. *The Works of Thomas Aquinas* de Logos tienen más de veinte mil páginas.

mesa con el puño y exclamó: "¡Ahí está el argumento concluyente contra la herejía maniquea!". "'Maestro', dijo el prior, mientras tiraba de la manga de Tomás para sacarle de su meditación, 'ten cuidado: estás sentado en este momento a la mesa del rey de Francia'".[4] En otra ocasión, mientras dictaba por la noche, estaba tan absorto en sus pensamientos que no se dio cuenta de que la vela se consumía hasta que sus dedos se chamuscaron.[5] Aquellos que reflexionan larga y profundamente sobre un único tema suelen tener dificultades para pensar en cualquier otra cosa, y esto era ciertamente cierto en el caso de Aquino.

Su profunda contemplación estaba motivada por su incesante búsqueda del conocimiento. Estaba tan dedicado a sus estudios que sólo se tomaba tiempo para comer una vez al día. Y Tomás demostró que amaba el conocimiento más que las riquezas de este mundo. En su deseo de convertirse en estudiante, renunció a la vida de ocio que la riqueza de su familia podría haberle proporcionado. En una ocasión afirmó que el conocimiento contenido en un libro concreto que deseaba era de mayor valor que toda la riqueza de París. Lo dijo mientras contemplaba el panorama de la ciudad, incluidos los campanarios recién construidos de la catedral de Notre Dame.

Con tanto esplendor ante sus ojos, su compañero de viaje comentó: "¡Qué hermosa es esta ciudad de París!".

"Efectivamente, muy bonito", respondió Thomas.

"¡Ojalá esta ciudad fuera tuya!", siguió diciendo su amigo.

"A decir verdad", respondió Aquino, "preferiría las homilías de San Crisóstomo sobre Mateo".[6]

---

4. Jacques Maritain, *Saint Thomas Aquinas: The Angel of the Schools*, trad. J. F. Scanlan (Londres: Sheed & Ward, 1948), 12.

5. Véase Josef Pieper, *The Silence of Thomas Aquinas*, trad. John Murray, S. J., y Daniel O'Connor (South Bend, IN: St. Augustine's Press, 1963), 13.

6. Véase Martin Grabmann, *Thomas Aquinas: His Personality and Thought* (La-

Como estudiante, Aquino trató de aprender de todos, incluso de aquellos con los que no estaba de acuerdo. Respetaba a sus oponentes intelectuales y presentaba sus argumentos de la mejor manera posible, aunque sólo fuera para ayudar a afinar su propio pensamiento.[7] Cuando uno de sus oponentes, por ejemplo, le enviaba una carta objetando algo que había escrito, Tomás respondía rápidamente replanteando esas objeciones con más claridad y fuerza antes de desmontarlas sistemáticamente.

Sin duda, Thomas tenía una mente brillante. "Cuando le preguntaron", comentó G. K. Chesterton, "[por] qué era lo que más agradecía a Dios, respondió simplemente: 'He entendido todas las páginas que he leído'".[8] Uno de sus primeros biógrafos, Guillermo de Tocco, contaba que en todas sus oraciones pedía a Dios sabiduría. [9]

Y aunque el Aquinate no pasó de los cuarenta años, fue capaz en su breve vida de dejar una impronta permanente en la historia del pensamiento occidental. Las fuentes secundarias sobre el Aquinate son demasiado vastas para enumerarlas, y miles de comentarios, disertaciones y biografías se han dedicado a analizar a este teólogo medieval. El medio siglo que marca la corta vida de Tomás de Aquino ha dado lugar a más de siete siglos de estudios sobre su vida y obra por parte de laicos y eruditos por igual.

Tras años de estudio de la vida y la obra del Aquinate, estoy asombrado. Me asombra el rigor, la profundidad y la amplitud de su

---

Vergne, TN: Kessinger, 2010) 45.

7. Esto puede verse con mayor claridad en su obra polémica *Contra impugnantes Dei cultum et religionem*, donde refuta respetuosamente los ataques de Guillermo de Saint-Amour contra las órdenes mendicantes.

8. G. K. Chesterton, *Saint Thomas of Aquinas* (Nashville: Sam Torade Book Arts, 2019), 4.

9. Véase Josef Pieper, *Guide of Saint Thomas Aquinas*, trad. Richard y Clara Winston (Nueva York: Pantheon, 1962), 17-18.

pensamiento. Es inspirador, si no verdaderamente asombroso, ver lo que fue capaz de lograr en tan poco tiempo. Cuando una persona de gran inteligencia como Tomás de Aquino se entrega por completo a una sola tarea, es extraordinario lo que puede lograr. Muy pocos se acercan a ese nivel de concentración y disciplina. En verdad, Tomás de Aquino fue un pensador excepcional y un erudito prolífico.

Entonces, ¿por qué criticar a alguien por quien siento tanto respeto? Como protestante, me preocupa el resurgimiento del pensamiento Tomista en el cristianismo protestante. Como bautista reformado, me preocupa cada vez más la nueva atención que este teólogo católico está recibiendo entre muchos de mi propio campo. Y como pastor, me perturba profundamente que este resurgimiento del tomismo se esté deslizando lentamente desde el mundo académico a nuestras iglesias.

Aunque respeto mucho al Aquinate por su fortaleza intelectual, su profundidad de conocimientos y su prolífica producción, estoy convencido de que el Aquinate no es amigo del protestantismo. Tomás era poco ortodoxo en su soteriología, en parte, porque era poco ortodoxo en su eclesiología. No enseñó el evangelio del apóstol Pablo: un evangelio sólo por la gracia, sólo en la obra de Cristo, recibido sólo por la fe. En cambio, enseñó que la salvación depende de la Iglesia Católica y de la autoridad del Papa. [10]

Algunos argumentarían que muchos protestantes se sienten atraídos por este erudito católico no tanto por su soteriología o su eclesiología, sino por su teología propia. Esto puede ser cierto. Pero estoy convencido de que la doctrina de Dios del Aquinate también era errónea. Más que eso, estoy persuadido de que su doctrina de Dios es problemática para una visión adecuada del teísmo clásico.

El teísmo clásico no es tomismo. Aunque la apologética clásica se identifica correctamente con Tomás, el teísmo clásico se remonta

10. Véase “Apéndice: No entre los protestantes”.

mucho más atrás del siglo XIII. Y en lo que respecta a la teología propia, el Aquinate fue considerado en su época como un innovador. Al introducir conceptos aristotélicos en su teología propia, se apartó del platonismo establecido de Agustín. Muchos de sus contemporáneos le opusieron. Por ejemplo, trece artículos del Aquinate relacionados con su aristotelismo fueron condenados por el obispo de París, Esteban Tempier, en 1270. Y tres años después de la muerte de Tomás, el 7 de marzo de 1277, el Papa Juan XXI impuso sanciones disciplinarias a quienes enseñaran las tesis condenadas del Aquinate.

Por lo tanto, decir que el tomismo es lo mismo que el teísmo clásico es una simplificación excesiva. El teísmo clásico defiende con razón la aseidad, simplicidad e inmutabilidad divinas. Las confesiones del siglo XVII tienen razón cuando dicen: "Dios no tiene cuerpo, partes ni pasiones".[11] La aseidad, simplicidad e inmutabilidad divinas están arraigadas en las Escrituras, particularmente en el nombre de Dios: "Yo SOY EL QUE SOY" (Éxodo 3:14). Para que Dios sea independiente, todo lo que hay en Dios debe ser Dios sin separación ni mutación.

Sin embargo, cuando Tomás de Aquino introdujo conceptos aristotélicos en su teología propia, no sólo se apartó de los teólogos que le precedieron, sino que también alteró la enseñanza bíblica sobre Dios. Como se intentará demostrar en este libro, Tomás añadió a la naturaleza simple e inmutable de Dios un atributo adicional que no se enseña en las Escrituras: *la inmovilidad divina.*

Aquino asumió que la movilidad -el ejercicio voluntario del poder- es una característica esencial de la imperfección, la finitud y la temporalidad. Dado que Dios no puede ser ninguna de estas cosas, la movilidad no debe estar en Dios. Sin embargo, al añadir Tomás la inmovilidad a la lista de atributos divinos, otros atributos de Dios,

---

11. Véase el párrafo 1 del capítulo 2 de La Confesión de Fe de Westminster (1647) o La Segunda Confesión de Fe de Londres (1689).

como la aseidad, la simplicidad y la inmutabilidad, se vieron afectados negativamente. Además, como veremos, la inmovilidad afecta negativamente a los actos libres e innecesarios de Dios, como crear y gobernar el universo. Y lo que es más importante, la inmovilidad divina es incongruente con el Dios trinitario de la Biblia.

El peligro de este error no termina con asimilar el motor inmovible de Aristóteles con el Dios de la Biblia; termina con un impacto negativo en la totalidad de la teología propia. Al integrar las categorías filosóficas de Aristóteles en el cristianismo, el Aquinate introdujo un marco hermenéutico que configuró su comprensión de la revelación divina y del lenguaje de las Escrituras. En lugar de utilizar la Escritura para interpretar la Escritura, Aquino, como veremos, interpretó las Escrituras a través de la lente de la filosofía aristotélica. [12]

Debido a las similitudes entre el dios filosófico de Aristóteles y el Dios de la Biblia (aseidad, simplicidad e inmutabilidad) y debido a que el teísmo clásico está siendo atacado por los teólogos del proceso y los teístas abiertos, algunos protestantes hoy en día están tratando de defender el teísmo clásico apelando a los escritos filosóficos de Aquino. Esto, en mi opinión, es un exceso de corrección y comete el error fatal de mirar a la sabiduría del hombre -la filosofía- en lugar de a la sabiduría de Dios, *sola Scriptura.*

Mi esperanza es precisamente ésa: conducirnos a la revelación divina en nuestra comprensión de la naturaleza de Dios. Lo que Dios ha revelado en la naturaleza y en las Escrituras es la única guía segura

12. Algunos han argumentado, como J. V. Fesko y Arvin Vos, que Tomás no subyugó la teología a la filosofía. Véase J. V. Fesko, *Reforming Apologetics: Retrieving the Classic Reformed Approach to Defending the Faith* (Grand Rapids: Baker Academic, 2019), 71-96. Y Arvin Vos, *Aquinas, Calvino y el pensamiento protestante contemporáneo: A Critique of Protestant Views on the Thought of Thomas Aquinas* (Grand Rapids: Christian University Press, 1985), 66-75. Y más recientemente, véase *Aquinas Among the Protestants,* ed. Manfred Swensson y David VanDrunen (Oxford, Reino Unido: Wiley Blackwell, 2018).

para comprender a Dios. Mi esperanza es que veamos que nuestro conocimiento de Dios depende totalmente de Dios como revelador de sí mismo. Porque Él debe condescender y manifestarse a nosotros si queremos saber algo de Dios, o de lo contrario nos quedaremos preguntándonos y andando a tientas en la oscuridad.

Jeffrey D. Johnson
Presidente, Grace Bible Theological Seminary
Conway, Arkansas

1
El dilema de la teología natural

Tomás de Aquino sacrificó riqueza, poder y honor para convertirse en mendigo. A la edad de diecinueve años, cuando los jóvenes se sienten más atraídos por las seducciones y vanidades de este mundo, Tomás le dio la espalda a todo. No es que renunciara a la búsqueda de la gloria, sino que vació sus manos de la gloria que ya poseía por nacimiento.

Tomás nació en la gloria porque nació en la realeza: la pompa y el poder le rodeaban por todas partes. El emperador del Sacro Imperio Romano Germánico, Federico II, era primo de Tomás. Su padre, Landulfo, era conde de Aquino y caballero del reino de Sicilia. Su madre, Teodora, era condesa de Teano y probablemente pariente del único rey canonizado como santo, Luis IX, rey de Francia.

Por ello, Tomás nació privilegiado, con el mundo al alcance de la mano. No tuvo que escalar ninguna montaña para ver lo que el mundo tenía que ofrecerle; estaba ahí para que lo contemplara desde su nacimiento en 1225.[1] No sólo nació en lo más alto de la escala so-

1. La fecha de nacimiento de Tomás se determina contando hacia atrás desde la fecha de su muerte, el 7 de marzo de 1274. Su amigo y primer biógrafo, Guillermo de Tocco, afirmó que Tomás de Aquino tenía cuarenta y nueve años

cial, sino en la cima de una montaña literal: un escarpado acantilado conocido como la Roca Seca. Allí, en Roccasecca (Italia), vivió en un importante castillo desde el que podía contemplar los Apeninos y la gloria del mundo que se extendía bajo sus pies. [2]

Desde esta elevada posición, Tomás gozaría de todas las ventajas para convertirse en alguien notable. A los cinco años fue enviado a estudiar con su tío Sinibaldo a la cercana y famosa abadía de Monte Cassino.[3] A los trece años, Aquino continuó su educación en la recién fundada universidad de Nápoles.[4] Todo parecía ir en la dirección correcta para Tomás. Estaba destinado a ser alguien grande, hasta que decidió, para consternación de su familia, hacer lo impensable: ingresar en una orden mendicante. [5]

---

cuando murió, lo que situaría su nacimiento en 1225 y parece ser la fecha más comúnmente dada para su nacimiento. La confusión llegó cuando Tocco afirmó más tarde que no estaba seguro de si Tomás tenía cuarenta y nueve años o si había alcanzado los cincuenta, lo que situaría su nacimiento en 1224. Véase Pasquale Purro, *Thomas Aquinas: A Historical and Philosophical Profile*, trans. Joseph G. Trabbic y Roger W. Nutt (Washington, DC: The Catholic University of America Press, 2012), 3.

2. Cuando era niño, la hermana menor de Tomás "murió en la primera infancia, alcanzada por un rayo, mientras que el joven Tomás, que dormía cerca junto a su nodriza, se salvó". Jean-Pierre Torrell, *Santo Tomás de Aquino*, Vol. 1 La persona y su obra, trad. Robert Royal (Washington, DC: The Catholic University of America Press, 2005), 4.

3. En esta época, el padre de Tomás, Landulfo, donó veinte onzas de oro a la abadía para "la remisión de sus pecados" (véase Torrell, *Santo Tomás de Aquino*, 5).

4. Fundada el mismo año del nacimiento de Thomas, 1225.

5. Sus padres esperaban que siguiera los pasos de su tío Sinibaldo y se convirtiera en abad de la célebre abadía benedictina de Montecassino. La abadía se encuentra a unas ochenta millas al sur de Roma, en la frontera entre Hohenstaufen y el territorio papal. Durante la vida del Aquinate, el monasterio estaba en su edad de oro y tenía una historia de producir obispos, cardenales, e incluso tres papas:

A los diecinueve años, Tomás prefirió la pobreza a la riqueza y la mendicidad a una vida desahogada. Prefirió la vergüenza al honor, y decidió abandonar su elevado lugar en la montaña para caminar por el valle y las sombras de la oscuridad y la desgracia.

Tal era la frustración de su familia que, de camino a unirse a esta orden recién establecida de predicadores empobrecidos, los Dominicos, sus hermanos lo secuestraron y lo encerraron en el castillo de San Giovanni, propiedad de su padre, y luego lo llevaron de vuelta a su castillo de Roccasecca.[6] Durante aproximadamente un año, su familia lo mantuvo cautivo contra su voluntad. Para disuadir aún más a Tomás de tirar su vida por la borda, se cuenta que sus hermanos arrojaron a una prostituta a su alcoba con el fin de disuadirle de su voto de castidad. Tomás no cedió a tan radical disuasión, la ahuyentó y mantuvo su determinación.[7] Finalmente, su madre, por compasión, lo liberó, y el decidido joven se marchó a París, vía Nápoles, para hacerse fraile pobre y humilde.

Llegado a París en 1245 a la edad de veinte años, Tomás estudió en la Universidad de París con el famoso erudito aristotélico y dionisíaco Alberto Magno (c. 1200-1280). [8]

Aunque era una figura alta e imponente, Tomás era un estudiante tranquilo y tímido. G. K. Chesterton pintó al Aquinate como un "enorme y pesado toro de hombre, gordo y lento y callado; muy

---

Esteban IX, Víctor III y Gelasio II.

6. Josef Pieper, *The Silence of Thomas Aquinas*, trad. John Murray, S. J. y Daniel O'Connor (South Bend, IN: St. Augustine's Press, 1963), 9.

7. Supuestamente, tras este suceso, un ángel se acercó a Tomás por la noche y le colocó un cinturón de castidad.

8. Véase Thomas Schwertner, San *Alberto Magno: The First Universal Doctor* (Post Falls, ID: Mediarix, 2018). La primera estancia de Aquino en París y su propósito es objeto de debate entre los historiadores. Véase Torrell, *Saint Thomas Aquinas*, 19-24.

apacible y magnánimo pero poco sociable; tímido, incluso aparte de la humildad de la santidad".[9] Tan macizo era Tomás que "cuando pasaba, los campesinos de los campos dejaban sus labores y se acercaban a mirarle, llenos de admiración por un hombre de tanta corpulencia y belleza". [10]

Y como era tímido por naturaleza, aprendía en silencio. A diferencia de la mayoría de la gente, Thomas pasaba más tiempo pensando que hablando. Sin embargo, sus compañeros de clase lo juzgaban mal. Se referían a su corpulento pero tímido compañero como "el buey tonto".

Sin embargo, Albert, viendo algo especial en Thomas, defendió a su alumno estrella: "Le llamáis el buey mudo, pero en su enseñanza, un día producirá tal bramido que se oirá en todo el mundo". La profecía de Alberto no defraudó. En efecto, el bramido de Tomás se oyó en todo el mundo. Dejaría su huella tanto en la teología como en la filosofía. En lo que respecta a la teología, Tomás se convirtió en uno de los más grandes maestros de la Iglesia Católica. Fue declarado por el Papa Benedicto XV (1914-1922) maestro oficial de la Iglesia Católica. En cuanto a su filosofía, se le considera uno de los filósofos más destacados de la Edad Media.

La teología natural no es revelación natural

El centro de la teología y la filosofía del Aquinate era Dios. Y la rama de la filosofía que trata de la existencia y naturaleza de Dios se denomina *teología natural* (es decir, filosofía de la religión).

La teología natural no es revelación natural. Es importante subrayar esto porque la teología natural y la revelación natural son a

---

9. G. K. Chesterton, *Saint Thomas Aquinas* (Nashville: Sam Torade Book Arts, 2019), 4.

10. Esta descripción de Tomás de Aquino procede de la madre del amigo y secretario de Tomás, Reginald, y se cita en Jean-Pierre Torrell, "The Person and His Works", 26.

menudo confundidas por aquellos que intentan defender bíblicamente la validez de la teología natural. Por ejemplo, R. C. Sproul cometió este error cuando intentó justificar la teología natural de Aquino apelando a versículos de la Biblia que afirman la revelación natural.[11] J. V. Fesko también lo hace en su libro *Reforming Apologetics.*[12] James Barr, en su libro *Biblical Faith and Natural Theology*, también se equivoca en este punto cuando, después de señalar los versículos sobre la revelación natural, dice: "La Biblia misma sanciona, o depende, o implica, la teología natural". [13]

Sin embargo, probar la validez bíblica de la *revelación* natural no establece la validez bíblica de la *teología-filosofía* natural. Esto se debe a que filosofía y revelación no son lo mismo. "La revelación general difiere de la teología natural", afirma Robert Letham, en que "la revelación general se refiere a lo que Dios da a conocer de sí mismo a través de la creación. Es aceptada y comprendida por la fe. Procede de Dios y llega hasta nosotros. Por otra parte, la teología natural, como se la denomina, se refiere a los intentos de los seres humanos de argumentar a favor de la existencia y la naturaleza de Dios basándose en lo que se conoce u observa en la creación y la providencia. Supone que tenemos la capacidad de saber mucho sobre Dios basándonos en nuestros propios poderes de razón y observación".[14]

La teología natural es la filosofía de la religión, y la filosofía de la religión se limita a lo que puede conocerse sobre Dios a través de la razón y de nuestros sentidos empíricos. Al menos Aquino definió su

11. Véase R. C. Sproul, *Defending Your Faith: An Introduction to Apologetics* (Wheaton, IL: Crossway, 2009), 85.

12. Véase J. V. Fesko, *Reforming Apologetics: Retrieving the Classic Reformed Approach to Defending the Faith* (Grand Rapids: Baker Academic, 2019), 1-2.

13. James Barr, *Fe bíblica y teología natural: The Gifford Lectures for 1991* (Oxford: Clarendon, 1993), 21.

14. Robert Letham, *Teología sistemática* (Wheaton, IL: Crossway, 2019), 55-56.

propia teología natural como una "ciencia filosófica" "demostrada" y "construida por la razón humana".[15]

La teología natural, a diferencia de la teología revelada, no parte de la auto-revelación de Dios. La teología natural, al menos para el Aquinate, parte de la falsa noción de que el hombre ignora a Dios. En lugar de partir del conocimiento inmediato y la conciencia de Dios, la teología natural trata de construir un conocimiento de Dios a través de la razón y la experiencia. En resumen, para la teología natural Dios es la conclusión y no el punto de partida.

La revelación natural, en cambio, procede de la sabiduría celestial de un Dios infalible, mientras que la teología natural, como todas las formas de filosofía, procede de la sabiduría mundana de hombres falibles. La principal diferencia, por tanto, entre la revelación natural y la teología natural es la fuente de la que proceden: una de Dios y la otra del hombre. En consecuencia, la revelación natural y la teología natural tienen puntos de partida distintos.

Se puede objetar que la teología natural es la interpretación de la revelación natural. En otras palabras, aunque la teología natural no es lo mismo que la revelación natural, la teología natural se basa en la revelación natural. Es la razón construida a la luz de la naturaleza.

Pero éste no es el caso en absoluto, al menos no el caso de Tomás de Aquino. Este es otro malentendido común sobre la teología natural de Tomás de Aquino. La teología natural para Tomás de Aquino no es una ciencia filosófica lógicamente inducida o deducida de lo que se comunica universalmente en la revelación natural (es decir, la naturaleza). Este no es el caso en absoluto, y especialmente no es el caso de Tomás de Aquino. La revelación natural no desempeña

15. Tomás de Aquino, *Summa Theologiae*, trans. Padres de la Provincia Dominicana Inglesa, rev. Daniel J. Sullivan en Robert Maynard Hutchins, ed. gen., *Grandes libros del mundo occidental* (Nueva York: Enciclopedia Británica, 1952), 1.1.1 (en adelante citado en el texto como *ST*).

ningún papel en la teología natural del Aquinate. De hecho, como veremos, Aquino negó la existencia misma de la revelación natural cuando negó sus atributos esenciales. Para el Aquinate, el conocimiento de Dios no se comunica al hombre de forma universal, inmediata e innegable en la naturaleza.

Como se demostrará, la teología natural no se basa en la revelación natural, sino que se opone a ella. La teología natural niega la eficacia de la revelación natural. En lugar de doblar la rodilla para recibir humildemente lo que Dios da a todos los hombres gratuitamente, los hombres, en su propia sabiduría, prefieren intentar escalar su camino hacia Dios. En lugar de partir del conocimiento de Dios como algo universalmente dado, los "sabios" de este mundo prefieren pretender que su filosofar es necesario para convencerse a sí mismos y a los demás de la existencia de Dios. En resumen, a diferencia de la revelación natural, la teología natural no comienza con el conocimiento de Dios, sino que pretende terminar con el conocimiento de Dios.

Sin embargo, al partir de la base del hombre y no de Dios, la teología natural nunca llegará a Dios. Si al comienzo de nuestra investigación desechamos a propósito lo que ya sabemos que es verdad, ¿por qué deberíamos esperar llegar a las conclusiones correctas sobre Dios? Como veremos, la teología natural y la revelación natural no sólo tienen puntos de partida diferentes, sino también conclusiones distintas. Aunque los términos *teología natural* y *revelación natural* suenen parecidos, un examen más detenido de sus características distintivas revelará que la teología natural es en realidad antitética a la revelación natural.

Características de la revelación natural

La revelación natural es el conocimiento de Dios que Dios nos revela en la naturaleza. A través de la revelación natural, sabemos que Dios es absoluto y personal. A través de las obras completas de Dios (es decir, la creación), sabemos que Dios está por encima de la creación; a través de las obras continuas de Dios (es decir, la providencia), sabemos que Dios está cerca y toma interés en su creación. Por la ley de Dios escrita en nuestras conciencias, sabemos que Dios es santo (trascendente) y personal (inmanente). Y este conocimiento de la trascendencia e inmanencia de Dios se comunica universal, efectiva, inmediata y coherentemente por medio de las cosas que se ven (Sal 19:1-3). Por esta razón, el Dios que se revela en la revelación natural es el mismo Dios trascendente e inmanente que se revela en la revelación especial (es decir, la Biblia).

La revelación natural tiene su origen en Dios

El primer atributo de la revelación natural es que se origina en Dios. B. B. Warfield afirmó: "El hecho fundamental de toda revelación es que procede de Dios"[16] Dios es quien se comunica en la revelación natural. El medio no son las palabras, sino Sus obras creadas. La obra completa de Dios -el sol, las estrellas, las montañas, los arroyos, los árboles, los animales y todas las demás cosas creadas- da testimonio de la gloria, el poder y la creatividad de Dios. La obra continua de la providencia de Dios tiene por objeto manifestar su presencia (Hch 17:27). La ley escrita en la conciencia del hombre atestigua el desagrado de Dios con el hombre (Rom 2:15). Dios habla en todas estas cosas.

La revelación natural es universal

El segundo atributo de la revelación natural es su universalidad. La Biblia dice: "No hay lenguaje ni palabras ni es oída su voz. Por toda la tierra salió su voz y hasta el extremo del mundo sus palabras" (Sal

16. B. B. Warfield, "Revelation and Inspiration", en *The Works of Benjamin Warfield* (Grand Rapids: Baker, 2003), 1:16.

19:3-4). Como el calor del sol toca a todos, la revelación natural habla a todos.

La revelación natural es eficaz

El tercer atributo de la revelación natural es su eficacia. A Dios se le da bien expresarse. Dios se ha revelado de forma clara, persuasiva e innegable a todo el mundo. Nadie puede decir honestamente que no ha entendido el mensaje de la revelación natural. Nadie es ignorante, y nadie es honestamente agnóstico o ateo. Por esta razón, Joel Beeke y Paul Smalley afirman: "La revelación general no es una herramienta para que los cristianos convenzan a las personas de algo que no saben, sino para convencerlas de lo que sí saben y no cumplen". [17]

La revelación natural es inmediata

El cuarto atributo de la revelación natural es su *instantaneidad*. No hay lapsos de tiempo entre que Dios habla y el hombre comprende lo que Dios ha dicho. Todos los hombres tienen una conciencia inmediata de Dios. Como sostienen Beeke y Smalley, "La revelación general no es revelación potencial, sino revelación real".[18] Y John Owen dijo: "No hay necesidad de tradiciones, ni de milagros, ni de la autoridad de ninguna iglesia, para convencer a una criatura racional de que las obras de Dios son suyas, y sólo suyas; y que es eterno e infinito en poder el que las hizo. Llevan consigo su propia autoridad. Al ser lo que son, declaran de quién son". [19]

---

17. Joel R. Beeke y Paul M. Smalley, *Reformed Systematic Theology: Revelation and God* (Wheaton, IL: Crossway, 2019), 1:210.

18. Beeke y Smalley, 1:204.

19. John *Owen*, "Of the Divine Original, Authority, Self-evidencing Light, and Power of the Scripture", en *The Works of John Owen* (Edimburgo: Banner of Truth, 1968), 16:310-311.

Además, no se necesita ningún pensamiento discursivo, ningún silogismo, ningún razonamiento inductivo o deductivo, ninguna instrucción, ninguna argumentación y ninguna prueba racional para que el hombre tenga una conciencia inmediata de Dios en la naturaleza. Según Herman Bavinck, el conocimiento de Dios por parte del hombre "surge espontáneamente y sin coacción, sin argumentación ni prueba científica".[20] La creación proporciona este conocimiento tanto al culto como al inculto. Los ancianos, los jóvenes y todos los demás son plenamente conscientes de la trascendencia e inmanencia de Dios. Bavinck continúa diciendo: "El conocimiento de Dios nunca necesita ser inculcado en las personas por coerción o violencia, ni por argumentación lógica o pruebas convincentes, sino que pertenece a los seres humanos por su propia naturaleza y surge espontánea y automáticamente."[21] Y según Calvino, "existe en la mente humana, y de hecho por instinto natural, cierto sentido de la Deidad [*sensus divinitatis*], que consideramos indiscutible, puesto que Dios mismo, para evitar que ningún hombre finja ignorancia, ha dotado a todos los hombres de alguna idea de su Deidad. . . . Esta no es una doctrina que se aprenda primero en la escuela, sino una en la que cada hombre es, desde el vientre materno, su propio maestro; una doctrina que la naturaleza misma no permite que ningún individuo olvide." [22]

La revelación natural es continua

El quinto atributo de la revelación natural es su *perpetuidad.* Como un constante zumbido en el oído, Dios habla en cada momento

20. Herman Bavinck, *Reformed Dogmatics*, trad. John Bolt y John Vriend (Grand Rapids: Baker Academic, 2003), 2:71.

21. Bavinck, 2:73.

22. Juan Calvino, *Institutes of the Christian Religion*, ed. John T. McNeill, trad. John T. McNeill, trad. Ford Lewis Battles (Filadelfia: Westminster, 1977). 1.3.1.

de cada día y de cada noche. Es una comunicación incesante. La creación es un testimonio incesante e interminable de Dios. "Día tras día derrama palabra, y noche tras noche revela conocimiento" (Sal 19:2). El hombre no puede huir ni esconderse del conocimiento de Dios que se comunica continuamente en todas partes y en todo. "Dondequiera que pongas los ojos", afirmaba Juan Calvino, "no hay lugar en el universo en el que no puedas discernir al menos algún destello de su gloria".[23] Podemos suprimir el conocimiento de Dios, pero no podemos eliminar la comunicación divina que se encuentra en todas partes y en todo. Como Calvino señaló además, "El mundo entero es un teatro para la exhibición de la bondad, sabiduría, justicia y poder divinos" de Dios. Por tanto, "no podemos abrir los ojos sin vernos obligados a contemplarlo". [24]

La revelación natural es infalible

El sexto atributo de la revelación natural es *la infalibilidad.* Toda revelación es infalible. Puesto que la revelación procede del Dios que no puede errar ni mentir, la revelación, en todas sus formas, no puede mezclarse con errores o falsedades. Aunque la revelación natural no nos dice todo sobre Dios, lo que nos dice sobre Dios es infaliblemente cierto.

La revelación natural, por tanto, se extiende y se limita al conocimiento infalible de Dios, que se revela universal, eficaz, inmediata y coherentemente. En consecuencia, la filosofía y la ciencia no forman parte de la revelación natural. Aunque toda verdad es verdad de Dios, no toda verdad es comunicada universal, eficaz, inmediata, coherente e infaliblemente desde lo alto.

23. Calvino, 1.5.1.

24. Calvino, 1.5.1.

Características de la teología natural

La filosofía y la teología natural, en cambio, tienen las características opuestas a la revelación natural. La teología natural *no* es universal, efectiva, inmediata, coherente e infaliblemente comunicada desde arriba. En lugar de originarse en la mente de Dios, la teología natural se origina en la mente del hombre. La teología natural es el intento del hombre de descubrir la verdad sobre Dios mediante el análisis empírico y racional y la especulación filosófica. En consecuencia, como la teología natural no se comprende universal e inmediatamente, no deja a todos sin excusa. Pero, sobre todo, la teología natural no es infalible.

La teología natural no tiene su origen en Dios

El primer atributo de la teología natural es que tiene su origen en el hombre. La teología natural no es una revelación divina, sino una rama de la filosofía. En lugar de venir de lo alto como un don gratuito, la teología natural viene por medio de la demostración lógica y el "logro" humano (SI, 158). Aquino llamó a la teología natural una "ciencia filosófica" que tiene que ser "demostrada" y "construida por la razón humana" (ST, 1.1.1).

Por eso la teología de Juan Calvino es un rechazo práctico de la teología filosófica de Aquino. Según Calvino, la revelación natural no es una "ciencia filosófica construida por la razón humana", sino el conocimiento de Dios que todos los hombres tienen inmediatamente comunicado en la naturaleza. Para Calvino, todo conocimiento comienza con la conciencia de Dios. "No hay conocimiento", afirmaba célebremente Calvino, "que no comience por el conocimiento de Dios". El fundamento del conocimiento de Dios es el punto de partida sobre el que se asientan todos los demás conocimientos.

Sin embargo, la filosofía y la teología natural -al menos tal como las define el Aquinate- rechazan este punto de partida. "La existencia de Dios", argumenta el Aquinate, "no es evidente para nosotros. . . [sino que] puede demostrarse a partir de aquellos de sus efectos que nos son conocidos" (ST, 1.2.2). A modo de explicación, Etienne Gilson afirma: "Ya sea que partamos de la idea de Dios concebida en la mente humana con San Anselmo, o del hombre y el mundo con Santo Tomás, nunca, en ningún caso, partimos de Dios mismo: Él es invariablemente la meta".[25] Martin Grabmann afirma: "La existencia de Dios no es . . . una verdad inmediatamente evidente, ni innata, sino que es una verdad a la que sólo se llega por medio de la conclusión a partir de premisas". [26]

Para el Aquinate, el punto de partida de nuestra indagación comienza con lo que puede inducirse de la experiencia sensorial. "Según el filósofo [Aristóteles]", argumentó el Aquinate, "todo nuestro conocimiento comienza a partir de los sentidos. Ahora bien, [viendo que] Dios es lo más alejado de los sentidos, ... no lo conocemos primero, sino último". [27]

Por tanto, según el Aquinate, para averiguar el conocimiento de Dios hay que partir del estudio de las cosas sensibles: "Ahora bien, puesto que no conocemos la esencia de Dios, la proposición no nos es evidente por sí misma, sino que necesita ser demostrada por cosas que nos son más conocidas, aunque menos conocidas en su naturaleza, a saber, por los efectos" (ST, 1.2.1). Y el conocimiento de los efectos creadores de Dios comienza con los sentidos empíricos: "Ahora

---

25. Etienne Gilson, *The Spirit of Mediaeval Philosophy* (Notre Dame, IN: University of Notre Dame, 1991), 85.

26. Martin Grabmann, *Thomas Aquinas: His Personality and Thought*, trans. Virgil Michel (Nueva York: Longmans, Green, 1928), 99.

27. *Saint Thomas of Aquinas: Faith, Reason and Theology: Questions I-IV of His Commentary on the De Trinitate of Boethius*, trans. Armand Maurer (Toronto: Institute of Mediaeval Studies, 1987), 1.2 "Al contrario" (en adelante citado en el texto como *DT*).

bien, es natural al hombre alcanzar las verdades intelectuales a través de los objetos sensibles", afirmó el Aquinate, "porque todo nuestro conocimiento tiene su origen en el sentido" (ST, 1.1.9).

Así, la naturaleza de Dios -lo que trasciende el mundo físico- se deriva del estudio del mundo físico. Como Aristóteles (384-322 a.C.) antes que él, Tomás situó su metafísica tras el estudio del mundo físico. Por eso el Aquinate llamó a su teología natural una ciencia física construida por la razón humana.

La teología natural no es universal

Dado que la teología natural es una "ciencia filosófica que se construye por la razón humana", *no* es universalmente comprendida. Según Aquino, sólo personas extremadamente dedicadas e inteligentes pueden descubrir el conocimiento de Dios por este medio.

La teología natural no es eficaz

A diferencia de la revelación natural, la teología natural no se comprende eficazmente. Coincidiendo con Moisés Maimónides (1135-1204), Aquino afirmó que la Biblia es necesaria porque no todos los hombres son filósofos competentes:

> Si una verdad de esta naturaleza se dejara a la sola indagación de la razón, se seguirían tres desventajas. Uno es que el conocimiento de Dios quedaría confinado a unos pocos. El descubrimiento de la verdad es fruto de la investigación. Esto se lo impide a muchos. Algunos se ven impedidos por una incapacidad constitucional, ya que sus naturalezas están mal dispuestas para la adquisición del conocimiento. . . . A otros se lo impiden las necesidades de los negocios y las ataduras de la administración de la propiedad. Debe haber en la sociedad humana algunos hombres dedicados a los asuntos temporales. Estos no podrían dedicar tiempo suficiente a las lecciones aprendidas de la investigación especulativa para llegar al punto más elevado de la investigación humana, el conocimiento de Dios. También hay quienes se ven obstaculiza-

dos por la pereza. El conocimiento de las verdades que la razón puede investigar acerca de Dios presupone muchos conocimientos previos. En efecto, casi todo el estudio de la filosofía se dirige al conocimiento de Dios. De ahí que, de todas las partes de la filosofía, sobresale para ser aprendida en último lugar aquella que consiste en la metafísica que trata de los puntos de la Divinidad. Así, sólo con un gran trabajo de estudio es posible llegar a la búsqueda de la verdad antes mencionada; y este trabajo pocos están dispuestos a realizarlo por puro amor al conocimiento. Otra desventaja es que los que llegasen al conocimiento o descubrimiento de dicha verdad tardarían mucho tiempo en ello, a causa de la profundidad de tal verdad, y de los muchos requisitos previos para el estudio, y también porque en la juventud y en la primera edad adulta, el alma, sacudida de un lado a otro por las olas de la pasión, no es apta para el estudio de una verdad tan elevada: sólo en la edad madura el alma se vuelve prudente y científica, como dice el Filósofo. Así, si el único camino abierto al conocimiento de Dios fuera el de la razón, el género humano permanecería largo tiempo en las densas tinieblas de la ignorancia, pues el conocimiento de Dios, el mejor instrumento para hacer perfectos y buenos a los hombres, sólo llegaría a unos pocos, y a esos pocos después de un lapso considerable de tiempo. Un tercer inconveniente es que, debido a la debilidad de nuestro juicio y a la fuerza perturbadora de la imaginación, hay cierta mezcla de error en la mayoría de las investigaciones de la razón humana. Esta sería para muchos una razón para seguir dudando incluso de las demostraciones más exactas, no percibiendo la fuerza de la demostración, y viendo los diversos juicios de diversas personas que tienen el nombre de sabios. [28]

La teología natural no es inmediata

Por consiguiente, las conclusiones de la teología natural tardan en razonarse. Los silogismos son un proceso. La mente no ve la conclusión

28. Tomás de Aquino, "Summa Contra Gentiles, Book I-II," en Latin/English Edition of the *Works of Thomas Aquinas*, Vol. 11, trans. P. Laurence Shapcote (Green Bay, WI: Aquinas Institute, 2018), 1.1.4 (en adelante citado en el texto como *SCG*). Véase también Moses Maimonides, *The Guide for the Perplexed*, trad. Shlomo Pines (Chicago: University of Chicago Press, 1966), 1.33.

del silogismo inmediatamente, sino que tiene que unir los puntos. Por lo tanto, la teología natural no es inmediata.

La teología natural no es continua

Dado que Dios nunca deja de hablar en la naturaleza, el hombre no puede negar ni olvidar honestamente que existe un Dios trascendente e inmanente. Sin embargo, la teología natural depende de la inteligencia y la memoria del filósofo; por consiguiente, no es continua.

La teología natural no es infalible

Además, a diferencia de la revelación natural, la teología natural es falible. Aquino admitió que la teología natural está sujeta al error: "Además, en medio de mucha verdad demostrada hay a veces un elemento de error, no demostrado sino afirmado con la fuerza de algún razonamiento plausible y sofístico que se toma por una demostración" (SCG, 1.1.4).

La revelación natural no es teología natural

Por estas seis razones, la teología natural no es equivalente a la revelación natural. Por tanto, R. C. Sproul se equivocó al afirmar que "la teología natural procede de la revelación general de Dios en la naturaleza. Su origen es divino. El hombre, al nacer en este mundo, no necesita confiar en 'la razón sin ayuda', ya que desde la creación del mundo, los 'atributos invisibles de Dios, a saber, su poder eterno y su naturaleza divina, se han percibido claramente' (Rom 1:20a)".[29] Y Fesko se equivocó cuando dijo: "La teología natural se extrae del orden de la naturaleza, y la teología sobrenatural, que trasciende la razón humana, se extrae del orden de la gracia. Ambas formas de conocimiento son reveladas y no son meramente una cuestión de

29. Sproul, *Defending Your Faith*, 79.

descubrimiento humano".[30] Estas afirmaciones estarían bien si hubieran sustituido *teología natural* por *revelación natural*. Pero al confundir la teología natural con la revelación natural, tristemente están utilizando la Escritura, que es la sabiduría de Dios, para validar la filosofía, que es la sabiduría del hombre.

Entender la diferencia entre revelación natural y teología natural es vital. Algunos, como Sproul y Fesko, ven falsamente cualquier ataque a la teología natural como un ataque a la revelación natural. Mientras que otros, como Karl Barth, han rechazado la revelación natural en su rechazo de la teología natural.[31] Pero ninguna de estas opciones tiene por qué ser el caso si entendemos la diferencia entre teología natural y revelación natural.

Es posible rechazar la teología natural y afirmar la revelación natural. Por ejemplo, el filósofo alemán Max Scheler defendió la revelación natural en su rechazo de la teología natural. A diferencia de Karl Barth, Scheler no las unió erróneamente. Según G. C. Berkouwer, "Scheler piensa que el error básico de la teología natural tradicional es que intenta concluir lo que ya se posee de una fuente completamente diferente".[32] En otras palabras, la teología natural no se basa en la revelación natural (en la conciencia universal del Dios absoluto y personal), sino que descarta por completo la revelación natural. Beeke y Smalley también defienden la revelación natural al tiempo que rechazan la teología natural: "No debemos intentar una

30. Fesko, *Reforming Apologetics*, 2.

31. "Se podría pensar", afirmó Barth, "que nada podría ser más simple o más obvio que la percepción de que una teología que hace un gran alarde de garantizar la conocibilidad de Dios aparte de la gracia y, por tanto, de la fe, o que piensa y promete que es capaz de dar tal garantía -en otras palabras, una teología 'natural'- es totalmente imposible dentro de la Iglesia, y de hecho, de tal manera que ni siquiera puede ser discutida en principio" (*Dogmática de la Iglesia*, 2.1).

32. G. C. Berkouwer, *Studies in Dogmatics: General Revelation*, trans. Algemene Openbaring (Grand Rapids: Eerdmans, 1983), 77.

teología natural que establezca la razón humana como autoridad".[33] En consecuencia, Beeke y Smalley "creen que el mejor enfoque de estas cuestiones es afirmar la revelación general y, sin embargo, evitar la teología natural."[34]

En resumen, la teología natural, al igual que la filosofía, basa el conocimiento en la experiencia y el razonamiento humanos, y no en el fundamento de la revelación divina. Y la Biblia deja claro que la sabiduría que no se fundamenta en el temor de Dios no es sabiduría en absoluto (Prov 9:10). Y como afirmó Letham, "Dios es el presupuesto necesario para la vida humana, hasta el punto de que el necio es el que ha dicho en su corazón que no hay Dios (Sal 14:1)". [35]

El Dios de la teología natural

La teología natural pretende obtener un conocimiento filosófico de Dios *suprimiendo* el conocimiento de Dios que llega a través de la revelación natural. Sin embargo, como veremos, al negarse a partir de la conciencia universal de Dios, la teología natural es incapaz de llegar al mismo Dios de la revelación natural.[36] No se pueden rechazar los cimientos que Dios ya ha puesto y esperar construir una doctrina de Dios que se mantenga en pie. Tanto la trascendencia como la inmanencia de Dios, que Él ha revelado claramente en la revelación natural, son necesarias para un conocimiento adecuado de Dios. Y la teología natural no tiene ninguna explicación de cómo Dios puede

33. Beeke y Smalley, *Reformed Systematic Theology*, 1:241.

34. Beeke y Smalley, 1:236.

35. Letham, *Systematic Theology*, 42.

36. Asimismo, Letham afirmó: "El dios que es producto de las construcciones del pensamiento humano y la predicación de cuya existencia depende del razonamiento humano no existe ni puede existir, ya que en cualquier argumento las premisas tienen un grado de certeza mayor que la conclusión a la que conduce el argumento" (Letham, 42).

ser trascendente e inmanente al mismo tiempo.

Cuando se rechaza la revelación, ni los científicos ni los filósofos tienen la capacidad de explicar cómo Dios es a la vez trascendente e inmanente. Sin la ayuda divina, no hay explicación humana de cómo la trascendencia y la inmanencia de Dios no se anulan mutuamente. O bien la trascendencia de Dios consumirá la inmanencia de Dios, o bien la inmanencia de Dios consumirá la trascendencia de Dios cuando el hombre sea abandonado a su propia sabiduría. Sin la luz de Dios, el hombre está a oscuras. El problema esencial de la teología natural es que, por la sola razón y el empirismo y la especulación, los filósofos no tienen acceso al conocimiento necesario para resolver la tensión entre lo absoluto de Dios y su relacionabilidad. En todas las construcciones posibles de la teología natural, o se destruye la trascendencia de Dios o la inmanencia de Dios.

En otras palabras, si se rechaza la revelación divina, los filósofos dejan de tener acceso al conocimiento necesario para mantener en equilibrio la trascendencia y la inmanencia de Dios. Y sin Dios trascendente e inmanente, como se comunica efectivamente en la revelación natural y especial, surge alguna forma de deísmo o pan(en) teísmo.

Al negar al Dios trascendente e inmanente de la revelación natural, los filósofos no pueden sino reconstruir un nuevo dios a su semejanza (Rom 1:21-23). Por ejemplo, si Dios fuera totalmente trascendente, sería imposible que fuera relacionable. Y un Dios no relacionable es un ser deísta que no gobierna ni interactúa libremente con el universo. Y si Dios no gobierna ni interactúa con el universo, entonces se deja que el universo se gobierne a sí mismo sin ningún absoluto. Un universo autogobernado, además, significa que hay un poder dentro del universo que es independiente y separado de Dios. Este dualismo panteísta no sólo destruye la relacionabilidad de Dios, sino también su absolutidad. Porque si hay un poder que opera independientemente de Dios, entonces Dios deja de ser absoluto. Por consiguiente, si Dios es totalmente trascendente, no es ni relacionable ni absoluto.

Por el contrario, si Dios es totalmente inmanente, entonces no hay distinción real entre Dios y el universo. Y si Dios y el universo son uno, entonces Dios no sólo deja de ser absoluto e independiente, sino que también deja de ser personal y relacionable.

Como existe un cosmos, para que Dios sea trascendente, también debe ser inmanente. Y para que Dios sea inmanente, tiene que ser trascendente. Si sólo es una cosa o la otra, no puede ser ninguna.

Así, Dios debe ser tanto trascendente como inmanente, pero no hay forma de que la teología natural llegue a una deidad trascendente e inmanente sin producir contradicciones lógicas por el camino. Es decir, el dilema preciso al que se enfrenta la teología natural (y para el caso, todas las religiones) es la explicación de cómo *un Dios absoluto puede ser relacionable sin perder su independencia*. Sin tomar prestado el capital de la revelación divina, la teología natural no puede explicar cómo Dios puede ser a la vez (1) independiente del cosmos y (2) creador y gobernador del cosmos.

En particular, la teología natural no puede justificar actos volitivos innecesarios y libres en un Dios absoluto. Y si Dios no puede tomar decisiones libres e innecesarias, no puede ser ni absoluto ni relacionable. En el proceso, la teología natural, en todas sus diversas formas, no puede sino destruir la independencia de Dios o su relacionabilidad (o destruir tanto su independencia como su relacionabilidad).

Etienne Gilson explica el dilema que tienen los filósofos cristianos, como Tomás de Aquino, para explicar la relación de Dios con el universo:

> Es un dilema cristiano. Me refiero a un dilema característico de la metafísica cristiana, y que sólo surge como resultado de una reflexión racional sobre los datos de la revelación. El universo griego y su interpretación no planteaban tal dificultad. Para Platón y Aristóteles, el mundo y sus dioses se daban juntos; ni el uno ni los otros reivindicaban la posesión exclusiva del ser, nada impedía que el segundo se planteara dentro del primero, y no se planteaba el problema de su componibilidad. En el universo cristiano es muy diferente, y puedo decir que este hecho es reconocido incluso por los filósofos que consideran tal antinomia como insoluble. Equilibrarse entre la afirmación y la negación del ser necesario y causa del mundo, o sentirse obligado a afirmar y negar este ser simultáneamente, eran situaciones vergonzosas inimaginables para los griegos, y sentidas por el pensamiento moderno sólo porque vive y se mueve en un esquema cristiano de las cosas.[37]

La incapacidad de la teología natural para resolver este dilema cristiano se hace evidente en su doble método para determinar el conocimiento de Dios: la *vía de la negación* y la *vía de la afirmación*. La vía de la negación trata de definir la naturaleza de Dios identificando cómo Dios no es como el cosmos, es decir, la vía de la negación habla de la trascendencia de Dios. Por el contrario, la vía de la afirmación trata de definir a Dios identificando en qué se parece o es análogo al cosmos, es decir, la vía de la afirmación habla de la inmanencia de Dios.

Tanto la teología revelada como la teología natural utilizan la vía de la negación y la vía de la afirmación, pero sólo la teología revelada puede mantener unidas estas dos vías sin que una consuma a la otra. Sin el marco bíblico que mantiene unidas la vía de la negación y la vía de la afirmación, la teología natural queda librada al juicio falible de los filósofos individuales para determinar la relación exacta entre estos dos métodos aparentemente opuestos de conocer a Dios.

Si los filósofos dicen que la vía de la negación es la última, esto

37. Gilson, *Filosofía medieval*, 84-85.

nos empujará naturalmente hacia un Dios *totalmente* incognoscible, llevándonos al agnosticismo o al deísmo o al misticismo neoplatónico. Si, por otro lado, los filósofos dicen que la vía de la afirmación es la última, entonces esto nos empuja naturalmente hacia un Dios que es *totalmente* uno con la creación, lo que nos lleva a la teología del proceso, al teísmo abierto o al panteísmo. Y los filósofos que intentan mantener unidos los dos métodos aparentemente opuestos acaban formulando dos dioses conceptualmente diferentes: un dios oculto y un dios revelado. Es decir, por la vía de la negación, el dios oculto es irrelacionable e inefable ("totalmente otro"), pero por la vía de la afirmación, el dios revelado es relacionable, análogo y conocible ("totalmente el mismo").

Todas las religiones del mundo, que son diversas formas de teología natural, son susceptibles de este enfoque dualista. Como afirma John Hick, "Cada una de las religiones del mundo tiene un concepto dual de Dios como transcatergórico en la naturaleza divina última y, sin embargo, religiosamente disponible en virtud de cualidades análogas, pero ilimitadamente mayores que las nuestras".[38]

Sin embargo, lamentablemente, por influencia de la filosofía griega (en particular por la influencia del Pseudo-Dionisio y de Tomás de Aquino), se ha introducido en el cristianismo una concepción dualista de Dios. Por un lado, el Dios oculto y trascendente es totalmente incognoscible (agnosticismo), mientras que, por otro, el Dios revelado e inmanente es esencialmente parte de la creación (panenteísmo). La influencia de Dioniso ha llevado a algunos a afirmar que el Dios oculto, que es el Dios real, sigue siendo incognoscible, mientras que el Dios revelado es sólo una manifestación simbólica y metafórica del Dios oculto. Esta manifestación simbólica de Dios, además, es una copia imperfecta del Dios oculto. Para acomodarse, el Dios oculto e incognoscible *creó* una imagen de sí mismo a seme-

38. John Hick, "Ineffability", en *Religious Studies*, vol. 36, nº 1, 2000, 35-46.

janza del hombre para que éste pudiera conceptualizar lo que de otro modo es inefable. Sólo mediante la refundición del Dios incognoscible en la imagen del hombre, el hombre (que está confinado en el mundo de las cosas sensibles) puede tener conciencia cognoscitiva de un Dios infinito e inefable.

La teología natural no puede explicar por qué Dios es a la vez trascendente e inmanente (incognoscible y cognoscible). Incluso los teólogos tienen dificultades para sistematizar la relación entre la trascendencia y la inmanencia de Dios. Han ido y venido sobre cómo catalogar los atributos de Dios en relación con su trascendencia e inmanencia. No es infrecuente que los teólogos clasifiquen los atributos de Dios dividiéndolos de una de las siguientes maneras: (1) sus atributos incomunicables y comunicables, (2) sus atributos absolutos y relativos, (3) sus atributos negativos y positivos, (4) sus atributos quiescentes y operativos, (5) sus atributos metafísicos y psicológicos, o (6) sus atributos naturales y morales. Sin embargo, la tensión se reduce siempre a la relación entre la trascendencia y la inmanencia de Dios.

Trascendencia	**Inmanencia**
absoluto	relativa
incomunicable	transmisible
negativo	positivo
inactivo	operativo
metafísica	psicológico
natural	moral
intransitivo	transitivo

Según Bavinck, el problema con los teólogos que dividen los atributos de Dios en dos clasificaciones es que todos parecen dividir el ser de Dios en mitades. Todos parecen tratar primero lo absoluto de Dios, luego su personalidad -primero el ser de Dios como tal, luego Dios en relación con sus criaturas. Todas parecen implicar que el primer grupo de términos se obtiene aparte de la creación, y el segundo de las criaturas de Dios, y que, en consecuencia, no hay concordancia de unidad entre las perfecciones de Dios. [39]

Por esta razón, todo intento de dividir los atributos de Dios en dos clasificaciones es algo engañoso. Esto se debe a que los atributos clasificados como incomunicables (trascendentes) no son completamente diferentes de los atributos que existen en los hombres. Como explicó Bavinck: "Si fueran totalmente incomunicables, también serían totalmente incognoscibles e innombrables".[40] Y los atributos divinos clasificados como comunicables (inmanentes) no son completamente idénticos a los atributos que existen en los hombres. En realidad, sólo existe una clasificación de los atributos divinos. Todos los atributos de Dios son similares y disímiles (es decir, análogos) a los atributos humanos. Esto significa, según Bavinck, que "todos los atributos de Dios son a la vez absolutos y relativos". [41]

Según Bavinck, no hay dos dioses conceptuales: uno oculto y otro revelado. Dios es a la vez trascendente e inmanente. Dios es a la vez absoluto y relacionable. Pero, ¿cómo puede Dios ser a la vez trascendente e inmanente? ¿A la vez independiente y personal? ¿Cómo pueden los atributos de Dios ser a la vez absolutos y relacionables? ¿Cómo puede Dios habitar en la santidad y en la totalidad y, al mismo tiempo, morar con el que tiene un espíritu contrito (Is 57:15)?

La teología natural (sin tomar prestado el capital de las Escrituras y su solución trinitaria) simplemente no tiene una respuesta para esto. Al igual que la filosofía no puede resolver el enigma del "uno y los muchos", la teología natural no puede conciliar lógicamente

39. Bavinck, *Reformed Dogmatics*, 2:133.

40. Bavinck, 2:134.

41. Bavinck, 2:135.

cómo Dios es a la vez absoluto y relacionable. En la teología natural, o tienes un Dios que no puede crear y relacionarse, o tienes un Dios que no puede existir sin crear y relacionarse. Y este es el fracaso de la teología natural. La teología natural no tiene forma de descubrir la información necesaria para explicar los actos libres e innecesarios en Dios que le permiten ser a la vez independiente y personal. Según Bavinck,

> No existe una teología natural distinta, obtenida al margen de cualquier revelación, simplemente mediante la observación y el estudio del universo en el que vive el hombre. . . . La Escritura nos exhorta a contemplar el cielo y la tierra, los pájaros y las hormigas, las flores y los lirios, para que podamos ver y reconocer a Dios en ellos. "Alza tus ojos a lo alto y mira quién los ha creado" (Is 40,26). La Escritura no razona en abstracto. No hace de Dios la conclusión de un silogismo, dejándonos a nosotros si creemos que el argumento se sostiene o no. Pero habla con autoridad. Tanto teológica como religiosamente, parte de Dios como punto de partida.
>
> Tenemos la impresión de que la creencia en la existencia de Dios se basa enteramente en estas pruebas. Pero, en efecto, eso sería "una fe miserable, que, antes de invocar a Dios, debe probar primero su existencia". Lo contrario, sin embargo, es la verdad. No hay un solo objeto cuya existencia vacilemos en aceptar hasta que se nos proporcionen pruebas definitivas. De la existencia del yo, del mundo que nos rodea, de las leyes lógicas y morales, etc., estamos tan profundamente convencidos por las impresiones indelebles que todas estas cosas producen en nuestra conciencia, que no necesitamos argumentos ni demostraciones. Espontáneamente, involuntariamente, sin ninguna coacción o coerción, aceptamos la existencia de Dios. Las llamadas pruebas no son en modo alguno el fundamento final de nuestra más segura convicción de que Dios existe. Esta certeza sólo se establece por la fe, es decir, por el testimonio espontáneo que se nos impone por todas partes.[42]

42. Herman Bavinck, *La doctrina de Dios* (Grand Rapids: Eerdmans, 1951), 78-79.

Conclusión

El conocimiento de Dios que llega a través de la revelación natural no es la conclusión de un silogismo enraizado en la ciencia. Más bien, es la conciencia inmediata de Dios que viene con la conciencia de uno mismo y de la naturaleza. En cuanto alguien tiene conciencia de sí mismo, sabe algo sobre la existencia y la naturaleza de Dios. "La existencia de Dios", afirmaba John Brown, "no es menos evidente que la nuestra".[43] Negar la existencia de Dios es negar la existencia del universo, lo cual es un acto absurdo. En consecuencia, la revelación natural no es lo mismo que la teología natural.

El objetivo de este libro es mostrar el *fracaso* de la teología natural a la hora de conducir al hombre a un conocimiento adecuado de Dios. Sin la revelación divina desde lo alto, la teología natural (ciencia filosófica) está mal equipada para resolver la tensión entre la trascendencia de Dios y la inmanencia de Dios. Si no empezamos con el Dios de la revelación divina, como sugirió Calvino, no llegaremos al Dios de la revelación divina. Si no empezamos por el Dios de la revelación divina, nuestra indagación está destinada a terminar en el absurdo.

Cuando la trascendencia de Dios y la vía de la negación consumen la inmanencia de Dios y la vía de la afirmación, Dios pierde entonces su relacionabilidad e independencia. Del mismo modo, cuando la inmanencia de Dios y la vía de la afirmación consumen la trascendencia de Dios y la vía de la negación, Dios pierde su relacionabilidad e independencia. De cualquier modo, la independencia de Dios o la relacionabilidad de Dios son destruidas por el intento de la teología natural de explicar la naturaleza de Dios. Siempre que Dios deja de ser trascendente e inmanente, alguna versión del pan(en)teísmo empieza a asomar su fea cabeza.

---

43. Brown, *Systematic Theology*, 5.

Como expondremos más ampliamente en los siguientes capítulos, la teología natural, tal como surge del hombre finito y falible, no tiene las herramientas para ascender el muro trascendental que separa al hombre de Dios. "No podemos saber", dijo John Owen, "nada en absoluto de Dios excepto como resultado de Su propia intervención en poder y gracia y el libre ejercicio de Su propia voluntad y designio".[44] Del mismo modo, Calvino señaló: "Carecemos de la capacidad natural para ascender al conocimiento puro y claro de Dios."[45] Al igual que la imposibilidad de escribir un libro con sólo unas pocas letras del alfabeto, la teología natural no tiene acceso a los datos necesarios (es decir, la Trinidad) para explicar la naturaleza de Dios. Al igual que la Trinidad excede la capacidad de la razón natural, lo mismo ocurre con la igual ultimidad de la absolutez y las relaciones personales (intratrinitarias) de Dios.

La teología natural puede demostrar que existe un "motor inamovible", pero este motor inamovible, como resulta, no es el Dios de la revelación natural o especial. Incluso los hombres más inteligentes, como Aristóteles, Dionisio y Aquino, no pueden llegar a un conocimiento adecuado de Dios a través de su propia sabiduría. Calvino tenía razón cuando dijo: "Si a los hombres sólo se les enseñara por naturaleza, no se aferrarían a nada cierto, sólido o claro, sino que estarían tan atados a principios confusos como para adorar a un Dios desconocido."[46] De nuevo Calvino afirmó,

> Ciertamente, no niego que se puedan leer afirmaciones competentes y acertadas sobre Dios aquí y allá en los filósofos, pero éstas muestran siempre una cierta imaginación vertiginosa. . . . Pero ellos veían las cosas de tal manera que su ver no les dirigía a la verdad, y mucho menos les permitía alcanzarla. Son como un viajero que atraviesa un campo

44. John Owen, *Biblical Theology* (Morgan, PA: Soli Deo Gloria, 2002), 15.

45. Calvino, *Institutes*, 1.5.15.

46. Calvin, 1.5.12.

> por la noche y que en un relámpago momentáneo destella a lo lejos y a lo ancho, pero la vista se desvanece tan rápidamente que se sumerge de nuevo en la oscuridad de la noche antes de que pueda dar siquiera un paso, por no hablar de ser dirigido en su camino por su ayuda. [47]

En consecuencia, Calvino criticó y rechazó a los escolásticos por esta razón. Según William Bouwsma, "sus ataques más agudos contra la filosofía se dirigieron contra el escolasticismo como el ejemplo más flagrante del intento de los filósofos de asaltar el cielo."[48] "Calvino discrepaba fundamentalmente", afirma Bruce Gordon, "con el gran dominico medieval Tomás de Aquino sobre la naturaleza de la teología." [49]

El amigo de Calvino y compañero reformador Henry Bullinger formuló la misma crítica contra la filosofía natural. Al igual que Calvino, Bullinger rechazó la filosofía natural del Aquinate porque éste había rechazado la revelación como única autoridad:

> Se dan muchas razones de filosofía natural; pero la obra de Dios sigue siendo más grande y maravillosa de lo que el ingenio o la palabra del hombre es capaz de comprender o expresar. Por lo tanto, que ningún hombre que se proponga conocer alguna certeza de Dios, descienda a sí mismo para escudriñarlo con sus propios pensamientos; ni fundamente su opinión en las determinaciones y débiles definiciones de los hombres, porque de lo contrario siempre adorará la invención de su propio corazón, meras necedades, bagatelas y fantasías insensatas. Pero por otro lado, el hombre que no puede elegir sino pensar correctamente, juzgar verdaderamente y hablar bien de Dios, que no se atribuye nada a sí mismo, no concibe nada de su propio cerebro, ni sigue los juguetes de la invención de otros hombres, sino que en todas las cosas da oídos

47. Calvin, 2.2.18.

48. William J. Bouwsma, *John Calvin: A Sixteenth Century Portrait* (Nueva York: Oxford University Press, 1998), 156.

49. Bruce Gordon, *Calvin* (New Haven, CT: Yale University Press, 2009), 62.

a la palabra de Dios y sigue siempre su santa revelación.[50]

El problema, según Bullinger y Calvino, es que los Escolásticos, como Tomás de Aquino, no limitaron su comprensión de Dios a la revelación divina. Más bien, intentaron saber más sobre Dios de lo que Dios estaba dispuesto a revelar sobre sí mismo: "Dios 'no quiere que seamos demasiado sabios', sino que mostremos 'sobriedad': no debemos tratar de saber más de lo que le agrada enseñarnos. Cuando él 'es nuestro maestro y le oímos hablar, es capaz de darnos prudencia y discreción para entender su enseñanza, y en eso no podemos fallar; pero cuando nuestro Señor mantiene su boca cerrada, también nosotros debemos mantener nuestros sentidos cerrados y cautivos'"[51] .

Del mismo modo, Bullinger vio la importancia de limitar nuestra comprensión de Dios a lo que Dios ha elegido revelarnos: "Por lo tanto", afirmaba Bullinger, "que esto sirva como una regla continua, que Dios no puede ser conocido correctamente sino por su palabra; y que Dios debe ser recibido y creído como alguien que se nos revela a sí mismo en esta santa palabra. Porque, ninguna criatura puede decir verdaderamente mejor qué y qué rey de uno Dios es, que Dios mismo.[52]

Además, al tratar de llegar a Dios fuera de los límites de la revelación divina, Calvino creía que los Escolásticos pervertían lo que ha sido revelado en la revelación divina. Este fue un error que nunca debió cometerse, pues el apóstol Pablo dejó claro que el razonamiento especulativo de los hombres no puede conducir a un conocimiento adecuado de Dios: " Puesto que el mundo, mediante su sabiduría, no

50. Henry Bullinger, *The Decades of Henry Bullinger*, ed. Thomas Harding (Grand Rapids: Reformation Heritage Books, 2004*), Decade 4.* Thomas Harding (Grand Rapids: Reformation Heritage Books, 2004), Década 4. Sermón 3 (2:124-125).

51. Bouwsma, *John Calvin*, 156.

52. Henry Bullinger, *The Decades of Henry Bullinger*, 4.3 (2:125).

reconoció a Dios a través de las obras que manifiestan su sabiduría" (1 Cor 1:21). Como veremos, si vamos a tener un conocimiento adecuado de Dios, debemos recibir humildemente este conocimiento de la revelación divina que viene de lo alto. Como Calvino llegó a decir: "Queda que Dios mismo dé testimonio de sí mismo desde el cielo".[53] Si Dios no se nos revela, no estamos capacitados para encontrarlo por nosotros mismos. Sin la luz de Dios, nos quedamos a tientas en la oscuridad.

53. Calvino, *Institutes*, 1.5.13.

2
Mezclar filosofía y teología

TOMÁS DE AQUINO FUE UN HOMBRE de su tiempo. La mitad del siglo XIII (1250) marcó la mitad de la vida del Aquinate. Es difícil decir si el siglo XIII fue hecho para Aquino o si Aquino fue hecho para el siglo XIII. Si hubiera nacido en cualquier otro siglo, sería difícil imaginar que Aquino fuera el mismo filósofo o teólogo. Moldeó el pensamiento intelectual del siglo XIII quizá tanto como el siglo XIII le moldeó a él. La batalla crucial durante esa época sería la misma que ocuparía la vida y el pensamiento del Aquinate: la lucha provocada por el renacimiento aristotélico.

Antes del nacimiento del Aquinate, a partir de mediados del siglo XII, las obras de Aristóteles se traducían del griego antiguo al latín. Miguel Scotos, educado en Oxford y que había aprendido árabe en Toledo, había reunido en Nápoles a un equipo de traductores que traducían todo lo referente a Aristóteles, incluidos los comentarios poco ortodoxos de los Averroes sobre Aristóteles.

La Iglesia Católica no se quedó callada. Respondió rechazando a Aristóteles. Según Jacques Maritain, "Aristóteles, que había llegado sucesivamente y poco a poco, llevaba medio siglo haciendo una temible incursión en el cristianismo. No es sólo que trajera en su tren a una multitud de judíos y árabes cuyos comentarios estaban cargados de peligros: el noble tesoro de sabiduría natural que importó estaba lleno de venenos paganos." [1]

La teología había sido la reina de las ciencias, y Platón era visto como la sierva de la teología. Tanto para la teología como para el platonismo, la sabiduría se descubría mirando hacia arriba, hacia el cielo, no hacia este mundo de abajo. Las obras de Aristóteles se consideraban una amenaza para el cristianismo porque *la metafísica*, según Aristóteles, no es anterior sino *posterior a* la física. Aristóteles creía que sólo estudiando el mundo físico de abajo sabremos algo sobre el Dios invisible de arriba. En otras palabras, el conocimiento de Dios llega a través de la ciencia filosófica y no de la revelación. Así, como el estudio de la física y de las leyes del movimiento llevó a Aristóteles a rechazar un Dios personal y un universo temporal, la filosofía de Aristóteles fue firmemente condenada por la Iglesia.

Cuando nació el Aquinate en 1225, las obras de Aristóteles llevaban quince años censuradas. Pero esto no disuadió al joven Tomás de leer a Aristóteles. Incluso antes de estudiar en la Universidad de París con el célebre filósofo aristotélico Alberto Magno, Tomás de Aquino ya había conocido la metafísica de Aristóteles gracias a Pedro de Irlanda (hacia el siglo XIII) en la Universidad de Nápoles. Debido a la autonomía local y a la independencia de la Universidad de Nápoles, la fruta prohibida de Aristóteles se ofrecía abiertamente a los estudiantes potenciales. Lo que estaba prohibido en otras escuelas podía estudiarse y discutirse sin reservas en Nápoles.

Así, como estudiante en la Universidad de Nápoles, Aquino se convirtió en un aristotélico comprometido. Al igual que sus mentores, Aquino creía que era posible, con algunos pequeños ajustes, incorporar la metafísica de Aristóteles al cristianismo. Según Ralph McInerny, "Tomás estaba convencido de la complementariedad de la

1. Jacques Maritain, *Santo Tomás de Aquino: Ángel de las Escuelas*, trad. J. F. Scanlan (Londres: Sheed & Ward, 1948), 16-17.

filosofía aristotélica y su fe cristiana".[2] Creía que había una manera de convertir al filósofo más grande del mundo de enemigo a amigo del cristianismo. Según Edward Feser, "Aquino estaba decidido a demostrar que, bien entendida, la filosofía de Aristóteles no sólo era compatible con el cristianismo, sino el mejor medio de exponerlo y defenderlo."[3] "En otras palabras", afirma Etienne Gilson, "la tarea a emprender [por Aquino] era cristianizar a Aristóteles."[4]

Al fusionar el aristotelismo con el cristianismo, el Aquinate intentó bautizar al filósofo pagano en la Iglesia. Esto, sin duda, no fue tarea fácil. Sumergir el corpus aristotélico en una pequeña pila bautismal diseñada para rociar a los bebés requirió toda la fortaleza intelectual de Aquino. Pero, al parecer, lo que emergió de la cuenca poco profunda fue poco después absuelto de sus herejías y confirmado por el Papa en la Iglesia Católica. Lo que había estado prohibido al principio de la vida de Aquino fue lectura obligatoria poco después de su muerte, esencialmente debido a los incansables esfuerzos de Tomás de Aquino.

Tres disciplinas para conocer a Dios

La síntesis que hace el Aquinate de la filosofía de Aristóteles con la teología católica no significa que no distinguiera la filosofía de la teología. Ni mucho menos. Según el Aquinate, la teología natural se basa en la ciencia y la razón, mientras que la teología revelada se basa en la fe. Como afirma Pasquale Purro, "los principios de los que parten la filosofía y la teología son diferentes. En el caso de la filo-

2. Ralph McInerny, *Aquinas Against the Averroists: On There Being Only One Intellect* (West Lafayette, IN: Purdue University Press, 1993), 1 (en adelante citado en el texto como SI).

3. Edward Feser, *Aquinas* (Londres: Oneworld, 2020), 5.

4. Etienne Gilson, *The Philosophy of Saint Thomas Aquinas*, ed., G. A. Elrington, trad. G. A. Elrington, trad. Edward Bullough (Nueva York: Dorset, 1948), 17.

sofía, se trata de principios accesibles a la razón natural, y en el caso de la teología son principios sostenidos por la fe". [5]

Dado que la filosofía y la teología se basan en principios distintos (razón y fe), llegan a sus conclusiones desde direcciones diferentes. Así lo explica Gilles Emery: "La teología y la filosofía toman caminos inversos. La filosofía deriva de la consideración de las criaturas y conoce a Dios como principio de esas criaturas; mientras que la doctrina cristiana emana de la revelación y parte del estudio de Dios, sirviéndose de éste para iluminar nuestro conocimiento de las criaturas."[6] O como afirma el propio Aquinate: "En la enseñanza de la filosofía, que considera a las criaturas en sí mismas y nos conduce desde ellas al conocimiento de Dios, la primera consideración versa sobre las criaturas; la última, sobre Dios. Pero en la enseñanza de la fe, que considera a las criaturas sólo en su relación con Dios, la consideración de Dios viene primero, la de las criaturas después" (SCG, 2.4).

En otras palabras, la filosofía y la teología llegan a sus posiciones desde principios diferentes y puntos de partida distintos. La filosofía, a través del principio de razón, parte de la creación para comprender al Creador, mientras que la teología, a través del principio de fe, parte del Creador para comprender la creación. Estos dos departamentos distintos del conocimiento llegan al conocimiento de Dios desde direcciones diferentes: la razón se origina desde abajo como un logro natural, mientras que la fe se inicia desde arriba como un don sobrenatural.

Aunque la fe y la razón no deben confundirse, pueden utilizarse juntas para un fin común. Al igual que un artista utiliza un martillo

---

5. Pasquale Purro, *Thomas Aquinas: A Historical and Philosophical Profile*, trans. Joseph G. Trabbic y Roger W. Nutt (Washington, DC: The Catholic University of America Press, 2012), xi.

6. Gilles Emery, *The Trinitarian Theology of Saint Thomas Aquinas*, trad. Francesca Aran Murphy (Oxford: Oxford University Press, 2007), 43.

y un cincel para crear una única escultura, tanto la filosofía como la teología pueden utilizarse para comprender a Dios. Por estas razones, afirma el Aquinate, el conocimiento de Dios puede obtenerse mediante tres disciplinas distintas: (1) la teología/filosofía natural basada en la razón, (2) la teología basada en la fe, y (3) la teología filosófica basada en la fe y la razón.

Filosofía basada en la ciencia y la razón

La teología natural, según el Aquinate, es una rama de la filosofía, una ciencia que depende de la luz natural de la razón. Como él dijo, es "una ciencia física construida por la razón humana". Para Aquino, sólo aquellos que pueden comprender sensatamente las pruebas y los argumentos racionales de la filosofía son capaces de aceptar correctamente sus conclusiones lógicas. Aquino creía que el conocimiento obtenido a través de la filosofía no era un don, sino un "logro" (SI, 158). En otras palabras, la teología natural es sólo para los inteligentes que tienen mucho tiempo libre. Hablando con propiedad, abrazar las afirmaciones de verdad de la revelación divina por la fe en la autoridad de Dios no tiene nada que ver con la filosofía.

Teología basada en la gracia y la fe

La teología, que el Aquinate denominó "doctrina sagrada", es lo contrario de la filosofía. La filosofía se basa en la luz de la razón, está limitada a unos pocos elegidos y es susceptible de error, mientras que la teología se basa en la luz de la fe, está abierta a todos los que creen y es inerrante. Aquino afirma: "Dios ha proporcionado al género humano otro modo seguro de conocer, impartiendo su conocimiento a las mentes de los hombres por medio de la fe" (DT, intro.).[7] A diferencia de la filosofía, los artículos de fe, que son los primeros

7. Thomas Aquinas, *Faith, Reason and Theology*, trad. Armand Maurer (Toronto: Pontificio Instituto de Estudios Medievales, 1997), 3.

principios de la teología, no tienen que ser entendidos racionalmente antes de que puedan ser aceptados como verdaderos (ST, 1.1.8). Las afirmaciones de verdad de la Biblia pueden aceptarse por fe sin comprensión, y ello basándose en la autoridad de la Palabra de Dios. Quienes creen que la Biblia es la Palabra de Dios no necesitan pruebas racionales. La filosofía no es necesaria para los que tienen fe. Los creyentes, incluso los niños pequeños, no tienen que entender cómo Dios creó el mundo de la nada para creer que Dios efectivamente creó el mundo de la nada. Para los que creen, basta con que Dios diga que lo hizo (Heb 11:6).

El Aquinate sí creía que algunas verdades, como la Trinidad, sólo podían aceptarse por la fe. "Aquellos que intentan probar la Trinidad de las personas mediante las facultades naturales de la razón", afirmó Tomás, "desvirtúan la fe, . . . porque el objeto de la fe son las realidades invisibles que están más allá del alcance de las razones humanas" (ST, 1.32.1). Grabmann afirma que, según el Aquinate, tales verdades "no son alcanzables aquí abajo por el mero ejercicio de nuestro poder natural de la mente, sino más bien a través de la revelación y la fe, . . . [pues] las aceptamos con la convicción de la fe, no porque las entendamos, sino porque Dios nos las ha revelado".[8] Por lo tanto, como afirma Brian Davies, "Aquino reconoce que la filosofía puede llevarnos hasta aquí y no más allá".[9] Y por esta razón, Aquino afirmó que "ni uno solo de los filósofos precristianos pudo con todo su poder de pensamiento saber tanto sobre Dios [es decir, la Trinidad] como una simple mujer desde el advenimiento de Cristo sabe por la fe."[10]

8. Martin Grabmann, *Thomas Aquinas: His Personality and Thought*, trans. Virgil Michel (Nueva York: Longmans, Green and Co., 1928), 81.

9. Brian Davis, *The Thought of Thomas Aquinas* (Oxford: Clarendon, 1992), 190.

10. Grabmann, *Thomas Aquinas*, 50.

Teología filosófica basada en la razón y la fe

En consecuencia, Aquino creía que el monoteísmo es el resultado de la teología natural, mientras que la Trinidad es el resultado de la teología revelada. En otras palabras, los filósofos pueden conocer la unicidad de Dios a través de la razón y la prueba, pero los creyentes *sólo* pueden conocer la trinidad de Dios por fe, sin razón ni prueba.

Sin embargo, aunque la filosofía y la teología (como la razón y la fe o la naturaleza y la gracia) son distintas, pueden unirse para formar una tercera disciplina: la teología filosófica. Según Joseph Pieper, "Tomás... se empeñó en distinguir entre filosofía y teología", no para separarlas, sino para unirlas.[11] Tomás argumentó, por ejemplo, que

> los dones de la gracia se añaden a la naturaleza de tal modo que no la destruyen, sino que la perfeccionan. Así también la luz de la fe, que se nos da como don, no suprime la luz de la razón natural que Dios nos ha dado. Y aunque la luz natural de la mente humana es inadecuada para dar a conocer lo que se revela por la fe, sin embargo, lo que se nos enseña divinamente por la fe no puede ser contrario a lo que estamos dotados por la naturaleza. Uno u otro tendrían que ser falsos, y puesto que ambos los tenemos de Dios, él sería la causa del error, lo cual es imposible. Más bien, puesto que lo imperfecto tiene semejanza con lo perfecto, lo que conocemos por la razón natural tiene cierta semejanza con lo que se nos enseña por la fe. (DT, 2.3. respuesta)

Aquino alegó que la filosofía y la teología deben estar unidas porque pueden beneficiarse mutuamente. La filosofía puede ser una servidora de la teología aportando comprensión racional a lo que se acepta por fe, y la teología puede guiar y perfeccionar la filosofía. Muchas doctrinas (como la unicidad de Dios) que son "presupuestas por la fe", argumentaba el Aquinate, pueden ser "demostradas por la razón natural" (DT, 2.3. respuesta). Como dijo Agustín, "quería ver

11. Pieper, *Guide to Thomas Aquinas*, 151.

con el intelecto lo que sostenía por la fe".[12] En este sentido, Aquino afirmaba que "la filosofía. . . [es] llevada dentro de los límites de la fe", y la fe perfecciona la razón (DT, 2.3. réplica). O, en otras palabras, como afirmaba el Aquinate, "si resolvemos los problemas planteados por la fe exclusivamente por medio de la autoridad [revelación], poseeremos por supuesto la verdad, ¡pero con las manos vacías!" .[13]

Explicando la proposición de Aquino, Armand Maurer afirma: "Puesto que ambas luces proceden del mismo Dios, la filosofía y la teología no pueden contradecirse. Antes bien, se relacionan como los dones de la naturaleza y de la gracia. La gracia no destruye la naturaleza, sino que la perfecciona. Del mismo modo, la luz de la fe no suprime la luz de la razón, sino que revela verdades más allá del alcance de la propia razón".[14]

Aunque la razón no puede probar ciertos artículos de la fe, como la Trinidad y la encarnación, puede defenderse contra los argumentos que se oponen a los artículos de la fe.

En resumen, la filosofía, según Aquino, tiene tres beneficios que ofrecer a la Iglesia:

1. La filosofía puede identificar ciertas verdades accesibles tanto a la razón natural como a la revelación divina, que él llamó los "preámbulos de la fe."

---

12. *De Trinitate* XV, cap. 28, núm. 51.

13. Citado en M. D. Chenu, *Aquinas and His Role in Theology*, trans. Paul Philibert (Collegeville, MN: Liturgical Press, 2002), 26; *Quaestiones Disputatae De Potentia Dei*, trans. English Dominican Fathers (Westminster, MD: The Newman Press, 1952), 4.6 (en adelante citado en el texto como QDP).

14. Armand Maurer, introducción a *Tomás de Aquino Fe, razón y teología: Questions I-IV of His Commentary on the De Trinitate of Boethius*, trans. Armand Maurer (Toronto: Instituto de Estudios Medievales, 1987), xiv.

2. La filosofía puede aportar razón y comprensión a lo que se acepta por fe.

3. La filosofía, aunque no puede probar los artículos de la fe, como la Trinidad y la encarnación, puede refutar los argumentos que los incrédulos utilizan contra ellos.

Por estas tres razones, aunque la fe y la razón son disciplinas distintas, deben unirse para un objetivo común.

El uso de Aristóteles en teología

Creyendo que la filosofía y la teología deben estar unidas, Aquino estaba convencido de que la filosofía prohibida de Aristóteles podía ayudar a la teología, y la teología podía perfeccionar los elementos poco ortodoxos de la filosofía de Aristóteles. Uniendo la fe y la razón, Aquino estaba seguro de poder bautizar a Aristóteles para que sirviera de ayuda racional a los artículos de la fe. Según Anton Pegis, "El aristotelismo cristiano de Santo Tomás de Aquino es un testimonio de su creencia en la unidad de la verdad, en la culminación de la razón por la fe, de hecho en la purificación y el crecimiento de la propia racionalidad de la razón a través de la fe, y en el servicio de la razón a la fe como su preámbulo".[15] Pegis continuó explicando: "Encontramos a Santo Tomás insistiendo en cuánta verdad profesaban los filósofos por el cristianismo, y cuánto la Revelación cristiana ha aclarado sus problemas, eliminado sus errores y completado su búsqueda como filósofos. El Santo Tomás que cree que la gracia perfecciona la naturaleza, cree también que la fe perfecciona la razón, y se esfuerza sinceramente en mostrar que la filosofía de Aristóteles ha crecido y se ha profundizado viviendo a la luz de la revelación."[16]

---

15. Anton Pegis, "General Introduction", en *Saint Thomas Aquinas: On the Truth of the Catholic Faith, Summa Contra Gentiles, Book One: God*, trad. Anton C. Pegis (Garden City, NY: Hanover House, 1955), 23.

16. Pegis, 46.

Pero, según Armand Maurer, "no todos sus contemporáneos compartían su apreciación del valor de la filosofía, en particular la de Aristóteles, en la labor teológica".[17] Thomas O'Meara afirma que "debido a que introdujo el método de Aristóteles en la teología, Aquino fue visto en el turbulento mundo de París como un innovador, como un ávido, incluso arriesgado, explorador de nuevas ideas, y como un original creador de síntesis para el ser y la fe."[18] Gilson llegó a decir: "La ofensa de Santo Tomás de Aquino consistió en seguir a Aristóteles y Averroes, un pagano y su 'desdichado comentarista', en lugar del perfecto representante de la tradición cristiana, San Agustín". [19]

Buenaventura (1221-1274), por ejemplo, creía que mezclar el agua de Aristóteles con el vino de la teología era convertir el vino en agua. Esto, según Buenaventura, era "el peor de los milagros".[20] Sin embargo, Aquino sostenía lo contrario: "Los que utilizan las obras de los filósofos en la doctrina sagrada, poniéndolas al servicio de la fe, no mezclan el agua con el vino, sino que convierten el agua en vino"

17. Maurer, *Thomas Aquinas*, xiii.

18. Thomas F. O'Meara, *Thomas Aquinas Theologian* (Notre Dame, IN: University of Notre Dame Press, 1997), 30.

19. Etienne Gilson, *The Spirit of Mediaeval Philosophy* (Notre Dame, IN: University of Notre Dame, 1991), 15.

20. Véase Maurer, *Thomas Aquinas*, xv n24. Maurer continúa diciendo: "Alberto Magno se refiere a 'algunos que en su completa ignorancia quieren oponerse al uso de la filosofía'. Esto es especialmente cierto entre los Dominicos, donde nadie se levanta para contradecirlos. Como animales brutos blasfeman contra cosas que no entienden'. Tomás heredó la sólida confianza de su maestro en el valor de la razón humana y sus logros en las artes y la filosofía, y defendió incondicionalmente su uso en la teología. Él mismo estaba abierto a la influencia de Aristóteles y sus comentaristas musulmanes, así como a los elementos de la tradición neoplatónica transmitidos por Agustín, Boecio y el Pseudo-Dionisio. Pero cuando fue necesario corrigió y modificó todo lo que tomó prestado de sus predecesores en la creación de su propia filosofía" (Maurer, xiii).

(DT, 2.3, obj. 5 y réplica).

Al mezclar filosofía y teología, ¿convirtió el Aquinate el agua en vino? Los estudiosos Tomistas no se ponen de acuerdo sobre si la teología filosófica del Aquinate está principalmente enraizada en la filosofía o principalmente enraizada en la teología.[21] Y aunque Aquino consideraba que la teología era superior a la filosofía, también creía que la filosofía, cuando se hace correctamente, es coherente con la teología. Aunque la teología revelada es necesaria para el conocimiento de ciertas verdades que trascienden la luz de la razón (como la Trinidad y la encarnación), el conocimiento de la existencia, simplicidad e inmutabilidad de Dios puede ser conocido tanto por la filosofía como por la teología.

Puesto que Aquino creía que la filosofía y la teología se solapaban en su doctrina de la esencia de Dios, su doctrina de Dios no es necesariamente una estructura de dos pisos con el nivel inferior enraizado en la filosofía y el superior en la Escritura. No es tan sencillo decir que el Aquinate pretendía colocar la teología sobre los cimientos de la filosofía. No trataba de hacer de la filosofía un requisito previo para la teología revelada.[22] Tampoco estaba diciendo que la filosofía no necesitara la guía de la Escritura. Tomás lo dejó claro cuando afirmó que "uno puede equivocarse porque en cuestiones de fe hace que la razón preceda a la fe, en lugar de que la fe preceda a la razón, como

21. O'Meara ofrece una historia de las diversas escuelas Tomistas en "Tradiciones, escuelas y estudiantes", en *Thomas Aquinas Theologian*, 152-200. En contraste con el cardenal Cayetano (1469-1534) y muchos otros intérpretes del Aquinate, O'Meara defiende que Tomás fue principalmente un teólogo más que un filósofo. Véase también Ralph McInerny, *Praeambula Fidei: Thomism and the God of the Phosphors* (Washington, DC: Catholic University of America Press, 2006).

22. Véase Arvin Vos, *Aquinas, Calvin, and Contemporary Protestant Thought: A Critique of Protestant Views on the Thought of Thomas Aquinas* (Grand Rapids: Christian University Press, 1985), 66-75.

cuando alguien está dispuesto a creer sólo lo que puede descubrir por la razón. En realidad, debería ser justo lo contrario" (DT, 2.1. respuesta).

Aunque Tomás hablaba de la teología filosófica como de los preámbulos de la fe (*praeambula fidei*), debemos tener en cuenta que tomó prestados intencionadamente capitales de la Biblia (*articuli fidei*), como la *creatio ex nihilo*, para "guiar y perfeccionar" su teología natural.[23] Por ejemplo, como afirma el Aquinate, la razón natural no puede descubrir que el universo tuvo un principio. Un universo temporal es una verdad bíblica que debe aceptarse por fe. Sin embargo, sin este particular artículo de fe, la teología natural de Aristóteles es herética. Para rescatar a su filósofo favorito de la heterodoxia y construir una filosofía más bíblica, Aquino incorporó un poco de teología a sus preámbulos de la fe. Y después de utilizar la Biblia como guía para sus preámbulos de la fe, utilizó sus preámbulos como guía para comprender la Biblia.

En otras palabras, Aquino utilizó las Escrituras para criticar la teología natural de su filósofo favorito, Aristóteles, y luego utilizó su propia teología filosófica -una mezcla de filosofía y teología- como pronto veremos, como su hermenéutica bíblica. Así, es difícil desentrañar la mezcla amalgamada de la teología de Dios del Aquinate. Por esta razón, Maurer afirmó que "el agua de la filosofía... se ha transformado en el vino de la teología". Por eso no podemos extraer de la *Summa* sus partes filosóficas y tratarlas como pura filosofía. Todo en

23. Por ejemplo, el Aquinate afirmó: "La existencia de Dios y otras verdades semejantes acerca de Dios, que pueden ser conocidas por la razón natural, no son artículos de fe, sino preámbulos de los artículos; porque la fe presupone el conocimiento natural, así como la gracia presupone la naturaleza, y la perfección supone algo que puede ser perfeccionado. Sin embargo, nada impide que un hombre, que no puede captar una prueba, acepte, como cuestión de fe, algo que en sí mismo es susceptible de ser conocido y demostrado científicamente" (ST, 1.2.3, ad 1).

la *Summa* está conformado y dirigido a fines teológicos. Se considera bajo el objeto formal de la teología, que es la revelación divina, y por tanto pertenece a la ciencia de la teología."[24]

¿Debe mezclarse la filosofía con la teología?

Así pues, la cuestión vital no es si la teología filosófica del Aquinate era en esencia filosófica o esencialmente teológica, sino, más bien, si la filosofía y la teología son compatibles en primer lugar.

Por supuesto, la revelación natural (lo que Dios revela en la naturaleza) y la revelación especial (lo que Dios revela en la Biblia) trabajan juntas en armonía. Al igual que la revelación especial, la revelación natural es eficaz en todas sus comunidades. Y como la revelación especial, la revelación natural es infalible. Ni siquiera los efectos noéticos de la caída y de la depravación del hombre impiden la eficacia universal de la revelación natural. En otras palabras, todos los hombres en todas partes, jóvenes y viejos saben que hay un Dios que creó el universo.

También es un hecho que toda verdad es la verdad de Dios. La ciencia, cuando se hace correctamente, siempre estará de acuerdo con las Escrituras, porque Dios es el autor tanto de la ciencia como de la Biblia.

Sin embargo, la ciencia no es la revelación natural. La ciencia tampoco es el estudio de las realidades metafísicas. Aparte de atestiguar la existencia de Dios, ¿cómo es posible que la ciencia descubra algo que trascienda su alcance? ¿Cómo puede la ciencia decirnos algo sobre la naturaleza de Dios? El pan(en)teísmo es inevitable cuando se utiliza la ciencia para definir la naturaleza de Dios. Pero ¿acaso el Dios de la Biblia no trasciende la naturaleza superando el alcance de los sentidos empíricos? ¿Quién puede decir que las reglas de la física y las leyes del movimiento se aplican a Dios como a nosotros?

---

24. Maurer, *Thomas Aquinas*, xv.

¿Quién va a decir que el reino físico tiene algo en común con el reino metafísico? Dado que la física y la metafísica no son lo mismo, ¿cómo podemos confiar en que la física diga algo cierto sobre las realidades metafísicas?

Si queremos saber algo de Dios, ¿no dependemos de que Dios decida revelársenos? ¿No ha elegido Dios revelarse a nosotros en la revelación natural? ¿No nos proporciona la revelación natural un conocimiento inmediato de Dios? ¿No dice la Biblia que el conocimiento de Dios se nos comunica universalmente por naturaleza y sin especulación humana, argumentación o pruebas racionales? ¿Puede haber algún conocimiento de Dios que no comience con la propia auto-revelación de Dios? ¿Podemos fiarnos de las opiniones de los científicos o de los razonamientos especulativos de los filósofos cuando estos mismos hombres y mujeres se niegan a presuponer a Dios como presupuesto de partida? ¿Afirma la Biblia la afirmación de Aristóteles y Aquino de que todo conocimiento comienza con la experiencia sensorial?

Los protestantes que defienden la teología natural del Aquinate, como Alvin Vos y Paul Helm, no distinguen la teología natural de la revelación natural. La revelación natural parte de una conciencia inmediata y universal de Dios, mientras que la teología natural parte, al menos para el Aquinate, de la negación de la conciencia universal de Dios.[25] La teología natural, según Aquino, no es una conciencia

25. Paul Helm, por ejemplo, en su intento de vincular la metafísica de Aquino con la teología de Calvino, no supo ver la diferencia entre teología natural y revelación natural. Helm tiene razón cuando dice: "No hay 'dualismo' entre naturaleza y gracia". ("Naturaleza y gracia", en *Aquinas Among the Protestants*, 243). Sin embargo, existe un "dualismo" (abismo irreconciliable) entre filosofía y teología. Pero Helm intentó vincular la enseñanza de Calvino sobre *el sensus divinitatis*, que forma parte de la revelación natural, con la teología filosófica del Aquinate. "En los *Institutes*", dice Helm, "Calvino discute la naturaleza antes que la gracia, bajo la rúbrica del doble conocimiento de Dios y

inmediata de Dios en la naturaleza, sino una "ciencia física construida por la razón humana".

Así pues, la cuestión que se nos plantea no es si la revelación natural y la especial funcionan juntas en armonía (pues estoy de acuerdo en que lo hacen), y no se trata de si el hombre natural es capaz de comprender la revelación natural (también estoy de acuerdo en que lo hace). Más bien, la cuestión es si la teología natural es compatible con la revelación especial.

¿Podemos empezar rechazando lo que ya sabemos que es verdad a través de la revelación natural y esperar llegar a un conocimiento adecuado de Dios a través de la ciencia y el razonamiento especulativo? Y en particular para nuestra evaluación de la teología natural de Tomás de Aquino, ¿hay que corregir a Aristóteles, o hay que rechazarlo de plano? En resumen, nuestro objetivo es ver si el Aquinate fue capaz de convertir el agua en vino con su mezcla de filosofía con teología. ¿O convirtió el vino en agua?

La suficiencia de la revelación divina

La doctrina de Dios del Aquinate no se basa únicamente en la revelación. Por ello, la síntesis que hace el Aquinate del dios de Aristóteles con el Dios de la Biblia fue un ataque inadvertido a la suficiencia de la revelación divina.

---

de nosotros mismos, particularmente en el Libro I.3 y I.5. El primero discute el sensus divinitatis, que es parte de la revelación natural. El primero trata del *sensus divinitatis* (o *semen religionis*), la conciencia universal de que Dios existe". ("Naturaleza y Gracia", 232). Sin embargo, la doctrina de Calvino sobre *el sensus divinitatis* no es lo mismo que la metafísica de Aristóteles. Como se señaló en el cap. 1, Calvino rompió con la especulación filosófica de los Escolásticos e intentó someter toda su teología a la revelación divina. Sin olvidar que el Aquinate negaba una conciencia universal de Dios en el hombre. Véase también el libro de Helm, *John Calvin's Ideas* (Oxford: Oxford University Press, 2004).

En primer lugar, la fusión por parte de Aquino del dios de Aristóteles con el único Dios verdadero era un ataque a la suficiencia de la revelación natural. Según la Biblia, la existencia, trascendencia e inmanencia de Dios se manifiestan claramente (sin argumentación ni prueba lógica) en la revelación natural. Pero Aquino negó la eficacia de la revelación natural al negar la conciencia universal de Dios (*sensus divinitatis*). En lugar de construir sobre el fundamento de la revelación natural, que parte del conocimiento de Dios, Aquino construyó por debajo de ese fundamento al afirmar que el conocimiento de Dios necesita ser demostrado racionalmente a partir de la experiencia de los sentidos.

En segundo lugar, como veremos más claramente en el capítulo 9, la teología natural del Aquinate fue un ataque a la suficiencia de la revelación especial. Tras integrar la teología filosófica con la teología revelada, Aquino utilizó esta nueva síntesis filosófica como marco interpretativo para comprender la naturaleza de Dios y el lenguaje de la revelación especial. En lugar de permitir que las Escrituras fueran autosuficientes y proporcionaran sus propias reglas de interpretación, Aquino interpretó las Escrituras, como veremos, a través de la lente de su propia teología filosófica. Enseñó que todo conocimiento comienza con la experiencia sensorial y que todo conocimiento -incluso el que viene dado por la revelación- está confinado y limitado a conceptos recogidos de la experiencia sensorial (DT, 6.3).

Similitudes no significan acuerdo

La confusión surge con las aparentes similitudes entre el dios de Aristóteles y el Dios de la Biblia. Por ejemplo, el argumento cosmológico de Aristóteles parece afirmar las doctrinas bíblicas de la aseidad, simplicidad e inmutabilidad divinas. Como resultado de esta aparente coincidencia, el Aquinate confundió al dios de Aristóteles con el Dios simple e inmutable de la Biblia. Debido a algunas similitudes, Aquino pensaba que la filosofía y la Biblia enseñaban las mismas verdades sobre Dios.

Pero las similitudes no anulan las enormes diferencias entre el "motor inmóvil" y el Creador del universo. La Biblia no enseña que Dios sea incapaz de realizar actos libres e innecesarios, y Aristóteles no habría reconocido al Dios de la Biblia (que puede tomar decisiones libres e innecesarias) como el motor inmovible. Aristóteles creía, como se explica en el siguiente capítulo, que para que el argumento cosmológico funcionara, la primera causa no podía haber sido la causa eficiente (motriz) de un universo no eterno. La causa inmóvil, por definición, no puede crear el universo de la nada, ya que tal acto implicaría un movimiento libre e innecesario de la voluntad. Para Aristóteles, dado que el argumento cosmológico no permite que Dios sea la causa móvil del universo, el universo debe haber existido necesariamente desde la eternidad. Esto significa que Dios no es el único ser necesario, y esto, por supuesto, destruye la independencia de Dios revelada en la Biblia.

Para ajustar mejor el dios de Aristóteles con el Dios de la Biblia, el Aquinate pasó de su primera prueba a sus otras pruebas y a la filosofía de Dionisio, o Pseudo-Dionisio, como se le ha llegado a conocer. Para Dionisio, y a diferencia de Aristóteles, Dios es la causa eficiente y móvil del universo. Sin embargo, al igual que el dios de Aristóteles, el dios de Dionisio, como veremos en el capítulo 4, carece de diferenciación. Al fusionar la doctrina de la simplicidad divina de Aristóteles con la doctrina de la simplicidad divina de Dionisio, el Aquinate formuló lo que él pensaba que era una teología filosófica congruente con la teología revelada.

Pero la simplicidad tanto del motor inmovible como del dios neoplatónico de Dionisio no es idéntica a la simplicidad del Dios de la Biblia. La doctrina bíblica de la simplicidad divina tiene sus raíces en la independencia divina y se deriva del fundamento de las Escrituras. Para Aristóteles, sin embargo, la simplicidad divina está enraizada en el concepto de inmovilidad divina (una especulación filosófica enraizada en la ciencia). Y el concepto de simplicidad divina de Dionisio está arraigado en la unicidad numérica de una manifestación creada de un Dios incognoscible que trasciende la "unicidad".

Pero, como veremos, tanto la concepción de la simplicidad divina de Aristóteles como la de Dionisio son incompatibles con la doctrina bíblica de la simplicidad divina. La simplicidad de la esencia divina, tal como se revela en la Biblia, no excluye los actos libres de Dios ni la complejidad ontológica de las tres personas distintas y relacionables de la Trinidad. Sin embargo, lo que Aquino pensaba que eran verdades superpuestas sobre la naturaleza de Dios (como exploraremos con más detalle en el capítulo 8), no lo son tanto en realidad.

Conclusión

Contradictoriamente, el Aquinate afirmó el punto de vista de Aristóteles sobre la inmovilidad divina cuando se trataba de la doctrina de la simplicidad divina, pero se negó a aceptar las consecuencias de la inmovilidad divina de Aristóteles cuando se trataba de las doctrinas de la creación y la providencia. En lugar de rechazar por completo la teología natural de Aristóteles, el Aquinate lo utilizó como fundamento de su propia teología filosófica y no hizo sino agravar el problema al introducir la filosofía panteísta de Dionisio para compensar la incapacidad creadora del dios de Aristóteles.

Dado que el error de Aquino -aceptar la inmovilidad divina- se introdujo en la base de su pensamiento, vició el resto de su doctrina de Dios. La inmovilidad divina, que no tiene sus raíces en la Biblia sino en el argumento cosmológico de Aristóteles, configuró la visión de Aquino sobre la simplicidad divina, que luego formó su marco interpretativo del lenguaje de las Escrituras. Al final, Aquino interpretó las Escrituras a través de la lente del dios de Aristóteles, el motor inmovible. Por lo tanto, pretendo demostrar que la teología del Aquinate se basa principalmente en la ciencia filosófica, es decir, que no convirtió el agua en vino.

Irónicamente, el Aquinate tenía razón cuando dijo, citando a Aristóteles: "Un pequeño error al principio es un gran error al final".[26] El error fatal introducido por el Aquinate al principio de su teología natural ha conducido, como tratará de demostrar este libro, a una teología filosófica que no está en consonancia ni con Aristóteles ni con la Biblia.

26. Tomás de Aquino, *On Being and Essence*, 2ª ed., trad. Armond Maurer (Toronto: Pontificio Instituto de Estudios Medievales, 1968), 1 (en adelante citado en el texto como *ES*).

3
La teología natural de Aristóteles

TOMÁS DE AQUINO era brillante. Su aguda inteligencia y su rigurosa dedicación a los estudios no pasaron desapercibidas. Fue reconocido como uno de los principales eruditos de su época. Bartolomé de Lucca dijo que Tomás "supera a todos los doctores modernos en filosofía y teología"; Juan de Colonna se refirió a él como el "maestro incomparable".[1]

Su importancia no hizo sino aumentar con el tiempo. A los cincuenta años de su muerte, en 1323, fue canonizado por el Papa Juan XXII. En 1567, fue declarado *doctor communis* (Doctor de la Iglesia) por el Papa Pío V. En 1879, el Papa León XIII afirmó que Aquino era "el príncipe y maestro de todos los doctores escolásticos". Es identificado por católicos admiradores de todo el mundo simplemente como "el Doctor Angélico".

Todos estos títulos, aunque un poco grandilocuentes, se otorgaron al Aquinate por una buena razón: sus enseñanzas han sido posiblemente la mayor influencia en la teología de la Iglesia Católica.

1. Martin Grabmann, *Thomas Aquinas: His Personality and Thought*, trans. Virgil Michel (Nueva York: Longmans, Green and Co., 1928), 28, 62-63.

Aquino fue, según el Papa Pío V, "la luz más brillante de la Iglesia".[2] Y "Pío XI dice de él que la Iglesia atestigua en todos los sentidos que ha hecho suya su enseñanza".[3] Esta reverencia por Aquino ha sido mantenida por la Iglesia Católica, pues en el *Encycilical Studiorum Decem* del 29 de junio de 1923, declara: "Que la instrucción del Derecho Canónico sea tenida por sagrada por todos: 'Los profesores están obligados a formar sus estudios filosóficos y teológicos y la enseñanza de estas materias de acuerdo con el método, la enseñanza de estas materias de acuerdo con y los principios básicos del Doctor Angelicus: y además, deben reverenciar al mismo'. Cada uno debe observar esta ley de tal manera que pueda llamar a Santo Tomás su maestro".[4]

Pero el Aquinate no sólo destaca como una de las mentes más grandes de la Iglesia Católica, sino que también se le distingue como una de las mentes más grandes de todo el pensamiento occidental. G. K. Chesterton elogió a Tomás como "uno de los dos o tres gigantes; uno de los dos o tres hombres más grandes que jamás hayan existido. . . . No me sorprendería que resultara ser, al margen de su santidad, el más grande de todos". [5] Sería difícil cuantificar quién es el filó-

2. Ronald P. McArthur, "The Popes on St. Thomas", Thomas Aquinas College, consultado el 21 de octubre de 2019, https://thomasaquinas.edu/a-liberating-education /popes-st-thomas.

3. Josef Pieper, *The Silence of Saint Thomas*, trad. John Murray, S. J., y Daniel O'Connor (South Bend, IN: St. Augustine's Press, 1963), 36.

4. Pieper, 116-117. "¿Puede algo expresar más claramente la alta opinión de la Iglesia por este Doctor, que el hecho de que los Padres Tridentinos determinaron que durante toda su secesión sólo dos libros debían ser reverentemente colocados ante ellos en el altar, a saber, las Sagradas Escrituras y la *Summa Theologiae*? ". Pieper, 116-117.

5. G. K. Chesterton, "St. Thomas Aquinas," The Society of Gilbert Keith Chesterton, consultado el 30 de marzo de 2020, en https://www.chesterton.org/st-thomas-aquinas.

sofo más importante de todos los tiempos, pero junto con Platón y Aristóteles, el Doctor Angélico figuraría sin duda en cualquier lista creíble de los veinte primeros.

Aunque Tomás era brillante, su inteligencia no impidió que su teología natural, a nivel fundacional, fuera gravemente defectuosa. Tomás estaba de acuerdo con la presuposición de Aristóteles de que todo conocimiento comienza con la experiencia sensorial. Aunque el Aquinate afirma haber dado prioridad a las Escrituras (que consideraba infalibles) sobre los escritos de Aristóteles (que consideraba falibles), la piedra angular de la doctrina de Dios del Aquinate, como veremos en el capítulo 5, es el argumento cosmológico de Aristóteles que se basa en el empirismo.[6]

Dicho esto, la piedra más importante de cualquier infraestructura es la piedra angular. Como va la piedra angular, va el edificio. Según Aristóteles, puesto que todas las cosas en movimiento tienen una causa externa, debe haber algo sin movimiento que sea la primera causa, y esta primera causa estática, estacionaria e inmóvil Aristóteles la definió como *actus purus*. Aquino construyó su razonamiento tanto para la *existencia* como para la *naturaleza* de Dios sobre la base del argumento cosmológico de Aristóteles. Pero ¿es este fundamento capaz de sostener la infraestructura de la teología natural del Aquinate? ¿Puede la existencia de Dios y, lo que es más importante, su naturaleza, ser lógica y coherentemente inducida a partir de un supuesto filosófico derivado de relaciones causales entre cosas en movimiento? ¿Puede inducirse una visión correcta de la naturaleza de Dios a partir de la noción de que todas las cosas en movimiento tienen una causa externa? Ciertamente parece una tarea difícil.

---

6. Esto se hace evidente en los primeros capítulos de la primera parte de *la Suma Teológica* y en las constantes referencias al argumento cosmológico a lo largo del resto de la primera parte.

Arraigado en el estudio del movimiento

En cuanto a Aristóteles, discrepaba de su maestro, Platón, que creía que la idea de Dios (es decir, la Forma del Bien) ya estaba prealmacenada en la mente del hombre antes de cualquier experiencia sensorial. En lugar de partir de un conocimiento *a priori* de la existencia de Dios, Aristóteles afirmaba lo contrario: todo conocimiento, incluido el de Dios, es *a posteriori*. Aunque los empiristas ingleses -John Locke, George Berkeley y David Hume- no aparecieron en escena hasta el siglo XVII, Aristóteles les preparó el terreno construyendo su teología natural sobre el razonamiento empírico. Aristóteles creía que no podíamos explicar la existencia del cosmos partiendo del conocimiento de Dios, sino que debíamos partir del conocimiento del cosmos para explicar la existencia de Dios.

En consecuencia, según Aristóteles, todos nacemos agonísticos. Sin comunicación divina desde arriba ni conocimiento innato desde dentro, al hombre no le queda más remedio que intentar descubrir el conocimiento de Dios por sí mismo. El hombre es la fuente de todo su conocimiento. Por esta razón, y en este sentido, Aristóteles afirmó estar de acuerdo con Protágoras, que dijo: "El hombre es la medida de todas las cosas".[7]

Dado que todo conocimiento comienza con la experiencia sensorial, la teología debe comenzar con el estudio empírico del cosmos. Como Platón y Heráclito antes que él, Aristóteles observó que todo en el cosmos está en movimiento. Al igual que el agua pasa de la gota de lluvia al río y al océano, una semilla se convierte en brote y luego en árbol, y el proceso vuelve a empezar. El cosmos está en constante cambio, ya que el tiempo pasa de un momento a otro. Por eso, para Aristóteles, el estudio del cosmos es el estudio del movimiento. "La

---

7. Aristóteles, *Metaphysics: Books X-XIV*, en Loeb Classical Library, vol. 287, trad. Hugh Tredennick (Cambridge, MA: Harvard University Press, 1997), 10.1.20 (en adelante citado en el texto como *Metaf.*).

naturaleza ha sido definida", afirmaba Aristóteles, "como un 'principio de movimiento y cambio'".[8] Y en el corazón de la metafísica de Aristóteles está la suposición filosófica de que "todo lo que está en movimiento debe ser movido por algo" (*Fis* 3.5).

Pero ¿cómo llegó Aristóteles a esta suposición filosófica? ¿Cómo llegó a la conclusión de que todo lo que está en movimiento debe tener una causa externa? Llegó a ella estudiando el movimiento en el universo físico. Según Aristóteles, hay cuatro tipos de movimiento: (1) locomoción, movimiento de un lugar a otro; (2) movimiento cualitativo, el movimiento que conduce a una alteración (por ejemplo, una hoja que cambia de verde a marrón); (3) movimiento cuantitativo, el movimiento que conduce a un aumento o disminución; y (4) movimiento sustancial, el movimiento que se produce o desaparece. En estos cuatro tipos de movimiento, Aristóteles trató de identificar los atributos de todos los objetos en movimiento.

Los objetos en movimiento son finitos

El movimiento requiere, en primer lugar, que algo, como un objeto, sea movido. Como dijo Aristóteles, "si hay movimiento, también hay algo que se mueve" (*Metaf.*, 11.6.9). Sin embargo, todos los objetos del cosmos están en movimiento. Como afirmaba Aristóteles, "no hay movimiento aparte de las cosas, pues el cambio se produce siempre de acuerdo con las categorías del Ser" (*Metaf.*, 11.8.12). Así pues, todo lo que está en movimiento es finito.

Los objetos en movimiento son temporales

Los objetos en movimiento son temporales porque todos se mueven sucesivamente en el tiempo. Para que exista movimiento debe

8. Aristóteles, *Fisics*, en "Great Books of the Western World", ed. gen., Robert Maynard Hutchins, trad. R. P. Hardie y R. K. Gaye (Nueva York: Encyclopedia Britannica, 1952), 3.1 (en adelante citado en el texto como *Fis*).

haber un *antes* y un *después*. Por esta razón, la definición de tiempo de Aristóteles procede de su estudio del movimiento: "El tiempo se llama así por el movimiento" (*Metaf.*, 11.10.15).

Los objetos en movimiento son compuestos

El movimiento tiene lugar, según Aristóteles, cuando la *forma* y la *materia* se unen. La forma, como la forma y las dimensiones de una estatua, no es nada (el no-ser) sin la materia. La materia, como el bronce que compone la estatua, tampoco es nada (no es el ser) sin la forma. Así pues, ni la forma ni la materia son objetos móviles porque ni la forma ni la materia son objetos existentes en sí mismos. Sin embargo, cuando la forma y la materia se unen como una entidad compuesta, se actualizan en un objeto real y móvil que tiene existencia. Por consiguiente, todos los objetos móviles son sustancias compuestas.

Los objetos en movimiento son mutables

El movimiento requiere al menos dos puntos entre los que se desplace el objeto. El corredor se desplaza desde la línea de salida hasta la línea de meta. La temperatura pasa del calor al frío o del frío al calor. El conocimiento pasa de la ignorancia a grados superiores de comprensión. Un retoño parte de una semilla y crece hasta convertirse en un árbol. Además, el movimiento no sólo se produce entre dos puntos, sino entre puntos opuestos. La temperatura pasa del frío al opuesto del frío, el calor. El crecimiento pasa de algo pequeño a algo grande. Las distintas etapas y grados del cambio siempre tienen lugar entre dos puntos antitéticos. "Evidentemente", afirmaba Aristóteles, "una cosa no puede tener más de un contrario". Y sólo entre estos dos puntos contrarios se produce el movimiento. Las cosas no se mueven, por ejemplo, del frío a la luz, sino de la oscuridad a la luz o del frío al calor. Como explicó el filósofo, "el cambio no se da en todas las cosas, sino sólo entre contrarios e intermedios y contradictorios"

(*Metaf.*, 11.11.3).

En consecuencia, si el movimiento se produce entre dos puntos contrarios y antitéticos, el movimiento implica un cambio de una cosa en su contraria. "Todo", afirmó Aristóteles, "se mueve de algo y hacia algo" (*Metaf.*, 11.6.9). Aristóteles estaba de acuerdo con Heráclito, que años antes había afirmado célebremente: "Ningún hombre pisa dos veces el mismo río, porque no es el mismo río y él no es el mismo hombre". Así pues, pasar de un estado del ser a otro requiere mutabilidad dentro de los objetos que se mueven. De nuevo, Aristóteles afirmó: "Todo movimiento es un cambio de una cosa en otra" (*Metaf.*, 11.12.4).

Los objetos en movimiento son deficientes

Puesto que el movimiento exige cambio y mutabilidad, requiere privación o imperfección en el objeto que se mueve. La mesa en proceso de construcción pasa de un estado incompleto a un estado completo. Comienza con la construcción de unas pocas piezas, pero no está terminada hasta que todas las partes encajan correctamente. Las cosas mejoran o empeoran. Pero, en cualquier caso, las cosas que permanecen en movimiento permanecen en un estado de imperfección o incompletud. Así, dondequiera que se produzca el movimiento, existen deficiencias, privaciones e imperfecciones en los objetos que se mueven.

Aristóteles definió el movimiento, por tanto, como el proceso de las cosas que pasan de algo que tiene potencialidad (incompleto) a algo que tiene actualidad (completo). "Ahora bien, puesto que todo tipo de cosas se divide en lo potencial y lo real [actualidad]", afirmaba Aristóteles, "yo llamo movimiento a la actualización de lo potencial como tal" (*Metaf.*, 11.9.2). Y mientras continúe el movimiento, nunca se alcanzará la actualización completa. Como sostuvo Aristóteles, "el movimiento se considera una especie de actualización, pero incompleta; la razón de ello es que el potencial, del que es la actualización" (*Metaf.*, 11.9.11). De este modo, todos los objetos en movimiento son deficientes y siempre lo serán mientras permanezcan en estado de movimiento. Por tanto, para Aristóteles, movimiento es igual a mutabilidad, y mutabilidad es igual a imperfección.

Los objetos en movimiento son contingentes y dependientes

Y lo que es más importante, Aristóteles observó que los objetos en movimiento han sido puestos en movimiento por otra cosa. Nada, suponía Aristóteles razonablemente, es la causa de su propio movimiento. "Todo lo que está en movimiento", afirmó, "debe ser movido por algo. Porque si no tiene en sí mismo la fuente de su movimiento, es evidente que es movido por algo distinto de sí mismo" (*Fis*, 7.1). Y este supuesto filosófico -todo lo que *está en movimiento debe tener una causa externa- se convirtió en* el fundamento de la teología natural de Aristóteles.

Y fue a partir de este supuesto filosófico que Aristóteles dedujo la existencia y la naturaleza de Dios. Todo objeto en movimiento, según Aristóteles, debe haber sido movido por algo. Si los objetos en movimiento fueron puestos en movimiento por algo que ya estaba en movimiento, entonces esos objetos en movimiento deben tener aún otro objeto que *los* puso en movimiento. Aunque, según Aristóteles, esta cadena de causas y efectos no puede lógicamente retroceder indefinidamente sin tener una primera causa no causada, todos los objetos en movimiento dependen de algo exterior a ellos mismos.

Los objetos en movimiento son eternos

Aunque el movimiento debe tener una primera causa, Aristóteles creía que los objetos en movimiento son eternos. Nada en el cosmos es causa de su propia existencia. Aristóteles estaba de acuerdo con

Parménides, que afirmó célebremente: "Nada viene de la nada". Del mismo modo que es ilógico que un efecto sea su propia causa (ya que esa cosa tendría que existir antes de llegar a existir), es ilógico que la existencia surja de la inexistencia. Por esta razón, según Aristóteles, el movimiento y el tiempo deben haber existido siempre: "Pero el movimiento no puede ser generado ni destruido, porque siempre ha existido; ni tampoco el tiempo, porque no puede haber prioridad [antes] ni posterioridad [después] si no hay tiempo. De ahí que, como el tiempo es continuo, también lo es el movimiento; pues el tiempo es o bien idéntico al movimiento o bien un afecto de éste" (*Metaf.*, 12.6.1-2). Por consiguiente, Aristóteles supone que la mejor manera de definir el movimiento es como el proceso eterno del devenir o como el proceso interminable de actualización de una potencialidad.

En resumen, el estudio de Dios comienza con el estudio del cosmos, y el estudio del cosmos es el estudio del movimiento. Y al estudiar los objetos físicos en movimiento, Aristóteles pasó de la física a la metafísica. Lo hizo, además, partiendo del supuesto filosófico de que el movimiento sólo se encuentra en los objetos finitos, compuestos y mutables.

La prueba de Aristóteles de la existencia de Dios

En todo esto, Aristóteles se vio obligado a conciliar dos ideas opuestas: (1) la idea de que el movimiento y el universo material son eternos (dado que nada surge de la nada), y (2) la idea de que el movimiento y el universo material tienen una primera causa (dado que es lógicamente imposible que exista una cadena infinita de causas). ¿Cómo pueden ser ciertas ambas ideas? ¿Cómo puede haber una primera causa para algo eterno, como el universo?

Aristóteles creía encontrar la respuesta en su argumento cosmológico, en el que estas dos ideas aparentemente opuestas -(1) la primera causa de (2) un cosmos eterno- se unen para formar una tercera idea: el motor inmóvil. Pero ¿resuelve esto realmente el enigma? El filósofo y lógico británico Bertrand Russell explica que de joven se encontró con esta afirmación en *La autobiografía de John Stuart Mill*: "Mi padre me enseñó que la pregunta '¿Quién me hizo?' no puede responderse, ya que sugiere inmediatamente la pregunta ulterior '¿Quién hizo a Dios?'". Leer esto llevó a Bertrand Russell a rechazar el argumento cosmológico de la existencia de Dios. En palabras de Russell: "Si todo debe tener una causa, entonces Dios debe tener una causa. Si puede haber algo sin causa, lo mismo puede ser el mundo que Dios, de modo que no puede haber ninguna validez en ese argumento." [9]

Pero para Aristóteles, nada causó a Dios porque Dios no tiene movimiento, ya que eso es lo que Aristóteles quería decir al afirmar que Dios es el que no se mueve. Dios no necesita una causa externa porque Dios es sin causa porque Dios es sin movimiento. Basado en su estudio de la física, Aristóteles asumió que Dios era lo opuesto a todos los atributos asociados con las cosas físicas en movimiento. Debido a que el estudio de la física indica que el movimiento requiere una causa *externa*, y debido a la imposibilidad de una cadena interminable de causas externas, Dios debe ser la primera causa inmóvil del universo.

Sin embargo, ¿cómo puso en movimiento el universo un Dios inactivo e inmóvil? En otras palabras, si Dios no puede moverse, ¿cómo puso en movimiento el universo? La respuesta, al menos según Aristóteles, es que Dios no puso en movimiento el universo. Poner algo en movimiento requeriría movimiento en Dios, y tal movimiento en Dios le impediría ser el motor *inmóvil*. Como afirmó Aristóteles, "El instrumento del movimiento [la causa eficiente] debe mover otra cosa y estar él mismo en movimiento" (*Fis*, 8.5).

9. Bertrand Russell, *Why I Am Not a Christian* (Nueva York: Simon & Schuster, 1957), 6-7.

Así pues, Dios no puede ser la causa instrumental (causa eficiente/movimiento) del universo porque Dios dejaría de ser Dios (*actus purus*) si ejerciera algún acto libre de poder. Es decir, Dios no podría haber puesto en movimiento el universo, aunque quisiera. Si Dios ejerciera algún poder o fuerza o energía sobre el cosmos, aunque fuera en grado mínimo, dejaría de ser inmóvil.

Las cuatro causas del movimiento

Pero, entonces, ¿cómo mueve el universo un Dios inmóvil, que no puede moverse a sí mismo? ¿Cómo puede existir algo que *no se mueva*? Pues bien, para Aristóteles, hay más de una manera de mover algo.

De hecho, creía que hay cuatro causas del movimiento: (1) la causa formal, (2) la causa material, (3) la causa eficiente y (4) la causa final. A modo de ejemplo, pensemos en los distintos elementos que intervienen en la creación de una mesa. En primer lugar, necesitamos una idea de cómo debe ser la mesa: un plano mental de la forma y las dimensiones de la mesa. Esto, según el filósofo, se conoce como la causa formal de una mesa. En segundo lugar, necesitaríamos algún material: madera, cola y clavos. Esto se considera la causa material de la mesa. En tercer lugar, tenemos que arremangarnos o llamar a un carpintero para que nos construya la mesa. Esta es la causa eficiente de la mesa, también conocida como causa motriz. Esta causa eficiente es la causa motriz o el agente que genera el poder y la energía detrás del objeto puesto en movimiento. Y, por último, para Aristóteles, hay una causa más de la existencia de la mesa: la causa final. Ésta es el propósito por el que la mesa llegó a existir, como un lugar para cenar con la familia. La causa final, por tanto, es el objetivo y la finalidad que las otras tres causas intentan cumplir o realizar. [10]

---

10. Según Aristóteles, la causa formal (los planos mentales) de una mesa no tiene existencia real en sí misma. Del mismo modo, la causa material y la causa

La primera causa es la causa final

Pero esto nos lleva de nuevo a nuestra pregunta sobre cómo el motor inmovible mueve el cosmos cuando ni siquiera se mueve a sí mismo. Para Aristóteles, Dios no es la causa formal ni la causa material; Dios ni siquiera es la causa eficiente. No ejerce ningún poder ni energía. Es más bien la causa final del cosmos. Aristóteles imaginaba que la causa final es el bien último al que aspiran y desean todas las cosas, el fin último que subyace a la existencia de todo. ¿Por qué está en movimiento el universo? ¿Cuál es la motivación detrás de toda la energía sin fin que mueve las cosas de un estado de ser a otros estados de ser? Es la causa final -Dios-, un ser perfecto sin cambio ni actualización.

Para entender por qué Aristóteles identificaba la actualidad pura (*actus purus*) con el ideal "bondad" o con la "perfección",[11] debemos recordar que, en su física, todos los objetos materiales están en movimiento y todos los objetos en movimiento son finitos, temporales y mutables. En otras palabras, el movimiento, que él definía como la actualización de la potencialidad, sólo existe en las cosas imperfectas o carentes de bondad/ser. En cambio, el ser puro es la bondad perfecta. En resumen, para Aristóteles la actualidad pura es sinónimo del ser perfectamente inmóvil, mientras que todas las cosas en movimiento (como se observa en el universo físico) se encuentran en diversos estados de incompletud y de ser no actualizado. Esto implicaría, como afirmarían después los gnósticos, que la materia física es mala.

Sin embargo, Aristóteles no sólo asoció la bondad última con la inmovilidad, sino que definió la bondad última como el *objeto* últi-

---

eficiente no tienen existencia real en sí mismas. Una mesa sólo llega a existir cuando la causa formal y la causa materna se unen a la causa eficiente. Cuando esto sucede -¡presto!- tenemos una mesa real que llega a existir.

11. Para Aristóteles, "actualidad pura", "ser puro" y "*actus purus*" hablan de lo mismo.

mo *del deseo.* En lugar de definir la bondad como caridad (algo que da de sí a los demás), la bondad suprema (el motor inmóvil) no da nada de sí. Para Aristóteles, Dios es el bien supremo porque es perfecto, y Dios es perfecto porque es inmóvil. Y como Dios es inmóvil, no desea nada fuera de sí mismo. Dios no puede ser celoso porque nada le falta ni necesita. Él es su propio objeto último de deseo. Sólo Él es perfecto, está contento y en reposo. Por tanto, sólo Él es inmóvil. Porque sólo Él es pura actualidad, sólo Él es la bondad perfecta.

En consecuencia, para Aristóteles, lo bueno (la perfección) es lo que está sin movimiento, y lo malo (la imperfección) es lo que está en movimiento. Y como el que no se mueve es el bien supremo, es el objeto supremo del deseo, no sólo para sí mismo, sino para todo lo demás. Dios no está en movimiento porque ya tiene todo lo que necesita. No le falta ni quiere nada. Sin embargo, todo lo que está fuera de Dios está en movimiento porque a todo lo que está fuera de Dios le falta algo que necesita. En otras palabras, las cosas en movimiento están en movimiento porque desean ser como Dios. Todas las cosas en movimiento están en movimiento porque aspiran a *convertirse en* algo que no son. Esta aspiración a ser como Dios, a ser perfectas, a ser pura actualidad, a ser inmóviles, las mueve constantemente. Es decir, está en la naturaleza de todas las cosas finitas desear la pura actualización.

Aristóteles creía que al desear todas las cosas su propia actualidad, están (aunque no sean conscientes de ello) deseando a Dios. El deseo inherente a todos los objetos en movimiento es *actus purus.*

Esto nos lleva a cómo el motor inmovible puede mover cosas sin moverse él mismo. Como la atracción de un imán, el motor inmovible (actus purus) permanece completamente pasivo e inconsciente de que está incitando a los objetos a moverse tras él. En pocas palabras, Dios incita al movimiento al ser el objeto último del deseo. De este modo, sin moverse él mismo, Dios es la causa final de todo movimiento. Aristóteles lo explicó de esta manera "El primer principio y realidad primaria [Dios] es inmóvil, tanto esencial como accidentalmente, pero excita la forma primaria del movimiento, que es uno y eterno. Ahora bien, puesto que lo que se mueve debe ser movido por algo, y el primer motor debe ser esencialmente inmóvil, y el movimiento eterno debe ser excitado por algo eterno, y un movimiento por alguna cosa única" (*Metaf.*, 12.8.3-4).

Aristóteles afirmó además que "[Dios] causa el movimiento como objeto de amor" (*Metaf.*, 12.7.4). Esto significa que las cosas en movimiento no pueden dejar de amar a Dios, pero Dios no puede amar a las cosas en movimiento. Sin embargo, de esta manera, Dios mueve las cosas sin moverse en absoluto: "Ahora bien, [Dios] se mueve de la siguiente manera. El objeto del deseo y el objeto del pensamiento se mueven sin ser movidos" (*Metaf.*, 12.7.2).

Pero como el cosmos nunca alcanza la perfección, permanecerá siempre en un estado de movimiento incesante. Aspirando siempre a ser como Dios, pero sin alcanzar nunca la pura actualidad, el universo está atrapado en un eterno estado de movimiento perpetuo.

En definitiva, Dios es la primera causa porque es la causa final que mueve todo sin poder ni querer moverse a sí mismo ni a nada fuera de sí. De este modo, Aristóteles creía que Dios es el que no se mueve.

El Dios de Aristóteles

La teología natural de Aristóteles no sólo incluye una justificación de la existencia de Dios, sino también una explicación de la naturaleza de Dios. Al estudiar los diversos objetos finitos, compuestos, temporales, mutables y dependientes en movimiento en el reino físico, Aristóteles llegó a la conclusión de que Dios (que trasciende el reino físico) debe ser precisamente lo contrario de todos estos objetos deficientes en movimiento. Es decir, dado que Dios no puede estar en movimiento, no puede tener los atributos del movimiento. En lugar de ser un ser compuesto, Dios debe ser un ser indivisible y simple; debe ser infinito en lugar de finito, inmutable en lugar de mutable y, lo que es más importante, inmóvil en lugar de móvil. Al estudiar los atributos de las cosas en movimiento, Aristóteles pensó que era posible definir a Dios como el motor inmóvil o, en otras palabras, como *actus purus*.

La vía de la negación

Este salto del estudio del cosmos (física) al estudio de Dios (metafísica) se basa en una premisa única e infundada: que lo que es cierto respecto a los objetos finitos en movimiento en el reino físico debe ser cierto respecto al movimiento (si la movilidad fuera posible) de Dios en el reino metafísico. Partiendo de esta suposición de que el movimiento en Dios (si existiera) funcionaría igual que en el cosmos, Aristóteles formuló su visión de la naturaleza de Dios *por* la vía negativa.

El camino de la afirmación

Aunque al principio Aristóteles definió la naturaleza de Dios por la vía de la negación (cómo Dios es trascendente), más tarde explicó la naturaleza de Dios por la vía de la afirmación (cómo Dios es inmanente). ¿En qué se parece Dios a las cosas observables del universo? Aunque existe una gran diferencia entre el Dios inmóvil y los objetos eternos en constante movimiento del universo, tienen al menos una cosa en común: el ser. Ambos son eternos y comparten el estado de ser. Dios es puro ser, mientras que todo lo demás que existe tiene un ser parcial (potencialidad). Como todo lo que está en movimiento pasa de la potencialidad a la actualidad, todo lo que está en movimiento participa en diversos estados de ser o devenir.

De ahí que exista una cadena análoga del ser que desciende desde la actualidad pura (el ser perfecto) hasta los diversos objetos en movimiento que participan en el proceso de actualización. Dios es el ser puro porque no está en movimiento, mientras que todo lo demás en movimiento está en diversos grados de ser. Dios, como *actus purus*, es la forma más elevada de bondad, pero todos los objetos en movimiento comparten diversos grados de bondad e imperfección.

El *Actus Purus* no es el Dios de la Biblia

Partiendo de la base de que "las cosas en movimiento deben haber sido puestas en movimiento por otra cosa en movimiento", Aristóteles utilizó la vía de la negación y la vía de la afirmación para afirmar la existencia y la naturaleza de Dios.

Sin embargo, como veremos, el argumento cosmológico no conduce al Dios de la Biblia. Aunque hay algunas coincidencias entre el Dios de Aristóteles y el Dios de la Biblia (por ejemplo, la simplicidad y la inmutabilidad divinas), el motor inmovible de Aristóteles no llega a ser el Dios personal y relacionable de la Biblia que creó el mundo de la nada de forma voluntaria y activa.

Aristóteles lo puso todo patas arriba. El motor inmovible no puede hacer otra cosa que permanecer en un acto único, atemporal y necesario de autocontemplación. Dios, para Aristóteles, no puede ser la causa eficiente del universo. El dios de Aristóteles no puede crear ni destruir. El ejercicio del poder creador y gobernante no está en Dios. Ni siquiera puede tener conocimiento del universo. Es impotente para hacer otra cosa que pensar atemporalmente en sí mismo. El motor inmovible sólo puede hacer lo que siempre ha hecho.

Esto significa que la causa eficiente del movimiento existe dentro del propio universo, y las cosas se propagan y deterioran sin la participación de Dios. Así pues, el cosmos tiene más libertad para querer, obrar y hacer que el motor inmovible, que es la actualidad perfecta.

El Actus Purus es indiferente y despreocupado

Al igual que el Dios de la Biblia, el dios de Aristóteles es un ser inmaterialmente simple, sin cuerpo ni partes. Sin embargo, a diferencia del Dios simple de la Biblia, el dios de Aristóteles es a la vez *inmóvil* e *indiferenciado* (no trinitario) en su simplicidad. Para Aristóteles, un Dios simple inmóvil e indiferenciado no puede contemplar otra cosa que aquello que también es inmóvil e indiferenciado. El actus purus sólo puede pensarse a sí mismo en un acto único y eterno de pensamiento indiferenciado. Aristóteles da tres razones para ello:

1. El *actus purus* es indiferenciado en su simplicidad. Esto significa que el *actus purus* es idéntico a sus pensamientos. Todo lo que está en Dios, incluso los conceptos y pensamientos en la mente de Dios, es Dios. Como afirmó Aristóteles, "El pensamiento y el objeto del pensamiento son lo mismo" en Dios (*Metaf.*, 12.7.8). De nuevo dijo: "Puesto que el pensamiento y el objeto del pensamiento no son diferentes en el caso de las cosas que no contienen materia, serán lo mismo, y el acto de pensar será uno con el objeto del pensamiento (*Metaf.*, 12.9.5). Para Aristóteles, no hay distinción entre la esencia pura y simple de Dios y el conocimiento de Dios. Y si Dios pudiera pensar en algo distinto de sí mismo, entonces esos pensamientos adicionales se convertirían en esenciales para la esencia misma de Dios. Por supuesto, esto socavaría la pura actualidad de Dios, ya que haría depender su esencia de pensamientos sobre cosas ajenas a él.

2. Puesto que el *actus purus* es indiferenciado en su simplicidad, no puede hacer distinciones en sí mismo. Él es su pensamiento y, por tanto, su pensamiento debe ser indivisible e indiferenciado para que él siga siendo indivisible e indif-

erenciado (*Metaf.*, 12.9.6). Esto no sólo excluye cualquier pensamiento sobre cualquier cosa fuera de sí mismo, sino que también excluye cualquier pensamiento diferenciado sobre sí mismo. Si Dios pensara en otra cosa que no fuera su ser simple e indiferenciado, dejaría de ser indiferenciado en su simplicidad. Así pues, el *actus purus* es pura autocontemplación. Cualquier otra cosa llevaría a una distinción dentro de la mente y la esencia de Dios.

3. Puesto que el *actus purus* es inmóvil en su simplicidad, no puede procesar ningún pensamiento divisible sin que haya un movimiento dentro del acto de pensar. Las ideas compuestas, según Aristóteles, incluyen movimiento o "cambio al pasar de una parte del todo a otra" (*Metaf.*, 12.9.6). Por lo tanto, afirmó Aristóteles, "seguramente sería absurdo que [Dios] pensara en algunos temas" (*Metaf.*, 12.9.3) porque el pensamiento divino debe ser "indivisible" (*Meta*, 12.9.6).

De ahí que el dios de Aristóteles, según B. A. G. Fuller, "sólo se conoce a sí mismo con un conocimiento en el que no hay distinción ni entre el yo y el no-yo, ni entre la actividad del pensamiento como tal y su contenido."[12] "Toda la vida y el pensamiento de Dios", continuó explicando Fuller, "están encerrados. No conoce nada más que eso, nada más que a sí mismo".[13] Con un dios así, Aristóteles vuelve las cosas hacia atrás. El cosmos puede aspirar de algún modo a Dios, pero Dios no sabe nada del cosmos. El dios de Aristóteles es ajeno e indiferente a los asuntos de los hombres. Aunque este dios deísta sea sencillo, no es el Dios personal y cercano de la Biblia.

---

12. B. A. G. Fuller, "The Theory of God in Book ⊠ of Aristotle's Metaphysics", en *The Philosophical Review*, Vol. 16, No. 2 (Mar 1907), 173.

13. Fuller, 175.

El Actus Purus no puede crear

Según la lógica, el *actus purus* no puede ser la causa eficiente del universo porque una causa eficiente requiere movimiento, lo que es imposible para el motor inmovible. El relato bíblico de la creación requiere actos de poder libres e innecesarios en Dios. Pero si el dios de Aristóteles no puede moverse, ¿cómo va a mover activamente algo dentro o fuera de sí mismo?

El Actus Purus no tiene libre albedrío

El *actus purus* no puede tener actos de voluntad innecesarios ni libres. Esto no sólo requeriría movimiento en la mente y la voluntad de Dios, sino que también requeriría una división dentro de la mente de Dios entre lo que es esencial y no esencial para su pensamiento. Según Brian Davies, "El Dios de Aristóteles es como un gran imán trascendente. Hay un sentido en el que causa o explica el movimiento o el cambio. Pero no lo preside como haciendo lo que quiere hacer. No actúa voluntariamente para que las cosas se hagan. No ejerce la voluntad". [14]

El Actus Purus es impersonal

En todo esto, el *actus purus* no es el Dios personal y relacionable de la Biblia. Es imposible tener una relación personal con un dios que ni siquiera nos conoce. Dado que el *actus purus* no nos ama, es difícil imaginar que una criatura racional se sienta motivada a amar a su vez a este tipo de dios. ¿Es el *actus purus*, frío, estático, apático, indiferente, inconsciente e impersonal, el ser perfecto? Puede que Aristóteles pensara así, pero me alegro de que la revelación divina nos ofrezca una definición diferente de Dios.

---

14. Brian Davies, *The Thought of Thomas Aquinas* (Cambridge: Clarendon, 1993), 140.

Un dios deísta/panteísta

Así, según Aristóteles, Dios es en cierto modo deísta en el sentido de que es ajeno al universo. Sin embargo, en otro sentido, el dios de Aristóteles es en cierto modo panteísta. Dado que el motor inmóvil no puede ser la causa instrumental o móvil del universo, el universo no podría haber tenido un principio. El mundo debe ser eterno. La causa móvil del universo debe ser algo en continuo estado de movimiento: "El instrumento del movimiento debe a la vez mover otra cosa y estar él mismo en movimiento (pues cambia junto con lo movido, con lo que está en contacto y es continuo)" (*Fis*, 8.5). Por consiguiente, dos cosas son lógicamente necesarias y coeternas: (1) la inmovilidad eterna (es decir, Dios) y (2) el movimiento eterno (es decir, el universo). Según Aristóteles, tanto la existencia del motor inmóvil como la existencia del movimiento incesante, un universo eterno, son necesarias para explicar por qué hay algo en lugar de nada; así, "la inexistencia del movimiento es una imposibilidad" (*Fis*, 8.5). Dado que el universo no pudo tener un principio, el universo tiene que ser coeterno y co-necesario con el motor inmóvil, de ahí una forma de panteísmo.

Conclusión

El dios de Aristóteles puede ser simple. Sin embargo, a diferencia de la simplicidad del Dios trinitario de la Biblia, el dios de Aristóteles es inmóvil e indiferenciado. Y, a diferencia del Dios trinitario de la Biblia, el *actus purus* no puede crear, conocer ni relacionarse con nosotros. Además, para Aristóteles, el universo es eterno y necesario. En consecuencia, la teología natural de Aristóteles, que se basa en el supuesto filosófico de que nada tiene el poder de moverse por sí mismo, no conduce al Dios de la revelación natural y especial.

4
La teología natural de Pseudo Dionisio

Tomás de Aquino y Buenaventura (1221-1274) fueron amigos. En muchos aspectos, las vidas de estos eruditos escolásticos fueron paralelas. Tomás de Aquino nació pocos años después que Buenaventura. De jóvenes, ambos eran muy dotados y dedicados a sus estudios. Igualmente comprometidos con la Iglesia, ingresaron en las órdenes mendicantes el mismo año: Aquino se hizo fraile dominico y Buenaventura fraile franciscano. Fueron compañeros de clase, de grado y, finalmente, por orden papal, se convirtieron en profesores el mismo día en la Universidad de París.[1] Ambos fueron comisionados por el Papa para defender la validez de las órdenes mendicantes. Murieron prematuramente en el mismo año con pocos meses de diferencia; Aquino murió de camino al Segundo Concilio de Lyon, y Buenaventura murió después de llegar al Segundo Concilio de Lyon. Y ambos hombres notables han sido reconocidos por la Iglesia Católica como maestros universales y doctores de la Iglesia.

1. Véase Josef Pieper, *The Silence of Thomas Aquinas*, trad. John Murray, S. J., y Daniel O'Connor (South Bend, IN: St. Augustine's Press, 1963), 12.

Sin embargo, a diferencia de su amigo, Buenaventura veía a Aristóteles como una amenaza para la ortodoxia cristiana. Como Agustín antes que él, Buenaventura era un cristiano comprometido y platonista. Tanto Platón como la Biblia, según Buenaventura, estaban siendo desafiados por los recién descubiertos escritos de Aristóteles. La nueva traducción latina de los comentarios de Averroes sobre Aristóteles estaba provocando que algunos clérigos abrazaran los puntos de vista heterodoxos de Aristóteles.

¿Cuál era el principal problema de Aristóteles? Etienne Gilson escribe que, para Buenaventura, "el error fundamental de Aristóteles consiste en su rechazo de la doctrina platónica de las ideas. Puesto que, según Aristóteles, Dios no posee en sí mismo, como tantos modelos, las ideas de todas las cosas, se sigue que Dios sólo se conoce a sí mismo e ignora lo particular".[2] Y esto, sostenía Buenaventura, no era sólo un ataque a Platón, sino también a la doctrina bíblica de la divina providencia, como afirma Gilson: "De este primer error brota el segundo, a saber, que Dios, ignorante de todas las cosas, no posee ninguna presciencia y no ejerce ninguna providencia con respecto a las cosas." [3]

A Buenaventura le preocupaba que el aristotelismo socavara el cristianismo. Tal preocupación estaba justificada. Profesores de la Universidad de París, como Boecio de Dacia (hacia el siglo XIII) y Siger de Brabante (hacia 1240-1280), utilizaban a Aristóteles para afirmar un universo eterno y negar las doctrinas bíblicas de la creación y la providencia. [4]

---

2. Etienne Gilson, *The Philosophy of Saint Thomas Aquinas*, ed., G. A. Elrington, trad. G. A. Elrington, trans. Edward Bullough. (Nueva York: Dorset, 1948), 14.

3. Gilson, 14.

4. En un periodo de cuarenta años, la Universidad de París cambió su postura respecto a Aristóteles. Pasó de prohibir oficialmente la lectura de Aristóteles en

Influidos por el filósofo árabe y aristotélico Averroes (1126-1198), estos hombres pasaron a ser conocidos como los averroístas latinos.[5] Estos averroístas creían que era importante seguir el argumento dondequiera que condujera, sin importar si las conclusiones contradecían la fe. Según Tomás, al menos uno de los averroístas latinos sostenía la teoría de la "doble verdad": la filosofía y la teología pueden ser verdaderas, aunque se contradigan. En su libro contra los averroístas latinos, Tomás citó (sin mencionar por su nombre) a uno de los supuestos averroístas que dijo: "A través de la razón concluyo necesariamente que el intelecto es numéricamente uno, pero sostengo firmemente lo contrario por la fe" (SI, 123). [6]

Obviamente, la teoría de la doble verdad es irracional. Un tanto burlonamente, Chesterton subrayó su absurdo: "Mientras seamos naturalistas, podemos suponer que el cristianismo es todo un disparate; pero luego, cuando recordemos que somos cristianos, debemos admitir que el cristianismo es verdadero, aunque sea un disparate".[7]

Debido a esta nueva guerra contra la ortodoxia, había que hacer algo, y el Aquinate se encontró en un punto intermedio. Mientras algunos pretendían suprimir por completo el estudio de Aristóteles, el Aquinate, siguiendo el ejemplo de Boecio (c. 477-524) a princip-

---

1212 y 1215 a hacerla obligatoria en 1252 y 1255.

5. Averroes creía que sólo había un intelecto en todos los hombres y que el mundo era eterno. También negaba el concepto de libre albedrío.

6. En su polémica contra los averroístas, Aquino cita a alguien a quien no menciona por su nombre y que parece decir que la verdad filosófica y la religiosa no tienen por qué coincidir. Etienne Gilson dice que ni Siger de Brabante ni Boecio de Dacia sostuvieron la teoría de la "doble verdad" y negó que alguien la sostuviera realmente. Ralph McInerny, confiando en que el Aquinate no hubiera inventado esta cita, cree que debe haber habido al menos una persona que sostuviera esta teoría (SI, 112-113).

7. G. K. Chesterton, *Saint Thomas Aquinas* (Nashville: Sam Torade Book Arts, 2019), 46.

ios del siglo VI y de su propio maestro, Alberto Magno, abogaba por una solución más moderada.[8] Por un lado, Tomás no podía negar la importancia de la física de Aristóteles. Gran parte de la filosofía de Aristóteles era demasiado convincente para que Aquino la rechazara. Por otro lado, el Aquinate sabía que era imposible adoptar plenamente la metafísica de Aristóteles sin socavar los cimientos de la fe cristiana. Aquino era un teólogo comprometido, además de un filósofo comprometido. Así que, en lugar de rechazar o abrazar plenamente a Aristóteles, Aquino estaba convencido de que era posible, con un pequeño ajuste, unir lo que otros consideraban irreconciliable.

Para reconciliar a Aristóteles con el cristianismo, el Aquinate tuvo que utilizar la ortodoxia católica para "corregir" a Aristóteles. Es decir, "la filosofía aristotélica", según Grabmann, "[necesitaba ser] juzgada, purgada y corregida sobre la base de la enseñanza de la Iglesia".[9] No habría forma de sintetizar el motor inmóvil con el Dios de la Biblia mientras el motor inmóvil fuera incapaz de crear y gobernar un universo temporal. En otras palabras, mientras el concepto de bondad sea idéntico al concepto de inmovilidad, y mientras un Dios inmóvil sea incapaz de crear y dar de sí mismo, el aristotelismo es incompatible con el cristianismo.

Para ayudar a realizar el necesario ajuste a Aristóteles, el Aquinate recurrió a su segundo filósofo de mayor confianza: el neoplatónico Pseudo-Dionisio (fl. c. 650-c. 725). Según Pseudo-Dionisio, Dios es la causa *eficiente* del universo. Esto era lo único que Aquino necesitaba para poner a Aristóteles en consonancia con la Biblia. Creía que,

8. Boecio, en su libro *La consolación de la filosofía*, intentó primero reconciliar a Platón con Aristóteles, y después intentó reconciliar la filosofía con el cristianismo.

9. Martin Grabmann, *Thomas Aquinas: His Personality and Thought*. Traducido por Virgil Michel (Nueva York: Longmans, Green and Co., 1928), 10-11.

si Aristóteles y Dionisio podían reconciliarse, entonces Aristóteles y la Biblia podrían unificarse en el proceso. Con un poco de ayuda de uno de los discípulos de Platón, Aquino pensó que podría rescatar a Aristóteles de su heterodoxia.

Pseudo-Dionisio

Pero ¿quién era Pseudo Dionisio? Como su nombre indica, Pseudo-Dionisio no era quien decía ser. Al igual que la naturaleza de la Edad Media en general y del misticismo en particular, el autor del corpus dionisíaco está rodeado de oscuridad y misterio.

El verdadero Dionisio vivió en la época apostólica (como se menciona en Hechos 17) y fue uno de los primeros conversos de Pablo en Atenas. La tradición afirma que fue el primer obispo de la iglesia de Atenas y que sufrió el martirio bajo la persecución de Domiciano. Dionisio era conocido como el Areopagita, probablemente porque fue miembro del consejo que se reunía en el Areópago ("roca/colina de Ares" se traduce del griego, *Areopagos*).

Al parecer, Pseudo Dionisio pretendía añadir peso y credibilidad a sus escritos filosófico-religiosos afirmando ser Dionisio el Areopagita de Hechos 17, un hombre que presumiblemente se formó primero en la filosofía de Atenas y luego en la doctrina del apóstol Pablo. No es de extrañar que el Pseudo-Dionisio, en su intento de mezclar Atenas con Jerusalén, eligiera el nombre de Dionisio Areopagita.

Sin embargo, debido a la poca disposición del autor a ser abierto y sincero sobre su verdadero nombre, no se sabe mucho sobre su vida. [10] Durante cientos de años, sus libros se transmitieron y, en general, se creyó que eran escritos de una época anterior. Por ello, sus

10. "Todo lo que sabemos de él", afirmó Bernhard Blankenborn, "procede de su corpus". Bernhard Blankenhorn, *The Mystery of Union with God: Dionysian Mysticism in Albert the Great and Thomas Aquinas*. (Washington DC: The Catholic University Press, 2015), 4.

ideas neoplatónicas ejercieron una enorme influencia en la Iglesia de la Edad Media. No fue hasta que el erudito humanista florentino Lorenzo Valla (c. 1407-1457) puso en duda la datación del corpus de Dionisio a mediados del siglo XV que el autor Dionisio pasó a ser conocido como *Pseudo-Dionisio*, ya que la primera referencia al corpus dionisíaco fue hecha por Severo en 553 en el concilio de Constantinopla en defensa del monofisismo.[11] Dado que Pseudo Dionisio fue sin duda discípulo de Plotino (c. 205-270), debió de vivir entre finales del siglo III y principios del VI.

El platonismo de Plotino

Plotino fue un egipcio que estudió filosofía en Alejandría a los pies de Amonio Saccas (c. 175-242).[12] Aunque Plotino no dejó ningún escrito, fue él, por encima de todos los demás, quien más influyó en la re-popularización del pensamiento platónico. Aunque fue Saccas quien introdujo los escritos de Platón a Plotino, fue Plotino quien introdujo el platonismo en el mundo grecorromano.

Según Plotino, hay tres modos principales de ser, o *hipóstasis*, que son diferentes grados o niveles de ser. La primera hipóstasis se llama el *Uno*. El Uno es el fundamento mismo de la existencia, la fuente principal y primera de todo ser. El segundo modo de ser es el *Nous* (mente). El Nous es el reino donde existen las *formas* de Platón, todas las ideas arquetípicas o prototipos. El tercer modo de ser es el *Alma del Mundo*.

¿Cómo encaja todo esto? Según Plotino, el Nous y el Alma del Mundo emanaban y fluían del Uno (el fundamento mismo de todo ser), debilitándose cada hipóstasis cuanto más se alejaba del Uno. La última de todas es *la materia*, que procede del Alma del Mundo.

11. El monofisismo afirma que la naturaleza humana de Cristo fue absorbida por su divinidad.

12. Orígenes fue también uno de sus alumnos.

La materia, al ser la más alejada del Uno, es el estado más débil del cosmos y la antítesis del Uno.

En otras palabras, así como la luz emana del sol, el Nous emana del Uno, y el Alma Mundial del Nous. Cuanto más se aleja la luz del sol, más se atenúa. Aunque el Nous haya emanado del Uno, el brillo y la fuerza de su ser no brillan con la misma intensidad. El Alma del Mundo, habiendo procedido del Nous, es aún más tenue. Finalmente, la luz, cuando se aleja lo suficiente de su origen, se disipa por completo, siendo engullida por la oscuridad circundante. Cuando esto ocurre, la luz deja de ser luz. Del mismo modo, la materia, aunque tiene su origen en el Uno (a través del Nous y el Alma del Mundo), ha viajado tan lejos del Uno que deja de tener cualquier relación o similitud con el Uno. Como los rayos de luz que comienzan a atenuarse y se disipan lentamente, convirtiéndose en su opuesto (la oscuridad), la materia se ha convertido en su opuesto: el no-ser. El Uno es el ser absoluto, el Nous está algo diluido en su ser, el Alma del Mundo es muy débil en su nivel de ser, y la materia es la antítesis del ser.

El neoplatonismo, por tanto, es una especie de panenteísmo paradójico. El panenteísmo afirma que Dios está en todo y todo es Dios. En otras palabras, Dios y la creación no pueden separarse. Incluso la materia se considera parte de Dios. El neoplatonismo, sin embargo, afirma que, aunque todo ha emanado de Dios, algunas cosas ya no forman parte de Dios. El mundo físico, por ejemplo, con todas sus particularidades, se ha alejado tanto de Dios, la unidad pura, que está a punto de perder su conexión con Dios.

Sin embargo, el objetivo es que las cosas se reúnan con Dios: lo que ha fluido fuera de Dios necesita encontrar un camino de vuelta a Dios. *La hénosis,*[13] como el nirvana del budismo, es el proceso de

13. Nota del traductor: Algunas fuentes traducen ἕνωσις (griego) a *hénosis* (castellano) y otras la traducen *henósis* o *henosis* (castellano).

despojarse de toda identidad individual, escapar de la jaula material del cuerpo y ser absorbido de nuevo por la fuente original del ser, terminando finalmente en una pizarra en blanco inconsciente de la unidad divina.

¿Cómo se produce la hénosis para el neoplatonismo? Según Plotino, el Alma del Mundo consta de dos partes: (1) una parte celeste, la que contempla el Nous divino, y (2) una parte terrestre, la que genera el mundo material basándose en los planos, "formas" o modelos arquetípicos contenidos en el Nous. En este sentido, el Alma Mundial puede acercarse o alejarse del Nous divino: *acercarse* meditando en el Nous, o alejarse generando el mundo material de los particulares.

Del mismo modo, las almas individuales, que han procedido de la mente divina, pueden moverse en dos direcciones. Preocupadas por este mundo físico, nuestras almas se deslizarán más lejos de la mente divina. Pero meditando en las formas de la mente divina (Nous), nuestras almas serán absorbidas lentamente de vuelta al Nous de donde proceden.

Aunque Plotino enseñaba (de forma positiva) que todas las formas de existencia han emanado del Uno, y que el Uno es la fuente última de toda existencia, seguía siendo agnóstico. Plotino creía que no se puede saber nada con certeza sobre Dios. Creía que como Dios es absolutamente trascendente, no puede ser contemplado en absoluto. Las formas inferiores del ser, el Nous, pueden ser contempladas, pero el Uno trasciende todos los pensamientos o ideas. [14]

El platonismo de Porfirio

La siguiente gran influencia sobre Dionisio fue la enseñanza de Porfirio (c. 233-c. 305). Porfirio fue alumno de Plotino. Lo interesante de Porfirio es que, a diferencia de Dionisio, que intentó sintetizar el

14. Véase Allan Armstrong, *Dionysius the Areopagite on the Divine Names and The Mystical Theology* (Berwick, ME: Ibis, 2004), vii-xx.

cristianismo con el neoplatonismo, Porfirio intentó utilizar el neoplatonismo como medio para criticar y socavar el cristianismo. Fue autor de quince libros en los que atacaba al cristianismo y fue considerado en su época como el mayor enemigo de la fe cristiana.

El platonismo de Proclo

Después de Porfirio vino Proclo (c. 412-485). Proclo fue considerado el último de los grandes filósofos de la tradición griega. Según Armstrong, "el neoplatonismo alcanzó su apogeo grecorromano en la escuela ateniense bajo la dirección de Proclo".[15] Proclo ejerció tal influencia sobre Pseudo-Dionisio que algunos críticos textuales han especulado que Proclo y Pseudo-Dionisio eran uno y el mismo. Aunque esto no es probable, Proclo fue sin duda una gran influencia para Dionisio.

El neoplatonismo de Pseudo Dionisio

La salida y entrada de todas las cosas desde y hacia Dios es el núcleo del pensamiento neoplatónico. Dionisio trató de sintetizar el neoplatonismo con el cristianismo insertando términos bíblicos en este marco de flujo y reflujo divinos.

El grado más elevado del ser, según Dioniso, es Dios. Dios es el Uno, el fundamento mismo de todo ser. Dios es el Uno porque es simple y sin diferenciaciones. El segundo grado del ser es la Trinidad. Esto se debe a que la Trinidad tiene dos corrientes opuestas que fluyen eternamente fuera de la Divinidad y de vuelta a la Divinidad. La corriente de la unidad (la esencia divina) es lo universal, y la corriente de la diversidad (las tres personas divinas) es lo particular. Y de los universales y particulares que salen y vuelven a la Trinidad emana el cosmos con todos sus universales y particulares. Y finalmente, fluyendo desde el cosmos, alejándose cada vez más del fundamento último

15. Armstrong, ix.

del ser, está el no-ser, que Dionisio etiquetó como *pecado*.

Para Dionisio, la salvación es el proceso de reunificación y absorción en Dios, una pizarra en blanco de inconsciencia. Como hemos emanado de Dios en diversas etapas, el regreso a Dios se produce por etapas. La reunificación comienza meditando en la turbia imagen de Dios a través de su reflejo estampado en las cosas particulares del universo. Al ver que todas las cosas han emanado de Dios, todas las cosas mantienen un poco de Dios en su interior. Mientras nuestra mente se centre en lo divino dentro de lo particular, nuestros pensamientos serán empujados hacia arriba, alejándose de lo particular de este mundo, hasta que podamos contemplar a Dios un poco más claramente en lo universal. Al ver los universales, nuestra atención se aleja del mundo de los particulares. Pero no nos reuniremos con Dios, que está más allá de todos los universales, hasta que demos un salto místico a la oscuridad incognoscible y perdamos totalmente la conciencia.

El Tríplex Vía

La reunificación con Dios comienza con el pensamiento sobre Dios. Según Dionisio, hay dos formas principales de llegar al conocimiento del Dios incognoscible -la *vía de la afirmación* y la *vía de la negación-, ambas* por la *vía de la causalidad*. A diferencia de Aristóteles, Dionisio creía que Dios era la causa eficiente del universo. Viendo que la creación ha brotado de Dios, podemos conocer a Dios conociendo la creación. Y así, podemos conocer a Dios por tres vías (*tríplex* vía): la vía de la causalidad, la de la negación y la de la afirmación.

La vía de la causalidad

Dionisio sostenía que, aunque no podemos conocer la esencia de Dios, podemos saber algo de Dios conociendo aquellas cosas que han emanado de Dios:

> Puede ser cierto decir que conocemos a Dios no a partir de su propia naturaleza -pues ésta es desconocida y trasciende toda razón e intelecto-sino que a partir del orden de los seres, que, habiéndose establecido a través de él, lleva ciertas imágenes y semejanzas de sus ejemplares divinos, ascendemos con método y orden, en la medida de lo posible según nuestra capacidad, a aquel que está más allá de todas las cosas, tanto apartando de él todas las cosas [la vía de la negación] y afirmándolas superlativamente [la vía de la afirmación], como a través de la causalidad de todas las cosas [la vía de la causalidad].[16]

Así, a partir de la vía de la causalidad, se establece la vía de la negación y de la afirmación.

La vía de la negación

Según Dionisio, el Dios simple indiferenciado, que es completamente trascendente, es totalmente incognoscible. Dionisio afirmaba que Dios trasciende todo pensamiento y está más allá de cualquier comparación humana: "Porque si todas las ramas del conocimiento pertenecen a cosas que tienen ser, y si sus límites tienen referencia al mundo existente, entonces aquello que está más allá de todo Ser debe ser también trascendente por encima de todo conocimiento" (ND, 1.4). Por lo tanto, no se puede decir nada positivo sobre Dios: "No debemos entonces atrevernos a hablar, o de hecho a formarnos cualquier concepción, de la oculta super-esencial Divinidad" (ND, 1.1). También dijo: "Lo que está más allá del pensamiento sobrepasa la comprensión del pensamiento, y el Bien que está más allá de la expresión sobrepasa el alcance de las palabras" (ND, 1.1).

Puesto que Dios no puede ser descrito mediante ningún lenguaje significativo, Dios se comprende mejor por las cosas que no es (*vía negativa*). En esto, Dionisio estaba de acuerdo con Plotino, como

16. Dionysius, "The Divine Names", en *Dionysius the Areopagite on the Divine Names and The Mystical Theology*, trad. C. E. Rolt (Berwick, MI: Ibis, 2004), 4.2 (en adelante citado en el texto como *ND*).

resume Herman Bavinck:

> Según Plotino no se puede decir nada de Dios que no sea negativo. Dios es una unidad absoluta, elevada por encima de toda pluralidad. En consecuencia, no puede ser definido en términos de pensamiento, bondad o ser, pues todos estos términos descriptivos implican una cierta pluralidad. Dios, como unidad pura, es ciertamente la causa del pensamiento, del ser, de la bondad, etc., pero es distinto de todos ellos y los trasciende. Es ilimitado, infinito, sin forma y tan completamente diferente de toda criatura que ni siquiera la actividad, la vida, el pensamiento, la conciencia y el ser pueden atribuírsele. Nuestro pensamiento y nuestro lenguaje no pueden alcanzarlo. No podemos decir lo que es, sólo podemos decir lo que no es.[17]

¿Qué no es Dios? En primer lugar, Dios no es una persona. El hombre es persona porque puede distinguirse de otras personas. La persona es algo que está separado del todo, algo que se puede distinguir. Dios, sin embargo, es simple y absoluto, algo que trasciende toda forma de separación. Dios está más allá de toda relación. Según Dionisio, Dios es "Unidad". Así pues, Dios está más allá de la persona; es "Superpersonal", o como Dionisio afirmaba a menudo, Dios es "Superesencial".

En segundo lugar, Dios ni siquiera es un ser consciente. ¿Por qué? Porque la conciencia implica un estado de pensamiento y el pensamiento implica autoconciencia. La autoconciencia no puede darse sin un objeto pensante que distinga entre sus pensamientos y aquello sobre lo que piensa. Así pues, existe una separación, al menos en la mente, entre el sujeto pensante y el objeto del pensamiento. Sin embargo, con lo Supraesencial no puede haber distinciones ni divisiones.

En tercer lugar, Dios ni siquiera existe, al menos trasciende el concepto de existencia. Como afirma Dionisio, "ni fue, ni será, ni ha

17. Herman Bavinck, *The Doctrine of God* (Grand Rapids: Eerdmans, 1951), 20.

entrado en el proceso de la vida, ni lo está haciendo, ni lo hará jamás, o mejor dicho, ni siquiera existe" (ND, 4.5). Esto se debe a que, según Dionisio, la palabra *existencia* implica una distinción entre lo que existe y lo que no existe. Y Dios, siendo puramente simple, está más allá de toda distinción.

Por último, Dionisio llegó a socavar el fundamento de todo su argumento. La razón por la que Dios no es una persona, un ser consciente o incluso un ser que existe es porque es unidad absoluta. Dios es unidad absoluta porque Dios es uno. Porque Dios es simple, Dios es sin diferenciación. Sin embargo, según Dionisio, incluso la palabra *unidad* se queda infinitamente corta para definir a Dios. Aunque podría ser el mejor término humano para ayudar a alejar nuestras mentes hacia la oscuridad incognoscible, sigue siendo inadecuado para llevarnos a cualquier conocimiento verdadero de lo incognoscible. El término *unidad* falla porque implica una distinción y separación de lo que es plural o está dividido. *Dios* no es ni *uno* ni *muchos*; los trasciende a ambos. Así, el dios de Dionisio ni siquiera es unidad; es, como afirmaba Dionisio, la "Super-Unidad".

Para Dionisio, Dios está más allá de la conciencia, la vida, la unidad, la esencia, la existencia y cualquier otro concepto cognitivo. Dios está más allá de todas estas cosas, incluso más allá de la palabra *trascendencia*. ¿Qué es lo que queda? La nada. Es decir, nada que sea conocible:

> No es alma, ni mente, ni está dotado de la facultad de imaginar, conjeturar, razonar o entender; ni es acto alguno de la razón o el entendimiento; ni puede ser descrito por la razón o percibido por el entendimiento, puesto que no es número, ni orden, ni grandeza, ni pequeñez, ni igualdad, ni desigualdad, y puesto que no es inmóvil, ni está en movimiento, ni en reposo, ni tiene poder, ni es poder ni luz, ni vive, ni es vida; ni es esencia personal, ni eternidad, ni tiempo; ni puede ser captado por el entendimiento, puesto que no es conocimiento ni verdad; ni es realeza ni sabiduría; ni es uno, ni es unidad, ni es Divini-

> dad ni Bondad; ni es Espíritu, tal como entendemos el término, ya que no es filiación ni paternidad; ni es ninguna otra cosa de la que nosotros o cualquier otro ser pueda tener conocimiento; ni pertenece a la categoría de la no existencia ni a la de la existencia; ni los seres existentes la conocen tal como es en realidad.[18]

Dionisio construyó su teología natural sobre la negación. Pero incluso la vía de la negación afirmaba, era un medio defectuoso de conocer a Dios: "No le aplicamos [a Dios] ni la afirmación ni la negación", afirmaba Dionisio, "ya que trasciende toda afirmación por ser la Causa perfecta y única de todas las cosas, y trasciende toda negación por la preeminencia de su naturaleza simple y absoluta, libre de toda limitación y más allá de todas ellas" (TM, 5). El camino de la negación es un callejón sin salida. Aunque puede empujar nuestras mentes en la dirección correcta, sólo puede llevarnos hasta cierto punto, y no más allá.

El camino de la afirmación

La vía de la afirmación, como la vía de la negación, se basa en la vía de la causalidad. Puesto que todas las cosas proceden de la bondad de Dios -la primera causa-, todas las cosas participan de su bondad. Así, tanto la vía de la negación como la vía de la afirmación comprenden la naturaleza de Dios mediante la comprensión de la naturaleza del cosmos. La vía de la negación dice que Dios es como el cosmos pero sin todas sus imperfecciones, mientras que la vía de la afirmación dice que Dios es como el cosmos en sus perfecciones.

Dicho esto, ¿cómo es Dios la causa eficiente del mundo? ¿Cómo puede surgir algo de la nada por un Dios que trasciende la existencia? ¿Cómo pudo Dionisio decir que "Es [Dios] la Causa Universal de la

18. Dionysius. "The Mystical Theology," En *Dionysius the Areopagite on the Divine Names and The Mystical Theology*, trans. C. E. Rolt (Berwick, MI: Ibis, 2004), 5 (en adelante citado en el texto como *TM*).

existencia mientras que Él mismo no existe" (ND, 1.1), y en otro lugar, "Es [Dios] la Causa de todas las cosas y sin embargo Él mismo no es nada" (ND, 1.5). Además, ¿cómo se revela a la creación un Dios inconsciente? ¿Qué motivación tenemos para buscar a Dios cuando es completamente incognoscible y no se encuentra en ninguna parte? En lugar de intentar conciliar estas afirmaciones, Dionisio parecía deleitarse en la tensión inherente a su posición: "Cómo son estas cosas no podemos decirlo, ni aún concebirlo" (ND, 2.7).

Para entender por qué Dionisio se gloriaba en estas paradojas, debemos comprender su doctrina de "unificación y diferenciación". Según Dionisio, en Dios existen dos polos antitéticos: la unidad y la diversidad. Hay un Dios trascendente y oculto y un Dios inmanente y revelado. El Dios trinitario revelado brota del Dios no trinitario oculto. Y de la unidad y diversidad dentro de la Trinidad fluye la unidad y diversidad en la creación, en las almas de los hombres y en todo lo demás que existe. Por lo tanto, Dionisio creía que hay dos lados en todas las cosas existentes: unidad y diversidad, unicidad y divisiones, universales y particulares, y lo uno y lo múltiple. La unificación y la diferenciación son los únicos ingredientes de todas las cosas existentes, y su fuente fluye del Dios oculto que trasciende tanto la unidad como la diversidad.

Así, Dionisio pasa de un Dios que no existe a un Dios que emana de su propio ser dos corrientes separadas: la unidad y la diversidad. De este modo, Dios es la única fuente de todos los universales y particulares. Estas dos corrientes fluyen de Dios y al mismo tiempo permanecen en Dios. Como afirmaba a menudo Dionisio, "La Superesencia pasa realmente fuera de Sí misma, aunque permanezca todo el tiempo enteramente dentro de sí misma".[19] Sin embargo, aunque Dios trasciende la unidad y la diversidad, Dios sigue siendo de algún modo (de una manera mística) tanto la unidad como la di-

19. Armstrong, *Dionysius the Areopagite*, 15.

versidad y, por tanto, la fuente de todos los universales y particulares que existen en el universo.

Estas dos corrientes de unidad y diversidad son emanaciones invisibles que salen eternamente de Dios y vuelven a Dios. A partir de un acto eterno atemporal y continuo, estas dos corrientes fluyen eternamente fuera de su ser y vuelven a su ser. La corriente que sale de Dios es la diversidad, mientras que la corriente que vuelve continuamente a Dios es la unidad. La diversidad sale de Dios como la luz emana del sol, y la unidad vuelve a Dios como las gotas de lluvia se funden con el océano. Cuanto más cerca está algo de Dios, más unificado está con Dios, como los rayos de luz son más brillantes cuanto más cerca están de su fuente. A la inversa, cuanto más se aleja algo de su fuente, más diverso y diferente se vuelve. Puesto que la diversidad de Dios corre (o emana) continuamente hacia fuera de Dios, se debilita en su ser. A la inversa, puesto que la corriente de unidad viaja de vuelta a Dios, su nivel de ser continúa fortaleciéndose.

En este sentido, las ideas o universales de Platón tienen más en común con Dios que los objetos individuales y diversos de la creación. Los "universales", por estar más cerca de Dios, reflejan la imagen de Dios un poco más claramente que los objetos particulares de la creación. Sin embargo, como los objetos individuales son copias de sus prototipos universales, siguen teniendo una pequeña, aunque turbia huella de Dios en ellos. En una palabra, las dos corrientes de unidad y diversidad que emanan de Dios y vuelven a Dios no son más que manifestaciones del Dios inefable e inexpresable. La corriente de la unidad, sin embargo, es una manifestación un poco más clara que la corriente de la diversidad.

La Trinidad

La doctrina de la "unificación y diferenciación", según Dionisio, puede verse más claramente en la Trinidad. La esencia del Dios trino es la unidad. Sin embargo, sin división ni perturbación de esta unidad, la Trinidad es al mismo tiempo diversa, ya que incluye tres personas distintas. La Trinidad no sólo es unidad y diversidad a la vez, sino que también es ambas cosas sin concesiones. A modo de explicación, Dionisio afirmó,

> De la misma manera vemos, cuando hay muchas lámparas en una casa, cómo la luz de todas ellas se unifica en una luz indiferenciada, de modo que brilla de ellas un resplandor indivisible; y nadie, me parece, podría separar la luz de una lámpara particular de las otras, aislada del aire que las abarca a todas. . . . Sí, si alguien saca de la morada una de las lámparas encendidas, toda su propia luz particular saldrá del lugar sin llevar en sí misma nada a las otras luces ni legar nada de su propio brillo al resto (ND, 2.4).

La Divinidad es diversa, puesto que las tres personas son emanaciones que han brotado de Dios. Sin embargo, las tres personas son una en unidad, en el sentido de que fluyen continuamente hacia Dios. Aunque la diversidad fluye de Dios, Dios nunca deja de ser Dios, pues permanece unificado en su esencia.

Aunque Dionisio enseñó que la Trinidad es Dios, a menudo se retractó afirmando que la Trinidad es sólo una representación emblemática de Dios. Como afirma Armstrong, "La Trinidad, porque ha sido revelada... debe pertenecer a la esfera de la Manifestación o no podría ser revelada".[20] En otras palabras, la doctrina de la Trinidad no es algo que defina la esencia ontológica de Dios. La Trinidad, por lo tanto, existe sólo como una manifestación externa y visible de la Divinidad invisible e incognoscible, que está más allá de las diferenciaciones y relaciones.

20. Armstrong, 8.

Creación

Lo más preocupante de la doctrina de Dionisio sobre la Trinidad es que su visión de la creación no es muy diferente. Dionisio nunca identificó la creación con Dios *per se*, pero parece que la Trinidad tiene más en común con la creación que con el Dios inefable e inexistente. Independientemente de cómo intentara explicarlo Dionisio, tanto la Trinidad como la creación son manifestaciones simbólicas de las dos corrientes emanadas de la unidad y la diversidad de Dios. Lo que ocurre es que la creación ha viajado un poco más por el río de las emanaciones que la Trinidad. Parece, por tanto, que o bien la Trinidad es una parte de la creación o bien la creación es una parte de Dios, de ahí el pan(en)teísmo.[21]

Por ejemplo, la corriente emanante de la unidad consiste en las "ideas universales" o planos en los que está hecho cada elemento particular del universo. Esta corriente de unidad, debido a su deseo natural de reunificarse con Dios, continúa fluyendo de vuelta hacia Dios, buscando resurgir en la pizarra en blanco de la "nada". Mientras que la corriente de la diversidad busca siempre alejarse de Dios y convertirse en algo totalmente opuesto. Busca hacerse más diversa y diferente.

Sin embargo, la creación se produjo cuando estas dos corrientes invisibles de unidad y diversidad se cruzaron, y de las emanaciones de Dios surgió todo. La corriente de diversidad que emanaba de Dios encontró los planos necesarios en la corriente de unidad (universales) que volvía a Dios. El resultado fue un universo unificado y diverso. Así pues, un Dios que trasciende la existencia creó un mundo existente. Sin embargo, este Dios inexistente no creó el mundo de la nada (*ex nihilo*), sino a partir de sus propias emanaciones. Como afirma el propio Dionisio:

21. Nota del traductor: pan(en)teísmo se refiere a ambos panteísmo y panenteísmo.

> Porque al otorgar a todas las cosas e infundir sobrenaturalmente [sus] Comunicaciones al bondadoso Universo, [Dios] se diferencia sin perder la Indiferencia; y se multiplica sin perder la Unidad; de [su] Unidad [se] hace múltiple permaneciendo sin embargo dentro de [sí mismo]. Por ejemplo, puesto que Dios es Super-Esencialmente Existente y otorga existencia a todas las cosas que son, y trae el mundo a la existencia, esa única Existencia suya se dice que se hace múltiple al traer las muchas existencias de [sí mismo], mientras permanece Uno en el acto de Automultiplicación; Indiferenciado a través del proceso de Diferenciación; Super-Esencialmente trascendiendo el Ser de todas las cosas, y guiando al mundo entero hacia adelante por un acto indivisible, y derramando sin disminución sus generosidades indefectibles. (ND, 2.11) [22]

Si la unidad es lo que más se parece a Dios, la diversidad, aunque emane de Dios, es lo que más se aleja de Dios. De hecho, según Dionisio, si algo se aleja lo suficiente de Dios, si algo se vuelve tan diverso, se convertirá en su opuesto: el no ser. Si Dios es la fuente de toda existencia y ser, entonces lo que es completamente diferente a Dios es algo que carece por completo de existencia y ser.

Por lo tanto, cada objeto del universo (dependiendo de su cercanía a Dios) debe ser considerado como oscilando en algún lugar de la escala ascendente entre la unión con el Uno (ser último) y un estado auto aniquilado de no ser. Como afirmó Dionisio: "Las diversas clases de existencias que ahora se crean en el mundo del tiempo, podemos considerarlas como situadas en una escala ascendente entre la Nada y la Super-Esencia".[23] La fuerza de la existencia está determinada por su proximidad a Dios, pues en Él todo se mueve y tiene su ser.

---

22. Las palabras para Dios se han cambiado dentro de los corchetes de *Eso* y *Sí mismo* a *Dios*, *suyo*, *él* y *sí mismo* (ND, 2.11).

23. Armstrong, *Dionysius the Areopagite*, 19.

Pecado

Puesto que todo en el universo deriva su existencia de la existencia de un Dios bueno, todo lo que existe es bueno. De este modo, Dionisio equiparaba la existencia con la bondad.

A diferencia de Aristóteles, que definía la bondad como el objeto del deseo, Dionisio, siguiendo a Platón, define la bondad como caridad. La bondad es lo que se da a sí mismo. Porque Dios es perfecto en su bondad, Dios es la causa eficiente de todo lo que participa del estado de bondad. Como Dios es amor, no puede dejar de darse eternamente mediante el acto atemporal y eterno de la creación. Así, todo lo que brota de un Dios bueno es bueno. Pero todo lo que brota de Dios comienza también a debilitar su bondad. Y seguirá debilitándose hasta que deje de ser bueno.

En este sentido, el mal no es algo creado por Dios, como tampoco la oscuridad es creada por la luz. ¿Qué es entonces el mal? Según Dionisio, "el mal es debilidad y deficiencia del bien" (ND, 4.30). El mal, en consecuencia, no es algo positivo o una fuerza activa, sino una no entidad pasiva e impotente: "Porque lo que está totalmente desprovisto de Bien no es nada y no tiene poder" (ND, 4.32). El mal en sentido estricto es la no existencia (el no ser). "Porque el mal no existe en absoluto", afirmó Dionisio, "excepto cuando está mezclado con el Bien. Y no hay cosa en el mundo que no participe del Bien, y el mal es la deficiencia del Bien y no hay cosa en el mundo que esté totalmente destituida del Bien" (ND, 4.33).

Porque los demonios y los pecadores existen, no son completamente malos y desprovistos de todo bien. El mal no puede existir sin alguna forma de privación del ser. Del mismo modo que la luz se disipa a medida que se aleja de su fuente, el mal sólo surge cuando la existencia comienza a debilitarse y a desvanecerse. El nivel de bondad de algo se mide en consecuencia por lo cerca que participa de Dios. Puesto que Dios es la fuente absoluta de toda bondad y existencia, nada puede existir o participar de su bondad fuera de estar en unión con Dios. El pecado es lo que se aleja del "ser". En consecuencia, cuando algo finalmente se separa por completo de la fuente de toda existencia y bondad, se autodisuelve en la inexistencia. Sólo cuando algo deja de existir, existe el pecado puro. Por lo tanto, el pecado puro es el no-ser. Por lo tanto, el pecado puro no puede existir en absoluto.

Según Dionisio, tanto Dios como el pecado, en su forma más pura, no existen. En consecuencia, Dionisio llegó a la conclusión de que el pecado es el deseo de volver al estado blanco de la nada por el camino equivocado. Es decir, el pecado es el intento de volverse divino viajando en la dirección opuesta. Y si este es el caso, entonces la salvación es el proceso de reunificarse con Dios de la manera correcta.

Las Escrituras

Dionisio, en su intento de reconciliar el neoplatonismo con el cristianismo, afirmó que no quería añadir ni quitar nada a las Escrituras. Con respecto a las Escrituras, afirmó: "Nos esforzamos por conservar su tesoro en nosotros mismos sin añadir, disminuir o distorsionar" (ND. 2.3). Sin embargo, socavó por completo la objetividad y suficiencia de las Escrituras al reducir la revelación divina a un lenguaje analógico que es esencial y completamente simbólico: "[Las Escrituras] envolvieron las verdades espirituales en términos extraídos del mundo de los sentidos, y las verdades supra esenciales en términos extraídos del Ser, vistiendo con figuras y formas cosas que son sin forma y amorfas, y por medio de una variedad de símbolos separables, modelando múltiples atributos de la Simplicidad sin imagen y sobrenatural" (ND. 1.4).

Por ejemplo, dado que Dios trasciende todo conocimiento *a priori* y va más allá de toda percepción sensorial, Dios ha elegido revelarse a través de símbolos y tipos terrenales y humanos. ¿Cuáles son esos símbolos? Como no puede hablarnos en su propio e inefable lenguaje, ha optado por utilizar cosas de nuestro universo creado para representarse a sí mismo. Eligió utilizar símbolos y metáforas que corresponden a los conceptos y al lenguaje que entendemos.

Lenguaje simbólico

Como no hay nada en el universo que represente plenamente a Dios, en la Biblia se utilizan muchos símbolos para describirlo. Puesto que todas las cosas han emanado de Dios, todas las cosas, en diversos grados, describen algo de Dios. La luz explica algo de Dios, pero no llega a darnos una comprensión completa de su naturaleza. Dios también es representado como un cordero, pero este pobre animal tampoco explica la plenitud de la Divinidad.

La Biblia utiliza cientos de cosas y nombres y atributos para ayudar a nuestras mentes limitadas a contemplar la inefable Divinidad que trasciende todo concepto bíblico de Dios. Por eso Dionisio afirmaba a menudo que Dios no tiene nombre (*anónimo*), pero tiene muchos nombres (*polónimo*). Es anónimo porque es inefable; es polónimo porque se le conoce a través de múltiples símbolos tomados del universo creado.

Pero no todos los símbolos registrados en las Escrituras tienen el mismo valor. El término *puerta*, cuando se aplica al Señor, implica algo acerca de Dios, pero no se compara con las palabras *infinito*, *absoluto* o *inmutable*. Dionisio afirmó que "cuanto más participa cualquier cosa del Único Dios infinitamente generoso, más se acerca a Él y se hace más divina que el resto" (ND, 5.3). Por lo tanto, afirmó que "cuanto más universal es un Título, más verdaderamente es aplicable a Dios".[24] Ideas universales como *vida*, *sabiduría*, *verdad* y *bondad* expresan más verdad sobre Dios que palabras que se extraen del mundo visible creado, como *pastor*, *cordero* y *puerta*. Herman Bavinck ex-

24. Armstrong, 134.

plicaría la posición de Dionisio casi mil cuatrocientos años después: "Todo conocimiento de Dios es analógico; esta analogía es más claramente evidente en un grupo de criaturas que en otro, y más manifiesta en el universo de la realidad invisible que en el mundo de las cosas visibles."[25]

Sin embargo, ¿de qué sirven esa "variedad de símbolos separables" si no comunican realidades concretas? ¿De qué sirven incluso los términos más universales, como *simplicidad*, si la esencia de Dios trasciende el concepto mismo de simplicidad? ¿De qué sirve el término *trinidad* si Dios trasciende toda relación personal? Según Dionisio, los términos, nombres y atributos de Dios registrados en las Escrituras son valiosos no porque proporcionen un conocimiento verdadero de Dios, sino porque ponen en marcha nuestras mentes empujando nuestros pensamientos hacia arriba en la dirección correcta. Aunque el lenguaje metafórico y simbólico de las Escrituras no puede llevarnos a un conocimiento real de Dios, al menos puede indicarnos la dirección correcta.

Por eso, según Fran O'Rourke, "Aunque Dionisio da un valor real a la vía de la afirmación positiva, es evidente, sin embargo, que concede una importancia aún mayor a la vía del conocimiento negativo".[26] Y así, para Dionisio, tanto el camino de la negación como el de la afirmación son callejones sin salida. Como concluye Herman Bavinck: "Ni siquiera la teología negativa nos proporciona conocimiento alguno del ser de Dios, pues, en última instancia, Dios supera tanto toda negación como toda afirmación, toda aserción y toda negación."[27]

---

25. Bavinck, *The Doctrine of God*, 179.

26. Fran O'Rourke, *Pseudo-Dionysius and the Metaphysics of Aquinas* (Notre Dame, IN: University of Notre Dame Press, 2010), 16.

27. Bavinck, *Reformed Dogmatics*, 2:38.

Misticismo

Según Dionisio, las Escrituras nos señalan a Dios a través de símbolos. Aunque estos símbolos no revelan la esencia de Dios, nos ayudan en nuestra salvación al ayudarnos en nuestra reunificación con lo divino. ¿Qué hay que hacer para reunificarse con lo divino? La respuesta se encuentra en las enseñanzas de Dionisio sobre la teología mística.

El objetivo del místico es algo más importante que el conocimiento concreto de Dios. Es experimentar a Dios a través de la unificación divina. El objetivo último es llegar a ser uno con Dios, llegar a ser divino. En primer lugar, el místico comienza esta búsqueda meditando sobre los diversos símbolos del universo creado, empezando por el nivel básico del universo físico. En segundo lugar, para ascender la escalera hacia Dios, el místico debe dejar atrás esos símbolos rudimentarios. La meditación sobre las cosas físicas debe cesar. El místico está llamado a empujar sus pensamientos hacia arriba y ver a Dios como existiendo más plenamente en el reino de los universales. Sin embargo, para subir más alto y fundirse plenamente en lo Divino, el buscador debe ir más allá de lo que está escrito (dejar su Biblia) y abandonar toda contemplación.

Porque Dios es inefable, el místico debe cerrar su mente por completo y sumergirse en la oscuridad donde Dios existe. El místico debe liberarse de todo lo físico, de todo lo tangible, de todo lo corporal y de todo lo que le impida conocer a un Dios incognoscible. Por último, el místico debe liberarse de todo pensamiento cognoscitivo; debe renunciar a todo conocimiento anterior de lo Divino, pues sólo cuando no puede ver nada puede ver a un Dios que es inefable. Sólo cuando una persona puede ver la esencia inefable de Dios puede llegar a ser uno con Dios y, por tanto, convertirse en divino. Sólo cuando esto sucede, según Dionisio, "lo que contempla se convierte en lo contemplado" (ND, X). Dionisio resumió el proceso en su libro

Teología mística:

> Querido Timoteo, te aconsejo que, en el ferviente ejercicio de la contemplación mística, abandones el sentido y las actividades del intelecto y todas las cosas que los sentidos o el intelecto pueden percibir, y todas las cosas en este mundo de la nada, o en ese mundo del ser, y que, puesto en reposo tu entendimiento, te esfuerces hacia una unión con Aquel a quien ni el ser ni el entendimiento pueden contener. Pues, por la incesante y absoluta renuncia a ti mismo y a todas las cosas, en pureza desecharás todas las cosas, y serás liberado de todo, y así serás conducido hacia arriba al Rayo de esa divina Oscuridad que excede toda existencia (TM, 1.1).

En otro lugar afirmó: "Oscuridad del Desconocimiento en la que renuncia a todas las aprehensiones de su entendimiento y se envuelve en lo que es totalmente intangible e invisible, perteneciendo totalmente a Aquel que está más allá de todas las cosas... y estando a través de la quietud pasiva de todos sus poderes de razonamiento unido por su facultad más elevada a Aquel que es Incognoscible, de quien así por un rechazo de todo conocimiento posee un conocimiento que excede su entendimiento" (TM, 1.1).

Comentando sobre el misticismo de Dionisio, O'Rourke afirmó: "Al entrar en la 'oscuridad del desconocimiento', el alma renuncia a toda aprehensión cognitiva y se encuentra con lo que es intangible e indivisible, que no pertenece ni a sí mismo ni a ningún otro, sino a aquel que está más allá de todas las cosas."[28]

En resumen, para que lleguemos a Dios, debemos comenzar nuestro viaje viendo a Dios a través de las oscuras gafas del mundo creado de la diversidad. A medida que ascendemos, debemos ver a Dios como si trascendiera toda diversidad y existiera en el reino de lo universal, tal como se registra en el lenguaje simbólico de las Escrituras. Por último, para llegar a Dios, debemos quitarnos las gafas, cerrar

28. O'Rourke, *Pseudo-Dionysius*, 20.

por completo los ojos de nuestro entendimiento y estar dispuestos a adentrarnos en el abismo irracional de la oscuridad incognoscible. Para llegar a Dios, debemos cerrar nuestras Biblias. Entonces, y sólo entonces, tendremos alguna esperanza de ver al Dios invisible e inefable que no existe.

Conclusión

La teología natural de Dionisio, ya sea por la vía de la negación o por la vía de la afirmación, no conduce al Dios de la Biblia. Como Aristóteles antes que él, la vía de la negación (basada en una simplicidad indiferenciada) acaba consumiendo la vía de la afirmación. Para Dionisio, incluso Dios como Trinidad queda engullido en la trascendencia de Dios. Cualesquiera que sean las cosas, nombres y atributos diversos que puedan utilizarse para definir a Dios, quedan en última instancia socavados y anulados por la naturaleza indiferenciada de la unicidad de Dios. Dios, tal como es en sí mismo, permanece encerrado tras el muro trascendental.

La vía de la afirmación puede llevarnos al borde del muro, pero no más allá. Puesto que la vía de la afirmación sólo es capaz de describir a Dios mediante signos sensibles que se encuentran en el cosmos, la vía de la afirmación conduce a la noción panteísta de una cadena del ser, una noción que destruye la distinción Creador-criatura. Y una vez comprometida ésta, la interdependencia de Dios también se ve comprometida. En cualquier caso, la teología natural de Dionisio no conduce ni a un Dios absoluto ni a un Dios personal que creó el mundo de la nada.

5
La teología filosófica de Tomás de Aquino

Tomás de Aquino no fue un innovador. Asimilar la filosofía con la teología no era nada novedoso. Muchos de los padres de la Iglesia, principalmente Orígenes, Boecio y Dionisio, habían intentado sintetizar la filosofía griega con el cristianismo. Los primeros escolásticos, como Anselmo (c. 1033-1109) y Pedro Abelardo (c. 1079-1142), incorporaron la filosofía a su teología. Aquino ni siquiera intentaba algo completamente nuevo al fusionar el aristotelismo con el cristianismo. Aunque en aquella época la metafísica de Aristóteles era rechazada por la Iglesia Católica, otros, como los maestros de Tomás, hacían lo posible por mostrar cómo el aristotelismo era compatible con la ortodoxia católica.

El primer contacto de Aquino con Aristóteles se produjo probablemente cuando era un joven adolescente en la Universidad de Nápoles.[1] Allí estudió con el filósofo aristotélico Pedro de Irlanda (Ibernia). Aquino se sumergiría a fondo en la metafísica de Aristóteles en la Universidad de París. Allí recibiría clases del comentarista

1. Pasquale Purro, *Thomas Aquinas: A Historical and Philosophical Profile*, trans. Joseph G. Trabbic y Roger W. Nutt (Washington, DC: The Catholic University of America Press, 2012), 4.

aristotélico más importante de su época, Alberto Magno. Es muy probable que Aquino conociera [las obras literarias de][2] Pseudo Dionisio en esa época, pues Alberto no sólo era aristotélico, sino también neoplatónico y escribió comentarios a las obras de Dionisio.[3] Y al igual que Boecio, que trató de reconciliar a Aristóteles, Platón y Cristo, Alberto creía que dondequiera que se encuentre la verdad, ya sea en Aristóteles o en Platón, debe asimilarse al cristianismo.

Bajo la influencia de Pedro de Irlanda y Alberto Magno, el Aquinate formó su teología filosófica. Tomás dedicó su vida a conciliar la teología natural con la teología revelada. Y al igual que sus mentores, Tomás se apoyó principalmente en los escritos de Aristóteles, Agustín, Boecio y Dionisio.[4]

Aristóteles y la vía de la negación

Aunque Tomás intentó reconciliar a Aristóteles con Platón y Agustín, se alineó con el empirismo de Aristóteles frente a la noción de Platón de ideas innatas y la creencia de Agustín en la conciencia universal

2. Nota del traductor: Se agregó "las obras literarias" porque el texto en inglés dice que Aquino conociera a Pseudo Dionisio, pero traducido al castellano, se puede malentender que el autor pretendía decir que se conocían personalmente, lo cual no sería posible.
3. Véase Bernhard Blankenhorn, *The Mystery of Union with God: Dionysian Mysticism in Albert the Great and Thomas Aquinas* (Washington DC: The Catholic University Press, 2015), iv.
4. Además de sus comentarios sobre Aristóteles, Aquino escribió comentarios favorables sobre los escritos de Boecio y Dionisio. Después de Aristóteles, el Aquinate cita a Dionisio más que a ningún otro filósofo (más de 1.700 veces, y 607 veces en *Summa Theologiae*), mientras que el apóstol Pablo recibe menos de 120 referencias. Aquino cita a Agustín 3.156 veces, a Aristóteles 2.095 veces y a Dionisio 1.700 veces. En su comentario a las *Sentencias* de Pedro Lombardo, el Aquinate cita a Aristóteles más de 2.000 veces, a Agustín más de 1.000 veces y a Dionisio más de 500 veces.

de Dios. Siguiendo a Aristóteles, el Aquinate creía que todo conocimiento, incluido el conocimiento de Dios, tiene su origen en la experiencia sensorial. "La mirada natural de la mente humana", afirmaba Tomás, "no puede fijarse en la luz primera de la verdad, por la que todo puede ser fácilmente conocido. En consecuencia, la razón humana, en el desarrollo de su conocimiento natural, debe avanzar de las cosas posteriores a las anteriores, y de las criaturas a Dios" (DT, intro). [5]

Aquí es donde el Aquinate recurrió al argumento cosmológico de Aristóteles, que utilizó como puente para conectar nuestra experiencia sensorial con la existencia de Dios, que trasciende la experiencia sensorial. "Aristóteles procede", señaló el Aquinate, "a probar la existencia de Dios a partir de la consideración del movimiento" (SCG, 1.1.13). Y del estudio de los objetos finitos en movimiento, Aquino (vía Aristóteles) concluyó que debe haber una primera causa que no esté en movimiento:

> Por lo tanto, todo lo que está en movimiento debe ser puesto en movimiento por otro. Si aquello por lo que es puesto en movimiento es a su vez puesto en movimiento, entonces esto también debe ser puesto en movimiento por otro, y eso por otro otra vez. Pero esto no puede continuar hasta el infinito, porque entonces no habría primer motor, y, por consiguiente, ningún otro motor; ya que los motores subsiguientes sólo se mueven en la medida en que son puestos en movimiento por el primer motor; como el bastón sólo se mueve porque es puesto en movimiento por la mano. Por lo tanto, es necesario llegar a un primer motor, puesto en movimiento por ningún otro; y esto todo el mundo entiende que es Dios. (ST, 1.2.3)

Al intentar probar la existencia de un Dios no físico mediante el estudio del movimiento en el universo físico, el Aquinate pretendía

5. Thomas Aquinas, *Faith, Reason and Theology*, trad. de Armand Maurer (Toronto: Pontifical Institute of Mediaeval Studies, 1997), 3.

decir algo sobre la esencia de este Dios no físico: "Dios es totalmente inmóvil", afirmó Tomás (SCG, 1.1.15). Si todo lo que está en movimiento tiene una causa, y si Dios es la primera causa, entonces Dios debe ser inmóvil. Según Edward Feser, la idea de un Dios inmóvil es el corazón mismo de la concepción de Dios del Aquinate: "*Actus purus* o acto completamente no mezclado con ninguna potencialidad es... el núcleo de la concepción de Dios de la filosofía escolástica. Todo lo demás es acto de algún modo mezclado con potencialidad".[6] Del mismo modo, el dominico Reginal Garrigou-Lagrange afirmó que "la definición de potencia [es decir, movimiento] determina la síntesis Tomista".[7]

"Siguiendo a Aristóteles", observa Robert Barron, "Tomás toma el término 'movimiento' en el sentido muy amplio de transición o cambio, en sus palabras, la 'reducción de una cosa de la potencia al acto', del no-ser al ser. Todo lo que está en proceso de cambio debe estar en potencia".[8] Para Tomás, Dios no tiene potencia porque no tiene movimiento.

Así pues, *la inmovilidad* es el núcleo de la doctrina de Dios del Aquinate. Al establecer la inmovilidad divina (que el actus purus carece de potencialidad) mediante el argumento cosmológico de Aristóteles, el Aquinate sentó las bases para el resto de su conocimiento de la naturaleza de Dios. A diferencia de todos los objetos físicos en movimiento, Dios es simple, atemporal, inmutable, impasible, infinito, etc.

---

6. Edward Feser, *Scholastic Metaphysics: A Contemporary Introduction* (Lancaster, UK: Editiones Scholaticae, 2014), 40.

7. Reginal Garrigou-Lagrange, *Reality: A Synthesis of Thomistic Thought*, trans. Patrick Cummins (St. Louis: Herder, 1950), 37.

8. Robert Barron, *Thomas Aquinas: Spiritual Master* (New York: Crossroad, 1996), 64.

La deducción de estos atributos viene por la vía de la negación. "Ahora bien, como no podemos saber lo que Dios es", afirmó el Aquinate, "sino lo que no es, no tenemos medios para considerar cómo es Dios, sino mostrar lo que no es" (ST, 1.3.0). Y viendo que Dios no es capaz de moverse, entonces no debe tener ninguno de los atributos del movimiento. Como afirma el Aquinate: "Ahora bien, se puede demostrar cómo Dios no es a través de negar sobre él todo lo que se opone a la idea que se tiene de él, es decir, la composición, el movimiento y cosas semejantes" (ST, 1.3.0).

Y, para el Aquinate, el primer atributo que se deduce de la inamovilidad divina es la simplicidad divina. Viendo que Dios no está en movimiento, Dios debe carecer de composición. "En todo lo que se mueve se encuentra algún tipo de composición", afirmaba el Aquinate (ST, 1.9.1). Esto significa también que Dios debe carecer de cuerpo o partes: "Es absolutamente cierto que Dios no es un cuerpo. . . . Primero, porque ningún cuerpo está en movimiento a menos que sea puesto en movimiento, como es evidente por inducción. Ahora bien, ya se ha demostrado . . . que Dios es el Primer Motor, y él mismo es inmóvil. Por lo tanto, es evidente que Dios no es un cuerpo. En segundo lugar, porque el primer ser debe estar necesariamente en acto, y de ningún modo en potencia" (ST, 1.3.1).

Aquino explicó esto con más detalle cuando dijo: "En todo compuesto debe haber actualidad y potencialidad. Porque una pluralidad de cosas no puede convertirse en una cosa, a menos que haya actualidad y potencialidad" (SCG, 1.1.18). De aquí afirmó que Dios no tiene composición alguna: "Porque no hay composición de partes cuantitativas en Dios, puesto que Él no es un cuerpo; ni composición de forma y materia; ni su naturaleza difiere de su *suppositum*; ni su esencia de su existencia; ni hay en Él composición de género y diferencia, ni de sujeto y accidente. Por lo tanto, es evidente que Dios no es compuesto, sino que es completamente simple" (SCG, 1.3.7).

Después de que Aquino dedujera la simplicidad divina de la inmovilidad divina, pasó a deducir la atemporalidad divina:

> Llegamos al conocimiento de las cosas simples por medio de las cosas compuestas, así debemos llegar al conocimiento de la eternidad por medio del tiempo, que no es otra cosa que la numeración del movimiento por "antes" y "después". Pues como en todo movimiento hay sucesión, y una parte viene después de otra, el hecho de que contemos antes y después en el movimiento, nos hace aprehender el tiempo, que no es otra cosa que la medida de antes y después en el movimiento. Ahora bien, en una cosa desprovista de movimiento, que es siempre la misma, no hay ni antes ni después. Así como la idea del tiempo consiste en la numeración del antes y el después en el movimiento, así también en la comprensión de la uniformidad de lo que está fuera del movimiento consiste la idea de la eternidad. (ST, 1.10.1)

De la vía de la negación, que hunde sus raíces en la inmovilidad divina, deduce el Aquinate otros muchos atributos divinos, como la inmutabilidad, la impasibilidad, etc.

En todo esto, sin embargo, el Aquinate aún no había dicho nada positivo sobre Dios. Todos estos términos -inmovilidad, indivisibilidad, inmutabilidad e impasibilidad- sólo explican, en el mejor de los casos, lo que Dios no es. Es como dar indicaciones para llegar a tu casa diciendo algunos de los lugares donde no vives. Aunque esto puede ser un conocimiento verdadero, no es suficiente para que alguien encuentre tu casa. Así pues, para el Aquinate, la vía de la negación sólo nos dice lo que Dios no es.

Dionisio y la tríplex vía

La vía de la negación nos dice que Dios es trascendente, pero es incapaz de decir mucho sobre la inmanencia de Dios. Para ello, el Aquinate recurrió a su segunda prueba (la causa eficiente) y a la vía de la causalidad tal como se expresa en los escritos místicos del Pseudo-Dionisio. Para Dionisio, la vía de la negación y la vía de la afirmación son el resultado de la vía de la causalidad. O'Rourke explica: "La *tríplex vía* es más bien una triple variación del tema dominante y subyacente de la causalidad: las variantes revelan cómo podemos acercarnos a un conocimiento de Dios por tres caminos que no hacen sino reflejar momentos diferentes de la relación causal entre Dios y las criaturas."[9] Siguiendo a Dionisio, el Aquinate dejó clara su posición cuando dijo,

> Nuestro intelecto no puede ser conducido por el sentido hasta ver la esencia de Dios; porque las criaturas sensibles son efectos de Dios que no igualan el poder de Dios, su causa. De ahí que del conocimiento de las cosas sensibles no pueda conocerse todo el poder de Dios; ni, por tanto, verse su esencia. Pero como son su efecto y dependen de su causa, podemos ser conducidos desde ellas hasta conocer de Dios que existe y que tiene lo que debe pertenecer a la primera causa de todas las cosas que está más allá de todo lo causado. Así sabemos de su relación con las criaturas; que él es la causa de todas las cosas; también que las criaturas difieren de él puesto que él no es ninguna de las cosas que son causadas por él; y que éstas se alejan de él no por ningún defecto, sino porque él las trasciende. (ST, 1.12.12)

Por tanto, "Aquino se apropia de Dionisio todo el método de su filosofía natural de Dios, del conocer y del no conocer".[10] Y parece que Aquino recurrió a Dionisio porque Aristóteles no creía que el motor inmóvil pudiera ser la causa eficiente del universo. En otras palabras, Aquino necesitaba a Dionisio si quería bautizar al dios de Aristóteles, incapaz de ser la causa eficiente y motriz del cosmos:

> Percibimos una serie de causas eficientes de las cosas en el mundo. Nada existe antes de sí mismo. Por tanto, nada [en el mundo de las cosas que percibimos] es causa eficiente de sí mismo. Si una causa efi-

9. Fran O'Rourke, *Pseudo-Dionysius and the Metaphysics of Aquinas* (Notre Dame, IN: University of Notre Dame Press, 2010), 32.

10. O'Rourke, 3.

> ciente anterior no existe, tampoco existe lo que resulta (el efecto). Por tanto, si lo primero de una serie no existe, no existe nada en la serie. Si la serie de causas eficientes se extiende *ad infinitum* en el pasado, entonces no habría cosas que existieran ahora. Eso es claramente falso (es decir, hay cosas que existen ahora y que surgieron por causas eficientes). Por tanto, las causas eficientes no se extienden *ad infinitum* al pasado. Por eso es necesario admitir una primera causa eficiente, a la que todos dan el nombre de Dios. (ST, 1.2.3)

Sin ninguna explicación inmediata de cómo la segunda prueba es congruente con la primera, el Aquinate afirmó que Dios es tanto el motor *inmóvil* como la causa *móvil* de los objetos en movimiento.

La vía de la causalidad

Sin embargo, en su segunda prueba, el Aquinate intentó establecer un camino para conocer a Dios por la vía de la causalidad. Aunque el conocimiento de la esencia de Dios siempre permanecerá más allá del alcance de nuestras categorías de pensamiento, al menos podemos saber algo sobre el Dios incognoscible conociendo algo sobre lo que Dios creó. Como afirmó el Aquinate, "Ahora bien, puesto que no conocemos la esencia de Dios, la proposición no nos es evidente por sí misma, sino que necesita ser demostrada por cosas que nos son más conocidas, aunque menos conocidas en su naturaleza, a saber, por los efectos" (ST, 1.2.1). Y estudiando las obras y los efectos de Dios, podemos llegar al conocimiento de que existe un Dios. "Podemos demostrar la existencia de Dios -afirmó el Aquinate- por sus efectos, aunque por ellos no podemos conocer perfectamente a Dios tal como es en su esencia" (ST, 1.2.2).

Por tanto, estudiando los efectos aprendemos algo sobre sus causas, y estudiando las cosas creadas, aprendemos algo sobre el Creador. Porque "todo efecto", dice el Aquinate, "representa en cierto grado a su causa, pero diversamente" (ST, 1.45.7). Y además, dice, "todas las cosas creadas, en cuanto seres, son semejantes a Dios como principio primero y universal de todo ser" (ST, 1.4.3). El Aquinate explicó esta relación análoga con más detalle:

> Los efectos desproporcionados a sus causas no concuerdan con ellas en nombre y esencia. Y, sin embargo, debe encontrarse alguna semejanza entre tales efectos y sus causas, porque es propio de la naturaleza de un agente hacer algo semejante a sí mismo. Así también Dios da a las criaturas todas sus perfecciones; y de este modo tiene con todas las criaturas una semejanza y una disimilitud al mismo tiempo. Para este punto de semejanza, sin embargo, es más propio decir que la criatura es como Dios en vez de que Dios es como la criatura. (SCG, 1.1.29)

El camino de la afirmación

La vía de la causalidad conduce a la vía de la afirmación. El Aquinate sostenía que, dado que todo efecto se parece a su causa, existe un tipo de participación (o relación análoga) entre Dios y todas las cosas creadas. Recordemos que Aristóteles afirmaba que el movimiento sólo existe entre polos opuestos: las cosas se mueven del frío al calor o del calor al frío. Así, todas las cosas creadas en movimiento tienen rastros de su causa original de movimiento. Como explica el Aquinate,

> Dios está en todas las cosas; no, ciertamente, como parte de su esencia, ni como un accidente, sino como un agente está presente en aquello sobre lo que actúa. Pues un agente debe estar unido a aquello sobre lo que actúa inmediatamente y tocarlo con su poder; de ahí que se pruebe en Fis vii que la cosa movida y el que la mueve deben estar unidos. Ahora bien, puesto que Dios es el ser mismo por su propia esencia, el ser creado debe ser su efecto propio; como encender es el efecto propio del fuego. Ahora bien, Dios causa este efecto en las cosas no sólo cuando comienzan a ser, sino mientras se conservan en el ser; como la luz es causada en el aire por el sol mientras el aire permanece iluminado. Por consiguiente, mientras una cosa tiene ser, Dios debe estar presente en ella, según su modo de ser. Pero el ser es lo más íntimo de cada cosa y lo más fundamentalmente inherente a todas las cosas, puesto que es

formal con respecto a todo lo que se encuentra en una cosa. . . . Por tanto, Dios está en todas las cosas y en lo más íntimo. (ST, 1.8.1)

La vía de la afirmación es la vía de la inmanencia

En el acto de crear, Dios ha pintado un cuadro simbólico de sí mismo. Para el Aquinate, Dios es inmanente no porque salte el muro trascendental y entre en nuestro mundo de tiempo y espacio, sino porque Él, como primera causa, está representado en cada efecto. Es decir, observando los efectos podemos aprender un poco sobre la naturaleza de la causa eficiente. "Puesto que no podemos conocerle naturalmente sino alcanzándole por sus efectos, se sigue que los términos con que denotamos su perfección deben ser diversos, como diversas son también las perfecciones que encontramos en las cosas" (SCG, 1.31).

La vía de la afirmación es la vía de la analogía

Puesto que Dios es la causa eficiente de todas las cosas creadas, todas las cosas creadas revelan a Dios de alguna manera. Esto significa que cada nombre o palabra asignada a las cosas creadas también tiene algo que decir sobre Dios. "Transformando su semejanza de algún modo en todas las cosas", afirmó Tomás, "puede ser nombrado así a partir de los nombres de las criaturas".[11] Por esta razón, el Aquinate estaba de acuerdo con Dionisio en que el Dios oculto es anónimo (sin nombre) mientras que el Dios revelado es polónimo. Según O'Rourke, el Aquinate "adopta de Dionisio" la idea de que

11. Tomás de Aquino, *Expositio super librum Dionysii De divinis nominibus* (Comentario al *De divinis nominibus* de Pseudo-Dionisio), 1265-1268. traducción: Marsh, Harry C., trans. "A Translation of Thomas Aquinas' *En Librum beati Dionysii de divinis nominibus expositio*". En su "Cosmic Structure and the Knowledge of God: Thomas Aquinas' *En Librum beati Dionysii de divinis nominibus expositio,*" 265-549. PhD diss. Tesis doctoral (Universidad de Vanderbilt, 1994), 1.1.30 (en adelante citado en el texto como *DDN*).

"todos los nombres que designan efectos en las criaturas pertenecen a la Esencia Divina". [12]

Por la vía de la negación, Dios es totalmente inexpresable e inefable. Sin embargo, por la vía de la afirmación, Dios es conocible a través de una variedad de nombres asociados a las cosas sensibles:

> Los nombres [de Dios] significan la sustancia divina y se predican sustancialmente de Dios, aunque no llegan a representarlo plenamente. Lo cual se prueba así. Pues estos nombres expresan a Dios en la medida en que nuestro intelecto lo conoce. Ahora bien, puesto que nuestro intelecto conoce a Dios a partir de las criaturas, lo conoce en la medida en que las criaturas lo representan. . . . Por tanto, toda criatura lo representa y es semejante a él en cuanto posee alguna perfección; pero no lo representa como algo de la misma especie o género, sino como el principio superior de cuya forma carecen los efectos, aunque deriven de ella alguna semejanza, del mismo modo que las formas de los cuerpos inferiores representan la potencia del sol. . . . . Por lo tanto, los nombres antes mencionados significan la sustancia divina, pero de una manera imperfecta, así como las criaturas la representan imperfectamente. Así pues, cuando decimos: "Dios es bueno", el significado no es: "Dios es la causa de la bondad", o "Dios no es malo"; sino que el significado es: "Todo lo bueno que atribuimos a las criaturas, preexiste en Dios", y de una manera más excelente y más elevada. De aquí no se sigue que Dios sea bueno porque causa el bien, sino que, por el contrario, causa el bien en las cosas porque es bueno. (ST, 1.13.3)

Y aunque todos los efectos de la naturaleza comunican algo acerca de Dios, no todos los efectos comunican algo acerca de Dios por igual. "Cuanto más cerca está una cosa de su causa", dice Tomás, "mayor parte tiene en el efecto" (SCG, 3.64). Cuanto más caliente está algo, por ejemplo, más se parece al fuego.

12. O'Rourke, *Pseudo-Dionisio,* 42.

La vía de la afirmación es la vía del simbolismo

Sin embargo, debido a esto, nuestro conocimiento de Dios sigue ligado a conceptos y términos temporales. Como afirma el Aquinate: "Nuestro conocimiento natural parte del sentido. De ahí que nuestro conocimiento natural pueda ir tan lejos como pueda ser conducido por las cosas sensibles" (ST, 1.12.12). En consecuencia, ni siquiera la vía de la afirmación conduce a conocer nada verdaderamente sobre Dios como Dios se conoce a sí mismo. Lo que podemos saber de Dios, sólo podemos saberlo metafóricamente. Como afirma el Aquinate,

> Todos los nombres que denotan propiedades causadas en las cosas por sus propios principios específicos, no pueden predicarse de Dios sino metafóricamente. Pero los nombres que expresan tales perfecciones con aquel modo de excelencia supereminente en que pertenecen a Dios, se predican sólo de Dios, como por ejemplo, 'Bien Soberano', 'Primer Ser' y similares. . . . Bondad" denota algo que no subsiste por sí mismo; "bueno", algo concreto y compuesto. En este sentido, pues, ningún nombre conviene adecuadamente a Dios sino respecto de aquello que el nombre se impone significar. Tales nombres, por tanto, pueden ser tanto afirmados como negados de Dios, afirmados en razón del significado del nombre, negados en razón del modo de significación. Pero el modo de supereminencia, por el que dichas perfecciones se encuentran en Dios, no puede ser significado por los nombres impuestos por nosotros, a no ser por negación, como cuando llamamos a Dios "eterno" o "infinito", o por referencia o comparación de él con otras cosas, como cuando se le llama "Causa Primera" o "Bien Soberano". Porque no podemos considerar *(capere)* de Dios lo que es, sino lo que no es, y cómo otros seres se relacionan con él. (SCG, 1.1.30)

El significado de las palabras que utilizamos para describir a Dios es más adecuado para describir el mundo de las cosas sensibles que para describir al Dios que trasciende todas las categorías conceptuales del pensamiento. Esto significa que los términos o nombres humanos no pueden describir verdaderamente a Dios. "Ahora bien, es evidente -afirmaba el Aquinate- que la esencia divina no puede ser conocida a través de la naturaleza de las cosas materiales. Porque . . . el conocimiento de Dios por medio de cualquier similitud creada no es la visión de su esencia" (ST, 1.12.11).

Cualquier concepción posible de Dios tendrá más en común con el cosmos que con el Dios que trasciende el cosmos. Así, nuestro conocimiento de Dios no es, en el mejor de los casos, más que una representación simbólica de Dios. En este sentido, el hombre no puede elevarse por encima de la caverna de sombras de Platón que lo esclaviza. Como afirmó el Aquinate, "las cosas conocidas están en el conocedor según el modo del conocedor" (ST, 1.8.3).

La vía de la negación

La vía de la causalidad conduce a la vía de la afirmación, pero incluso la vía de la afirmación conduce de nuevo a la vía de la negación, pues todo efecto y todo nombre dice algo positivo y algo negativo de Dios. Como afirmó el Aquinate, "Tales nombres pueden, por tanto, como enseña Dionisio, ser tanto afirmados como negados de Dios; afirmados, en efecto, debido al significado del nombre; negados, sin embargo, debido a su modo de significación" (SCG, 1:30). Así, todo revela y oculta lo divino. De este modo, Dios es a la vez inmanente y trascendente en todas las cosas. Aunque Dios tiene muchos nombres, ninguno de sus nombres dice nada verdadero sobre Dios como Dios se conoce a sí mismo.

En consecuencia, "la teología negativa . . asume para el Aquinate", según O'Rourke, "un papel muy superior en la comprensión de Dios".[13] Como el mismo Aquino afirmó, "Lo más perfecto a lo que podemos llegar en esta vida en nuestro conocimiento de Dios, es que Él trasciende todo lo que puede ser concebido por nosotros"

---

13. O'Rourke, *Pseudo-Dionisio,* 48.

(DDN, 1.1.30). O'Rourke continúa explicando que, para el Aquinate, "las negaciones son absolutamente verdaderas, mientras que las afirmaciones, aunque no son falsas, son sólo relativamente verdaderas", es decir, "las afirmaciones son verdaderas de Dios sólo bajo reserva". [14]

En la realidad de Aquino, entonces, no sabemos nada acerca de la esencia de Dios. Aquino afirmó: "Así pues, según el razonamiento de Dionisio, conviene decir que Dios es a la vez incomprensible para todos los intelectos e incontemplable para nosotros en su esencia, en cuanto que nuestro intelecto ha quedado ligado a las cosas creadas, es decir, a las cosas que son de naturaleza semejante a la nuestra."[15] El conocimiento que podemos tener de Dios no es un conocimiento de la naturaleza de Dios como Dios se conoce a sí mismo, sino un conocimiento simbólico. En el mejor de los casos, sólo podemos conocer la representación creada de Dios pintada por signos sensibles y empíricos tomados de este mundo de la experiencia sensorial. Como explicó Tomás: "No podemos conocer la esencia de Dios en esta vida, tal como es realmente en sí mismo; pero le conocemos según se representa en las perfecciones de las criaturas" (ST, 1.13.2). En otras palabras, sólo podemos conocer al Dios revelado de los símbolos y no al Dios oculto de la realidad.

Las Escrituras

Esto se aplica también al lenguaje de la Escritura. Dios sólo puede manifestarse utilizando símbolos y metáforas tomados de las cosas que ha creado. Como dijo Tomás, "Aunque por medio de la Revelación podemos llegar a conocer cosas que de otro modo no con-

14. O'Rourke, *Pseudo-Dionisio*, 51.

15. "Prólogo y libro I, conferencia 1.", *Exposición de Aquino "Sobre los nombres divinos"* (blog), 1 de septiembre de 2013, https://in-librum-dionysii.blogspot.com/2013/09/prologue-and-book-i-lecture-1.html.

oceríamos [como la Trinidad], no las conocemos de otro modo que a través de los sentidos" (DT, 6.3). Esto significa que no podemos tener un conocimiento directo de Dios. Nuestra relación con Dios se basa en el conocimiento, y éste, en una imagen creadora. No importa si Dios puede hablarnos o no; no podemos elevarnos por encima de la caverna que nos esclaviza. Como concluye O'Rourke, "sea cual sea la forma en que utilicemos el término, nuestro lenguaje está siempre ligado a nuestra experiencia del mundo finito."[16] "Tomás afirmaba", afirma Josef Pieper, "que todo nuestro conocimiento, incluido el espiritual, y también nuestro conocimiento de Dios, tomaba su punto de partida (y por tanto siempre permanecía de algún modo dependiente de) la percepción de los sentidos."[17] Como afirmaba el propio Aquino,

> El entendimiento humano no puede ir tan lejos de su poder natural como para captar su sustancia, ya que bajo las condiciones de la vida presente el conocimiento de nuestro entendimiento comienza con el sentido; y por lo tanto los objetos más allá del sentido no pueden ser captados por el entendimiento humano excepto en la medida en que el conocimiento de ellos es recogido a través de los sentidos. Pero las cosas del sentido no pueden llevar a nuestro entendimiento a leer en ellas la esencia de la Substancia Divina, en cuanto son efectos inadecuados al poder que los causó. Sin embargo, nuestro entendimiento es conducido de este modo a un cierto conocimiento de Dios, a saber, de su existencia y de otros atributos que deben atribuirse necesariamente a la Primera Causa. (SCG, 1.1.3)

Misticismo

Por tanto, todo lo que podemos saber sobre Dios es que no conocemos a Dios en absoluto. "El hombre alcanza el punto más alto de su

16. O'Rourke, *Pseudo-Dionysius*, 69.
17. Josef Pieper, *The Silence of Saint Thomas*, trad. John Murray, S. J., y Daniel O'Connor (South Bend, IN: St. Augustine's Press, 1963), 29.

conocimiento sobre Dios", afirma el Aquinate, "cuando sabe que no lo conoce, en la medida en que sabe que lo que es Dios trasciende todo lo que concibe de él" (DT, 7.5. ad 14). Por eso, en el fondo, como Dionisio, el Aquinate era un místico que afirmaba que Dios, tal como es realmente, es incognoscible: "Y éste es el límite último y más perfecto de nuestro conocimiento en esta vida, como dice Dionisio en la Teología mística: 'Estamos unidos a Dios como lo desconocido'. En efecto, ésta es la situación, pues, mientras conocemos de Dios lo que no es, lo que es permanece totalmente desconocido" (SCG, 3.49).

La filosofía interpreta la teología

Así, el fundamento empírico de Aristóteles (o más exactamente, la suposición física de que *nada en movimiento se ponía en movimiento a sí mismo*) y el misticismo de Dionisio conformaron la comprensión hermenéutica del lenguaje de las Escrituras por parte del Aquinate. En primer lugar, al aplicar el empirismo de Aristóteles a la Escritura, Aquino afirmó que "es propio de la Sagrada Escritura exponer las verdades divinas y espirituales mediante comparaciones con las cosas materiales. Dios provee a cada cosa según la capacidad de su naturaleza. Ahora bien, es natural que el hombre alcance las verdades intelectuales por medio de objetos sensibles, porque todo nuestro conocimiento se origina en el sentido" (ST, 1.1.9). En segundo lugar, el Aquinate apeló al misticismo de Dionisio: "De ahí que en las Sagradas Escrituras las verdades espirituales se enseñen convenientemente a semejanza de las cosas materiales. Esto es lo que dice Dionisio: 'No podemos ser iluminados por los rayos divinos a menos que estén ocultos por la cobertura de muchos velos sagrados'" (ST, 1.1.9).

Al incorporar el empirismo de Aristóteles y el modo de ver la causalidad de Dionisio, el Aquinate no sólo mezcló la filosofía con la teología, sino que sometió la teología (y la interpretación de las

Escrituras) a la filosofía. Por ejemplo, explica Pieper,

> En opinión de Santo Tomás, la teología es, sin duda, la forma superior de sabiduría, pues es la interpretación de la revelación. Pero para ejercer su propio oficio necesita los instrumentos de la ciencia y de la filosofía. *Propter defectum intellectus nostril,* a causa de los defectos de nuestro propio intelecto -y el teólogo también debe recurrir al intelecto humano cuando se dedica a la teología-, a causa de esta debilidad, la teología necesita la información obtenida independientemente del conocimiento natural; la teología "hace uso" de ella, "la presupone", la escucha, toma nota de ella y aprende de ella.[18]

El modo en que la teología del Aquinate dependía de su filosofía puede verse en el misticismo del Aquinate. Aunque la Escritura habla de Dios como poseedor de ciertos nombres y atributos positivos, según Aquino, aprendemos a través de la filosofía que estos nombres y atributos positivos no son más que un reflejo terrenal y creativo del Dios incognoscible y trascendente. La filosofía nos enseña que no podemos conocer a Dios en la realidad. En este sentido, necesitamos la filosofía para comprender correctamente que toda la Escritura no es sólo de naturaleza analógica, sino también simbólica. Necesitamos la filosofía para saber que la Escritura no puede decirnos nada sobre la verdadera naturaleza de Dios.

Conclusión

La doctrina de Dios del Aquinate está guiada y conformada principalmente por el supuesto filosófico de la imposibilidad de un objeto que se mueva por sí mismo. Aunque la Escritura sigue teniendo un papel importante en la epistemología del Aquinate, el fundamento de ésta es la metafísica de Aristóteles guiada por el misticismo de Dionisio. Tanto la vía de la negación como la vía de la afirmación afirman que el conocimiento de la esencia de Dios permanece por

18. Pieper, *Guide to Thomas Aquinas*, 157.

encima del ámbito cognoscible. La Escritura define a Dios utilizando el lenguaje humano, pero dicho lenguaje es intrínsecamente ineficaz para revelar a Dios tal y como es en realidad. En definitiva, la filosofía nos informa, según el Aquinate, de que el lenguaje bíblico no es suficiente para superar el muro trascendental que nos separa del Dios inefable.

6
El fallo fatal de la teología filosófica del Aquinate

Tomás de Aquino tenía motivos para sentirse seguro de su capacidad para bautizar a Aristóteles en la Iglesia. Siendo un joven estudiante de la Universidad de París, captó la atención de uno de los maestros más respetados de su época: el gran Alberto. Ulrico de Estrasburgo (c. 1225-1277) identificó a Albertus (es decir, Alberto Magno) como "el milagro y la maravilla de nuestro tiempo".[1] Y este gran "milagro y maravilla" del siglo XIII debió de ver algo especial en su joven aprendiz. Alberto no sólo defendió a Tomás ante los demás, sino que estimó a su alumno lo suficiente como para convertirlo en su ayudante de cátedra. En 1248, el mismo año en que se colocó la primera piedra de la catedral de Colonia, Alberto fue llamado por los Dominicos para fundar un *studium generale* en Colonia. Alberto llevó consigo a Tomás, de veintitrés años.[2] Sólo cuatro años

1. Véase Kevin Vost, *St. Albert the Great: Champion of Faith and Reason* (Charlotte, NC: Tan Books, 2011).
2. Pasquale Purro, *Thomas Aquinas: A Historical and Philosophical Profile*, trans. Joseph G. Trabbic y Roger W. Nutt (Washington, DC: The Catholic Universi-

más tarde, en 1252, por recomendación de Alberto, los Dominicos llamaron a Tomás de Aquino a París para que disertara sobre *el Libro de las Sentencias* de Pedro Lombardo. [3]

Tomás se había ganado no sólo el respeto de su renombrado maestro, sino también del papa. En 1256, Tomás fue nombrado oficialmente, por intervención del Papa Alejandro IV, maestro regente en teología de la Universidad de París. Ya no era un estudiante, sino un profesor en una de las universidades más prestigiosas del mundo. Tomás se había establecido firmemente como uno de los intelectuales de élite de su época a la relativamente joven edad de treinta y un años.

Según su primer biógrafo, Guillermo de Tocco, Tomás se había ganado el respeto y el favor del rey de Francia, Luis IX.[4] Su fama había crecido rápidamente y los estudiantes empezaron a acudir en masa a sus clases. Otro de sus primeros biógrafos, Pedro Calo, relató: "Cuando Tomás tomó posesión de su cargo de maestro y comenzó las disputas y conferencias, acudió a su escuela tal multitud de alumnos, que el aula apenas podía contener a todos los que se sentían atraídos por la palabra de tan renombrado maestro". [5]

Su confianza en sí mismo no hizo más que crecer a medida que se convertía en un autor consumado. A los treinta y un años, ya

---

ty of America Press, 2012), 5.

3. Jean-Pierre Torrell, *St. Thomas Aquinas, The Person and His Works*, trans. Robert Royal (Washington, DC: The Catholic University of America Press, 2005), 1:24.

4. Véase Romanus Cassario, O.P. "St Thomas Aquinas on Satisfaction, Indulgence, and Crusades" en *Medieval Philosophy and Theology*, ed. Mark D. Jordan (Notre Dame, IN: University Nota Dame, 1992, 2:81). Mark D. Jordan (Notre Dame, IN: University of Nota Dame, 1992), 2:81.

5. Citado en Martin Grabmann, *Thomas Aquinas: His Personality and Thought*, trans. Virgil Michel (Nueva York: Longmans, Green and Co., 1928), 60.

había escrito su comentario a las *Sentencias* de Lombardo y *Sobre el ser y la esencia*, así como algunos otros libros. Pero el grueso de sus escritos y sus principales obras estaban por llegar. Sólo dispondría de dieciocho años antes de su prematura muerte (en 1274) para escribir la mayor parte de sus obras. Sus dos *Summas*, sus comentarios sobre Boecio, Dionisio y Aristóteles, y muchas otras obras se publicarían a un ritmo asombroso. Escribió no menos de dos libros al año y hasta catorce en un año, con una media de cuatro libros al año, entre 1257 y 1274, todo ello mientras seguía recorriendo Europa a pie como mendigo.

Esta confianza le acompañó durante toda su vida. Aunque pueden detectarse algunos cambios en el desarrollo del pensamiento del Aquinate, como señaló uno de los primeros comentaristas de Tomás, Juan Capreolo (1380-1444), la coherencia básica de los primeros libros del Aquinate con sus libros más maduros es sorprendente. Por supuesto, la *Suma Teológica*, escrita al final de la vida de Tomás, es la representación más desarrollada de su teología filosófica, pero al igual que Juan Calvino, que vendría después de él, el Aquinate nunca experimentó cambios radicales en su pensamiento.

Desde el principio, siguiendo la influencia de Alberto Magno, el Aquinate se comprometió plenamente durante toda su vida a conciliar la filosofía con la teología. Sabía lo que quería hacer y no se desvió de ello. Con tal confianza, desafiaba a sus oponentes a intentar refutarle: "Si alguno que se gloría [jacta] de lo que falsamente se llama ciencia quiere decir algo para replicar a lo que hemos escrito, que no hable por los rincones ni con muchachos que no pueden juzgar de materias tan arduas, sino que responda a esto por escrito, si se atreve" (SI, 124).

Esta confianza no se basaba tanto en sí mismo como en su firme compromiso de que toda verdad, dondequiera que se encontrara, tenía que ser compatible con las verdades de la Biblia. Chesterton identificó la fuente de la confianza de Tomás cuando dijo: "Santo Tomás estaba dispuesto a permitir que la única verdad [sobre Dios] fuera abordada por dos caminos, precisamente *porque* estaba seguro de que sólo había una verdad."[6] "Aquellas cosas", afirmaba el Aquinate, "que se reciben por fe de la revelación divina no pueden ser contrarias a nuestro conocimiento natural" (SCG, 1.7). Con este compromiso inquebrantable, Tomás dedicó su vida a reconciliar a Aristóteles con el cristianismo.

¿Es compatible el aristotelismo con la Biblia?

Por supuesto, la verdad es verdad dondequiera que se encuentre. La Biblia no es la única fuente de verdad, y los hechos descubiertos en el mundo secular, como en la ciencia o la historia, serán congruentes con las verdades reveladas en la Biblia. Pero esta no es la cuestión. La cuestión es si el ámbito de la filosofía ("ciencia filosófica derivada por la razón humana") puede alcanzar un conocimiento adecuado de Dios. ¿Es capaz la filosofía -sin la ayuda de la revelación- de conducir a las personas racionales al mismo Dios de la revelación natural y sobrenatural?

El error fatal

¿Pudo Tomás de Aquino convertir el agua en vino? Convertir el agua en vino es un milagro, pero un milagro así sería más fácil de realizar que la cristianización de una filosofía que es antitética al cristianismo. Al igual que es imposible reconciliar la oscuridad con la luz, es imposible reconciliar la cosmovisión filosófica de Aristóteles con la cosmovisión teológica de la Biblia. Si la premisa A es lógicamente incompatible con la premisa B, no importa lo bien que se argumenten las premisas C, D, E y F. Mientras la premisa B siga siendo una con-

---

6. G. K. Chesterton, *Saint Thomas Aquinas* (Nashville: Sam Torade Book Arts, 2019), 46.

tradicción con la premisa A, el argumento está fatalmente viciado.

La tensión con la teología filosófica de Tomás de Aquino se encuentra al principio de su fusión. En otras palabras, el defecto fatal de la teología filosófica de Tomás de Aquino es el fundamento de su teología natural: la inmovilidad divina, la idea de que Dios no puede moverse a sí mismo.[7] El Dios de la Biblia no puede ser el motor inmovible. Este es el problema básico que ni siquiera el confiado Doctor Angélico pudo superar. La inmovilidad divina no puede reconciliarse con el Dios de la Biblia porque es inherentemente incongruente con el Dios de la Biblia.

Sin embargo, para el Aquinate, la inmovilidad divina es lo que conecta la filosofía con la teología. Es lo que une el conocimiento de la *existencia* de Dios con el conocimiento analógico de la *esencia* de Dios. El argumento cosmológico de Aristóteles no sólo demuestra la existencia de Dios, según el pensamiento de Aquino, sino que demuestra que Dios es inmóvil. Y de este único atributo se deducen otros atributos divinos. Al ver que Dios es inmóvil, no es como los objetos materiales, complejos, finitos y cambiantes en movimiento. La inmovilidad divina, por tanto, no es uno de tantos conceptos dentro de la filosofía y la teología del Aquinate, sino que es el corazón de ambas. Esto significa, sin embargo, que si la inmovilidad divina cae, la teología filosófica de Tomás cae con ella.

Por mucho que Aquino lo intentara, no podía cambiar el hecho de que la inmovilidad divina es incompatible con el Dios de la Biblia. La inmovilidad divina ni se enseña en las Escrituras, ni es coherente dentro de la teología natural de Aquino, y esto por tres razones:

---

7. Para ser más preciso, diría que el error fatal reside en el compromiso antibíblico del Aquinate de que todo conocimiento comienza y se limita a la experiencia sensorial.

1. La inmovilidad divina no es una conclusión necesaria de la primera prueba de Aquino, que se basa en que Dios es la *causa final* del universo.
2. La inmovilidad divina no es coherente con la segunda prueba de Aquino, que se basa en que Dios es la *causa eficiente* del universo.
3. La inmovilidad divina no es coherente con la quinta prueba de Aquino, que se basa en que Dios es el gobernador del universo.

En este capítulo, veremos cómo la inmovilidad divina es inconsistente con la teología natural de Aquino, y en el siguiente capítulo, observaremos cómo la inmovilidad divina es incongruente con la teología revelada-la Biblia.

La inmovilidad divina no es una conclusión necesaria de la primera prueba

Lo que Aristóteles suponía, Aquino lo trataba como un hecho. Aunque era una suposición razonable, no era una conclusión necesaria del argumento cosmológico de Aristóteles. Aristóteles suponía que lo que era cierto respecto al movimiento en el reino observable sería cierto respecto al movimiento (si existía) en el reino inobservable. Supuso que las leyes de la física funcionan igual con Dios que con el universo físico en el que se derivan las leyes. En el reino de la experiencia sensorial, las cosas finitas no pueden ser la causa de su propio movimiento. Es un hecho que todo lo que se mueve en el universo físico necesita una causa externa. Pero a partir de este hecho, Aristóteles supuso que existe una primera causa sin movimiento en el reino metafísico.

Pero ¿es una conclusión necesaria? ¿Es una conclusión necesaria que la primera causa del universo sea inmóvil? Parece razonable, o de lo contrario habría una eterna regresión de causas, lo cual es imposible. Sin embargo, ¿no hay otra opción? ¿No podría Dios moverse por sí mismo? Aristóteles creía que tanto la inmovilidad como el movimiento deben ser eternos. ¿Acaso la ley de la inercia, la primera ley del movimiento de Newton (es decir, los objetos en movimiento permanecen en movimiento a menos que actúe sobre ellos una fuerza exterior), no hace al menos teóricamente posible que el movimiento sea eterno? Y no olvidemos que Aristóteles pensaba que el movimiento era eterno.

Pero ¿quién puede decir que tanto el no movimiento como el movimiento no pueden existir en la Trinidad? Dado que Dios es trino, ¿no podría ser su esencia sin causa, mientras que el movimiento existe eternamente dentro de la relación de las tres personas cuando se comunican eternamente su amor mutuo? ¿No es posible que este movimiento interno (*ad intra)* dentro de la Divinidad permita a las tres personas trabajar juntas (*ad extra*) como causa motriz del universo? Por supuesto, nada en el cosmos tiene el poder de moverse por sí mismo, pero ¿excluye este hecho empírico la posibilidad de que un Dios trascendente y trino se mueva por sí mismo?

Aristóteles supuso que el movimiento se aplicaría igual a un ser autónomo que a los seres contingentes; Aquino también hizo esta suposición. Puesto que nada en el reino observable puede moverse a sí mismo, Aquino concluyó que sería imposible que Dios pudiera moverse a sí mismo: "Ahora bien, no es posible que una misma cosa sea a la vez actual y potencial en el mismo sentido, sino sólo en sentidos diferentes. Porque lo que es realmente caliente no puede ser simultáneamente potencialmente caliente; pero es simultáneamente potencialmente frío. Por consiguiente, es imposible que una cosa sea al mismo tiempo, en el mismo sentido y de la misma manera, móvil y movida, es decir, que se mueva a sí misma" (ST, 1.2.3).

Aunque éste pueda ser el caso de los objetos físicos y contingentes en movimiento, según Gilson, no es necesariamente el caso de un Dios no físico e independiente: "No se sigue del hecho de que haya un primer Motor, inmóvil desde fuera, que exista un primer Motor absolutamente inmóvil. De ahí que Aristóteles señale que la expresión "un primer Motor, no puesto en movimiento" es ambigua. En primer lugar, puede significar un primer Motor absolutamente inmóvil, en cuyo caso nuestra conclusión es válida. Pero también puede significar que este primer Motor no recibe ningún movimiento del exterior, admitiendo al mismo tiempo que puede moverse a sí mismo." [8]

Por supuesto, esto no comprueba que Dios se mueva a sí mismo. Sólo significa que no podemos saber con certeza, basándonos en la primera prueba de Aquino, si Dios se mueve a sí mismo o no. Herman Bavinck puso el dedo en la llaga cuando afirmó: "No tenemos derecho . . . a aplicar la ley de la causalidad a tal primera causa, y que por tanto no podemos decir nada concreto sobre ella".[9] El argumento cosmológico se derrumba porque salta de la física a la metafísica, de la ciencia a la filosofía, sin tener ninguna garantía epistemológica para tal salto. Puede parecer que la naturaleza de Dios puede deducirse de la experiencia sensorial, de la ciencia natural, pero tal conclusión es sólo una suposición filosófica. Incluso uno de los principales Tomistas de nuestros días, Edward Feser, lo admite: "Niego que los argumentos basados únicamente en la ciencia natural puedan llevarte al teísmo clásico".[10]

Aquí encontramos el punto de ruptura. Aquí es donde *falla* la teología natural de Tomás de Aquino. No hay certeza, de una manera u otra, si los atributos asociados a las cosas contingentes en movimiento corresponden positiva o negativamente a un ser no contingente. El hecho de que todas las cosas contingentes en movimiento requieran

8. Gilson, *The Philosophy of Saint Thomas of Aquinas*, 75.

9. Bavinck, *Reformed Dogmatics*, 2:82.

10. Feser, *Essays*, 62.

una causa externa no significa que el movimiento en Dios, si es que el movimiento existe en Dios, requiera una causa externa. Puede ser cierto en el reino en el que vivimos, pero ¿quién puede decir que lo mismo se corresponde con el ser sobrenatural que trasciende nuestras capacidades naturales de comprensión?

El punto es que la teología natural no tiene forma de saber si Dios es inmóvil o si se mueve a sí mismo. Así como la teología natural no tiene forma de saber si Dios es una trinidad de personas (como admitió Aquino) no descarta la posibilidad de que Dios sea una trinidad de personas, la teología natural no tiene forma de saber si esta trinidad de personas permite que Dios sea a la vez independiente y libre para moverse, crear y gobernar un universo innecesario sin la ayuda de nada fuera de sí mismo. La teología natural debe concluir que depende de la revelación divina para ir más allá del conocimiento de la existencia de Dios.

Por lo tanto, si el concepto del motor inmóvil no es una conclusión necesaria de la primera prueba de Aquino, no deberíamos buscar en la inmovilidad divina el fundamento de nuestra doctrina de Dios, como hicieron Aristóteles y Aquino. Y lo que es más importante, todo el fundamento sobre el que descansa la noción de inmovilidad divina se derrumba por completo.

La inmovilidad divina es incompatible con la segunda prueba

Apelando a Aristóteles en la primera prueba, Aquino pretendía establecer la inmovilidad divina; apelando a Dioniso en la segunda prueba, Aquino pretendía establecer a Dios como causa móvil del universo. Esto, por supuesto, era algo que Aristóteles consideraba imposible. Dios no puede ser la causa móvil del universo porque ni siquiera puede moverse a sí mismo. Pero al sostener la primera y la segunda prueba juntas, Aquino enseñó que de alguna manera Dios no tiene movimiento y es la causa móvil del universo.

Para bautizar a Aristóteles, ambas pruebas deben ser ciertas al mismo tiempo. Pero ¿cómo es posible que algo que no puede moverse sea la causa móvil de cosas que sí se mueven? Parece que fue la razón por la que Gilson afirmó que "uno de los problemas más difíciles que tuvieron que afrontar los metafísicos clásicos fue la determinación de la relación del ser con su actividad causal". [11]

Inmovilidad y causa eficiente

Para el Aquinate, el Dios inmóvil es *actus purus,* sin ninguna potencialidad no realizada. Esto no significa que Dios no haga nada; sólo significa que todo lo que Dios hace, lo hace en un acto indiferenciado, único, necesario, atemporal y siempre presente. Dios nunca hará nada más que lo que siempre ha estado haciendo desde toda la eternidad. En otras palabras, no hay potencia pasiva en Dios. Dios es lo que hace; siempre es lo que siempre ha estado haciendo.

Por supuesto, el Aquinate se enfrentó a la implicación heterodoxa[12] de tal conclusión. Si la esencia de Dios es idéntica a sus actos creativos, entonces la creación es necesaria para que Dios sea Dios. O como lo formuló Charles Hodge, si el "conocimiento y el poder en Dios son idénticos", entonces "saber que una cosa es, y quererla, son el mismo acto indiviso y perpetuo". De esto parecería seguirse que como Dios conoce desde la eternidad, Él crea desde la eternidad; y que "todo lo que Él conoce es". Estas especulaciones nos conducen a una visión panteísta de la naturaleza de Dios y de su relación con el mundo".[13]

11. Etienne Gilson, *The Spirit of Mediaeval Philosophy* (Notre Dame, IN: University of Notre Dame, 1991), 86.

12. Nota del traductor: *heterodoxo* significa "no ortodoxo" a veces traducido al castellano por "poco ortodoxo".

13. Charles Hodge, *Systematic Theology* (Grand Rapids: Eerdmans, 1981), 1:395.

Aunque Aquino hizo todo lo posible por negar tal conclusión, mantuvo la inmovilidad divina que conduce lógicamente a esta conclusión. Hay que tener en cuenta que, para Aquino, la inmutabilidad divina (que la Biblia enseña) significa lo mismo que la inmovilidad divina (que la Biblia no enseña). Aquino enseñó que Dios no sólo es inmutable en su carácter, sino también en sus acciones (es decir, inmóvil). Cualquier nueva acción sería un cambio de potencia a actualidad, lo cual es imposible para Dios, que es *actus purus*.

Al igual que Aristóteles, al construir una teología a partir de las leyes físicas del movimiento, el Aquinate consideró el movimiento como algo intrínsecamente malo, y la inmovilidad como algo intrínsecamente bueno. En consecuencia, cualquier acción nueva sería una imperfección en Dios porque implicaría alguna forma de movimiento (cambio) en Dios. Dios es inmóvil, según el Aquinate, porque Dios es perfecto. Para el Aquinate, como para Aristóteles, la inmovilidad es uno de los atributos de la perfección. Lo que es perfecto no puede pasar de la potencia a la actualidad, pues sólo las cosas deficientes buscan la actualidad. Esto conduce, al menos para Aristóteles, a la imposibilidad de que Dios sea la causa eficiente del universo.

Edward Feser nos recuerda que, incluso para el Aquinate, "una causa eficiente es la que trae algo a la existencia o lo cambia de alguna manera. Una causa eficiente actualiza así una potencia, y lo hace ejerciendo sus propias potencias o poderes activos".[14] Y entonces debemos preguntar: ¿Cómo ejerce Dios sus "propias potencias activas" si no tiene ninguna potencia?

Aquino sostenía que la inmovilidad no sólo significa la falta de potencias, sino también la simplicidad indiferenciada. Todo movimiento, según Aristóteles, va de la potencia pasiva a la actualidad. Pero con Dios no hay movimiento porque no hay puntos diferencia-

14. Edward Feser, *Scholastic Metaphysics: A Contemporary Introduction* (Lancaster, Reino Unido: Editiones Scholaticae, 2014), 42.

dos en su interior entre los que pueda moverse. No hay diferenciación entre la naturaleza de Dios y las acciones de Dios. Todo en Dios es idéntico a Dios, lo que significa que la naturaleza de Dios y sus acciones son una y la misma cosa. Más que eso, no hay diferenciación entre la mente, la voluntad y los actos de Dios. Él es lo que hace, y hace lo que es, y esto tiene lugar en una acción única, indiferenciada, atemporal y siempre presente.

En consecuencia, si Dios es bueno, perfecto, inmutable y simple porque es inmóvil, entonces ¿cómo es posible que el acto puro (es decir, Dios) quiera otra cosa que no sea su ser indiferenciado? Y por eso, al menos para Aristóteles, no puede haber en Dios actos libres e innecesarios.

Así pues, Aquino, que pretendía integrar el motor inmóvil de Aristóteles con el Dios de la Biblia, tuvo que explicar cómo el motor inmóvil puede ser la causa móvil del universo. Esto lleva a una serie de preguntas, como éstas:

1. ¿Cómo puede el motor inmovible crear algo nuevo?
2. ¿Cómo puede tener el movimiento un principio?
3. Si Dios creó el universo, ¿cómo es que el universo no es eterno?
4. Si el universo es un acto eterno, ¿cómo es que el universo no es necesario?
5. Si Dios es idéntico a sus actos, ¿cómo es que Dios no es uno con su acto de crear el universo?
6. ¿Cómo es que esto no conduce al panteísmo?

Por supuesto, el Aquinate rechazó el panteísmo al afirmar, como artículo de fe, que el universo fue creado de la nada. Pero, como veremos, no le fue fácil conciliar este artículo de fe con la filosofía de Aristóteles. La dificultad estriba en que la primera y la segunda prueba no parecen compatibles. No es que la segunda prueba sea ilógica, sino que no parece congruente con la primera. Sin embargo, al unir las dos pruebas, el Aquinate se enfrenta a varios dilemas.

Inmovilidad y universo temporal

El primer dilema que surge de unir la primera y la segunda prueba es el problema de un universo temporal. Para el Aquinate, no sólo el conocimiento y la mente de Dios son indiferenciados, sino que también lo son la mente, la voluntad y los actos de Dios. Y debido a esto, Aquino explicó que el acto eterno y atemporal de querer la creación no esencial es idéntico al acto eterno y atemporal de Dios de querer su propia esencia esencial: "Dios, al quererse a sí mismo, quiere todas las cosas que están en él; pero todas las cosas, en cierto modo, preexisten en Dios por sus tipos. Dios, pues, queriéndose a sí mismo, quiere las demás cosas" (SCG, 1.75). Pero si este es el caso, ¿cómo es que quererse a sí mismo y a la creación en el mismo acto eterno, único e indiferenciado no hace a la creación coeterna con Dios?

Según C. S. Harris, el concepto aristotélico de la relación de la forma con la materia adoptado por el Aquinate es sencillamente incompatible con un universo temporal:

> Tomás acepta la concepción aristotélica de la relación de la forma con la materia, y luego se ve obligado a gastar una gran cantidad de ingenio para tratar de escapar de sus incómodas consecuencias. Adopta la teoría peripatética de la forma y la materia como correlativos, la forma con respecto a la materia como el acto con respecto a la potencia, o el determinante con respecto a lo determinable. La materia es pura potencia que no tiene *esse* propio; no puede existir sin forma, es incognoscible *per se* y ni siquiera posee una idea representativa en la mente divina; (aunque de alguna manera Dios la conoce); es ingenerable e incorruptible, siendo el *subjectum* del cambio sustancial. Hasta aquí Aristóteles puro; pero ahora comienzan a surgir dificultades. Porque en el cosmos aristotélico, la materia y la forma son constituyentes metafísicos de un

mundo eterno que consiste en una serie jerárquica de sustancias extendidas como si fuera entre los dos polos opuestos de la materia pura, que no tiene existencia o actualidad, la forma pura, *es decir*, Dios; y mientras que cada uno de los constituyentes forma y materia son eternos, los compuestos de ambos, las sustancias concretas del mundo físico, son los únicos generables y corruptibles en el tiempo, siendo el proceso del mundo un perpetuo y eterno esfuerzo repetido de las diversas formas para realizarse a sí mismas en una materia que está siempre, por así decirlo, eludiendo su alcance, de acuerdo con una teleología inmanente pero inconsciente. Porque Dios, la forma de las formas, mueve el universo como fin o causa final, siendo él mismo inmovible, y no hay nada que muestre que Él es consciente de que existe un mundo en absoluto. Tal teoría no podría, por supuesto, recomendarse a sí misma a la conciencia cristiana; por lo tanto, tiene que ser mutilada y destrozada con el fin de encajar en el marco teológico. La forma y la materia ya no son principios coetáneos de un mundo eterno; la materia es en sí misma un producto de la creación divina (aunque es imposible concebir cómo puede serlo, dado que no tiene actualidad propia), y las formas que se realizan en ella también son creadas, siendo imitaciones o ectípodos de las ideas eternas en la mente divina, concebidas en cierto modo a la manera del λόγοι de Plotino. De este modo se ignora tranquilamente todo el significado de la teoría peripatética, y se suspende un cosmos aristotélico de una deidad neoplatonista. Pero lo peor aún no ha llegado. Porque además de la pura actualidad o forma de las formas, están la pura inteligencia o Ángeles, *substantiae separatae*, que de alguna manera tienen que encajar en el esquema. Estos no contienen materia, son formas puras, pero no son ni εἴδη n el sentido platónico, ni son eternos, sino creados. Pero una "Forma" es como tal abstraída del tiempo, y todas las formas existen eternamente en la mente de Dios, y son por su propia naturaleza simples. Por consiguiente, hay que introducir un nuevo modo de composición, un dualismo entre la esencia y la existencia, siendo la segunda para la primera como el acto para la potencia, a fin de salvaguardar la condición de criaturas de estos espíritus inmateriales. El creacionismo y la angelología hacen así estragos en todo el esquema aristotélico, y mientras la terminología aristotélica es reciclada, el significado de las ideas subyacentes ha sido distorsionado casi hasta hacerlo irreconocible. Finalmente, toda la cuestión de la creación queda filosóficamente dudosa, ya que en última instancia es imposible demostrar que el mundo no ha existido *ab eterno*, y aunque lo contrario sea realmente el hecho, es un hecho que sólo puede conocerse por revelación. [15]

Aquino sabía que no se podía afirmar un universo eterno sin comprometer la ortodoxia cristiana. Un universo eterno crea todo tipo de problemas para la fe cristiana. Principalmente, la creación tiene que ser temporal para mantener la independencia de Dios. Sin embargo, Aquino admitió que un universo temporal no podía ser comprobado por la razón, ya que un universo temporal, creía él, es uno de los artículos de fe dados a conocer sólo por revelación divina:

> Los artículos de fe no pueden probarse demostrativamente, porque la fe es de cosas "que no se ven" (Heb 11:1). Pero que Dios es el Creador del mundo: por tanto, que el mundo comenzó, es un artículo de fe; porque decimos: "Creo en un solo Dios", etc. Además, Gregorio dice (Hom. i en Ezeq.) que Moisés profetizó del pasado diciendo: "En el principio creó Dios los cielos y la tierra"; en estas palabras se afirma la novedad del mundo. Por tanto, la novedad del mundo sólo se conoce por revelación; y por eso no puede probarse demostrativamente. (ST, 1.46.2)

De nuevo, en otro lugar, Aquino afirmó,

> Sólo por la fe sostenemos, y por ninguna demostración se puede probar, que el mundo no existió siempre, como se dijo anteriormente del misterio de la Trinidad. . . . La razón de esto es que la novedad del mundo no puede ser demostrada por parte del mundo mismo. Pues el principio de la demostración es la esencia de una cosa. Ahora bien, cada cosa según su especie se abstrae del "aquí" y del "ahora"; de donde se

15. C. R. S. Harris, "Duns Scotus and His Relation to Thomas Aquinas," Proceedings of the Aristotelian Society, New Series, 25 (1924): 219–46, Accessed July 23, 2021, http://www.jstor.org/stable/4544081.

> dice que los universales están en todas partes y siempre. De ahí que no pueda demostrarse que el hombre, o el cielo, o una piedra no estuvieran siempre. Del mismo modo tampoco puede demostrarse por parte de la causa eficiente, que actúa por voluntad. Pues la voluntad de Dios no puede ser investigada por la razón, excepto en lo que se refiere a aquellas cosas que Dios debe querer por necesidad; y lo que quiere acerca de las criaturas no está entre éstas. . . . Pero la voluntad divina puede manifestarse por la revelación, en la que se apoya la fe. Por tanto, que el mundo comenzó a existir es objeto de fe, pero no de demostración o ciencia. (ST, 1.46.2)

Aquí es donde se colapsa la teología natural del Aquinate. Para que su segunda prueba se correlacionara con la primera, Aquino tuvo que tomar prestado capital de las Escrituras. Pero una vez que la teología revelada se utiliza para ajustar la teología natural, la teología natural deja de ser teología natural. La metafísica aristotélica, por mérito propio, no puede establecer un universo temporal. Y sin universo temporal, Dios deja de ser absoluto. Viendo esto, ¿por qué confiar en Aristóteles?

Inmovilidad y libre albedrío

No acaban aquí los problemas para el Aquinate. No sólo un universo eterno parece ser la consecuencia lógica de un creador inmóvil, sino que un universo necesario parece seguirse naturalmente también. Si la esencia de Dios es igual a sus actos, entonces parece natural que el mundo exista por necesidad. Es decir, si Dios quiere la existencia del universo en el mismo acto indiferenciado en que quiere su propia existencia necesaria, como afirma el Aquinate, entonces parece que la existencia del universo es tan necesaria como la existencia de Dios.

Por supuesto, el teólogo Aquino no podía aceptar esta conclusión filosófica. El dios de Aristóteles necesitaba ser ajustado por Tomás, porque Aristóteles creía que era imposible que el motor inmóvil tuviera actos libres de la voluntad porque el motor inmóvil no puede compartir o dar de sí mismo mientras permanece en un estado inmóvil. Puesto que el motor inmovible es perfectamente bueno, según Aristóteles, el motor inmovible no necesita ni desea nada. Por tanto, Dios sólo puede desearse a sí mismo en un acto atemporal de autocontemplación. Aunque todo objeto en movimiento desea a Dios, Dios se contenta, en su perfecta bondad, con permanecer en un estado eterno de perfecta inmovilidad. Dios es bueno, según Aristóteles, porque es totalmente deseable.

Para ajustar la incapacidad del motor inmovible para dar de sí mismo, el Aquinate recurrió a Dionisio en busca de ayuda. Dionisio, siguiendo a Platón, definió la *bondad* de forma algo diferente. Para Dionisio, la idea de bondad incluye dos conceptos: *la deseabilidad* y *la caridad.* Al igual que Aristóteles, Dionisio creía que Dios era bueno porque es totalmente deseable, pero a diferencia de Aristóteles, Dionisio también creía que la bondad de Dios incluía el concepto de caridad. La caridad consiste en dar de uno mismo. Para Dionisio, aunque Dios es perfecto y no necesita nada, en su bondad da de sí mismo en la creación de todas las cosas.

Al combinar estas dos ideas, deseabilidad y generosidad, el Aquinate trató de dar cabida en Dios a actos innecesarios y libres. Aquino afirmó que dentro de la bondad de Dios se encuentra (1) la causa final y (2) la causa móvil del universo. Aquino estaba de acuerdo con Aristóteles en que la causa final del universo es la propia bondad perfecta de Dios, que mueve a todas las cosas a aspirar tras él. Aquino afirmaba que "la bondad divina es el fin de todas las cosas" (ST, 1.44.4). Dios mueve el universo no moviéndose a sí mismo. Y al mismo tiempo, el Aquinate también estaba de acuerdo con Dionisio en que la causa eficiente del universo es Dios queriendo por sí mismo, su propia bondad, que le mueve a darse en la creación de todas las cosas a semejanza de su propia bondad.

Para el Aquinate, el amor de Dios que le movió a darse a sí mismo no vino de buscarlo fuera de sí mismo. Su amor a sí mismo le movió a reproducirse, pero como es imposible crear otro Dios, creó el universo a su semejanza. Y como ninguna cosa podía captar perfectamente su esencia, creó múltiples cosas que reflejan su semejanza.

Así, siendo movido por la necesidad a querer su propia bondad, Dios eligió de algún modo libremente crear el universo que representa su bondad. Como trató de explicar el Aquinate "Dios, al querer su propia bondad, quiere que otras cosas sean, en la medida en que participan de su bondad. Ahora bien, como la bondad de Dios es infinita, puede ser participada de infinitas maneras, y de otras maneras además de aquellas en que es participada por las criaturas que ahora son" (SCG, 1.81.4).

Sin embargo, aunque Dios se quiere a sí mismo por necesidad, no quiere la creación por necesidad, como afirmó Gilson: "Dios se quiere a sí mismo necesariamente, pero no quiere otra cosa que a sí mismo necesariamente, y todo lo que quiere lo quiere con respecto a sí mismo".[16]

Pero ¿por qué no? ¿Cómo es posible que Dios quiera su propia existencia mediante el mismo acto indiferenciado y atemporal de querer el universo sin que el universo sea eterno y necesario? En su intento de responder a este dilema, el Aquinate afirmó: "Si, entonces, al querer su propia bondad, quisiera por necesidad las cosas que participan de ella, se seguiría que quiere un número infinito de criaturas que participan de su bondad de un número infinito de maneras. Pero esto es claramente falso: si él lo quisiera, existirían, puesto que su voluntad es la fuente del ser de las cosas. . . . Por tanto, no necesariamente quiere también las cosas que no son" (SCG, 1.81.4). En otras palabras, viendo que había un número infinito de universos que Dios podría haber elegido crear, debe haber creado éste por libertad y no por necesidad.

16. Gilson, *The Spirit of Mediaeval Philosophy*, 93.

Sin embargo, esta solución no hace sino agravar el dilema de Aquino. ¿Cómo es posible que el motor inmovible tenga un número infinito de opciones entre las que elegir si sus pensamientos son indiferenciados? Este argumento no sólo no resuelve el dilema de Aquino, sino que pone de manifiesto otro problema. Porque, según Tomás, las acciones, como el acto de crear, tienen lugar o bien porque el intelecto mueve a la voluntad o bien porque la voluntad mueve al intelecto de acuerdo con la propia bondad de Dios: "Se dice que una cosa se mueve de dos maneras: Primero, como un fin; por ejemplo, cuando decimos que el fin mueve al agente. De este modo el intelecto mueve a la voluntad, porque el bien entendido es el objeto de la voluntad, y la mueve como un fin. En segundo lugar, se dice que una cosa mueve como agente, pues lo que altera mueve lo alterado, y lo que impulsa mueve lo impulsado. De este modo la voluntad mueve al entendimiento y a todas las potencias del alma" (ST, 1.82.4).

Tal explicación, sin embargo, no puede aplicarse al motor inmovible indiferenciado. Esto es por dos razones: (1) la voluntad no puede *mover* el intelecto en Dios porque simplemente no hay movimiento en Dios, y (2) la razón por la que no hay movimiento en Dios es que no hay diferenciación en Dios. El intelecto y la voluntad de Dios son idénticos a la simple esencia de Dios: "La esencia de Dios es su intelecto y su voluntad, por el hecho de que actúa por su esencia" (ST, 1.19.4). De nuevo, Aquino dijo:

> El acto del entendimiento de Dios es su sustancia. Porque si su acto de entendimiento fuera otro que su sustancia, entonces otra cosa, como dice el Filósofo (Metaf. xii), sería el acto y la perfección de la sustancia divina, con la cual la sustancia divina estaría relacionada, como la potencialidad lo está con el acto, lo cual es del todo imposible. . . . Ahora bien, en Dios no hay ninguna forma que sea otra cosa que su existencia. . . . Por lo tanto, como su esencia misma es también su especie inteligible, se sigue necesariamente que su acto de entender debe ser su esencia y su existencia. (ST, 1.14.4)

Así que, independientemente de si las obras de Dios son movidas por el intelecto o por la voluntad de Dios, tanto el intelecto como la voluntad de Dios son idénticos entre sí e idénticos a la esencia de Dios. Y viendo que la esencia de Dios es inmóvil, parecería que cualquier cosa que Dios haga debe ser idéntica a lo que Dios es. Además, si no hay movimiento en Dios porque no hay diferenciación en Dios, ¿cómo hay diferencia entre la causa final y la causa móvil del universo? De nuevo, ¿no hace esto necesaria la creación?

Por supuesto, el compromiso de Aquino con las Escrituras no le permitiría aceptar tal conclusión. Sin embargo, Aquino era plenamente consciente de este dilema. En su libro sobre cuestiones controvertidas, *Quaestiones Disputatae De Potentia Dei*, Aquino trató de afrontar este dilema.[17] En la cuestión 3, artículo 15, preguntaba: "¿Proceden las cosas de Dios por necesidad natural o por decreto de su voluntad?". Aquino articuló el dilema de varias maneras. "En Dios, la naturaleza y la voluntad son lo mismo", afirmó. "En consecuencia, si produce las cosas voluntariamente parecería que las produce naturalmente"[18] (QDP, 3.15, Obj. 6). Otra manera en que planteó el problema fue decir: "La operación de Dios es su esencia: y su esencia le es natural. Por tanto, todo lo que hace, lo hace naturalmente" (QDP, 3.15, Obj. 8). De nuevo, afirmó,

> No se puede decir que en Dios algo sea potencial o contingente, ya que esto argumenta mutabilidad según el Filósofo (*Metaf.* xi, 5), porque lo que es contingente puede suceder que no sea. Además, nada en Dios es necesario por coacción, porque en Él nada es violento o contrario a la naturaleza (*Metaf.* v, 5). Tampoco hay nada necesario por suposición, porque esto depende de que se presupongan ciertas cosas, y Dios no

17. O, *Cuestiones controvertidas sobre el poder de Dios*

18. Tomás de Aquino, *Quaestiones Disputatae De Potentia Dei*, trans. English Dominican Fathers (Westminster, MD: The Newman Press, 1952), 3.15, Obj. 6 (en adelante citado en el texto como QDP).

depende de nada. Queda, pues, que todo en Dios es absolutamente necesario, y parece, en consecuencia, que produjo las cosas necesariamente (QDP, 3.15, Obj. 11).

Así pues, es evidente que el Aquinate comprendió el problema al que se enfrentaba su teología filosófica. Pero sus respuestas al problema parecen menos que satisfactorias: "Aunque la voluntad y la naturaleza son idénticamente lo mismo en Dios, difieren lógicamente, en la medida en que expresan respeto a las criaturas de diferentes maneras: así la naturaleza denota un respeto a alguna cosa determinada, mientras que la voluntad no" (QDP, 3.15, Respuesta 6). De nuevo se repite cuando afirma: "Aunque la operación de Dios le pertenece naturalmente, puesto que es su misma naturaleza o esencia, el efecto creado sigue la operación de su naturaleza que, en nuestro modo de entender, se considera como el principio de su voluntad, así como el efecto que se calienta sigue según el modo del calor" (QDP, 3.15, Respuesta 8). Y una vez más afirmó: "En cuanto a las cosas que están en Dios mismo, nada puede calificarse de potencial: todo es natural y absolutamente necesario. Pero en cuanto a las criaturas, podemos llamar potenciales a ciertas cosas, no en cuanto a potencialidad pasiva, sino en cuanto a un poder activo que no se limita a un efecto" (QDP, 3.15, Respuesta 11).

En otras palabras, desde nuestra perspectiva humana, debemos distinguir entre la voluntad de Dios y el intelecto de Dios o, de lo contrario, Dios deja de poder tener actos de voluntad libres e innecesarios. Pero ¿en qué cambia el hecho de que no haya distinciones reales dentro de Dios el que hagamos una distinción cognitiva en nuestras mentes? Al final, el Aquinate afirma que los actos de la voluntad de Dios son idénticos a su existencia y esencia. Al hablar del pasaje en el que Aquino dice: "Al quererse a sí mismo principalmente, quiere todas las demás cosas" (SCG, 1.75), Arthur Lovejoy identifica la incongruencia de Aquino: "Ahora bien, esto, como observa un reciente comentarista católico romano de la *Summa contra Gentiles*, 'tomado por sí mismo podría parecer que argumenta que Dios quiere la existencia de todas las cosas que Él entiende como posibles, y que Él necesariamente quiere la existencia de las cosas fuera de sí mismo, y así necesariamente las crea'. El pasaje no sólo podría significar esto; puede, en coherencia con los supuestos que el Aquinate acepta en otros lugares, no significar otra cosa."[19]

Josef Pieper afirma que "las *Quaestiones disputatae* terminan con frecuencia como los diálogos platónicos; no pretenden ofrecer respuestas exhaustivas, sino que abren las puertas a una infinidad de búsquedas ulteriores".[20] Aquino hizo todo lo posible por salvar a Aristóteles de la heterodoxia, pero no parece que fuera capaz. Aunque es posible que rociara con algunas gotas de agua el corpus aristotélico, la inmersión total resultó demasiado difícil.

Tomás podría haberse ahorrado muchos problemas si hubiera abandonado por completo al dios de Aristóteles: el motor inmóvil. Dado que el concepto filosófico del motor inmóvil es incompatible con el Dios trinitario de la Biblia, al Doctor Angélico le resultaba imposible -por muy inteligente que fuera- conciliar la tensión entre su primera y su segunda prueba.

La inmovilidad divina es incompatible con la quinta prueba

Pero incluso si pasamos por alto estas dificultades y concedemos que Dios es la causa móvil inmóvil del universo, Aquino aún tiene otro dilema que resolver: ¿cómo gobierna e interactúa un Dios inmóvil con el universo en constante movimiento? Según la primera prueba de Aquino, Dios es inmóvil. Según su segunda prueba, Dios es la

19. Arthur O. Lovejoy, *The Great Chain of Being: A Study of the History of an Idea* (Cambridge, MA: Harvard University Press, 1976), 74.

20. Pieper, *Guide to Thomas Aquinas*, 99.

causa móvil del universo. Y según la quinta prueba de Tomás, Dios es el gobernador de todas las cosas en movimiento del universo, ya que dirige todas las cosas hacia su propio fin. La Biblia afirma la providencia divina, pero la cuestión es ésta: ¿Cómo conoce, ama, se relaciona e interactúa el dios inmóvil de Aristóteles con los asuntos temporales de los hombres?

Inmovilidad y conocimiento del universo

Sin embargo, si Dios va a gobernar el universo, debe ser consciente del universo. Si Dios y sus pensamientos son indiferenciables, ¿cómo puede Dios pensar en cosas fuera de sí mismo?

Para Aristóteles, el motor inmovible no puede pensar en otra cosa que en sí mismo. En primer lugar, Dios sólo tiene conciencia de sí mismo porque lo que es indiferenciado sólo puede contemplar lo que también es indiferenciado. En segundo lugar, Dios no puede pensar en otra cosa que en sí mismo porque es idéntico a aquello que contempla. Así, lo único en lo que Dios puede pensar es en sí mismo. Sin embargo, a diferencia de Aristóteles, el Aquinate afirma que Dios conoce cosas distintas de sí mismo. Para que el motor inmovible sea el Dios de la Biblia, debe ser consciente de cada cosa particular del universo. Dios debe ser capaz de distinguir entre sí mismo y todas las particularidades del universo creado. Se trata de una cuestión de ortodoxia cristiana.

Pero viendo que Dios es indiferenciado en su simplicidad e idéntico a los conceptos en su mente, ¿no sería imposible para Dios tal conocimiento de las cosas particulares? En primer lugar, si el conocimiento de Dios es indiferenciado, ¿cómo puede Dios conocer la diferencia entre su ser indiferenciado (*ad intra*) y todas las cosas particulares y diferenciadas fuera de él (*ad extra*)? En segundo lugar, si la esencia de Dios es idéntica a su conocimiento, ¿cómo el conocimiento del universo existente no hace que la esencia de Dios dependa del universo existente?

Aunque esto parece imposible, el Aquinate intentó conciliar la dificultad afirmando que Dios conoce las cosas diferenciadas y particulares conociendo su propio ser indiferenciado. Así como nosotros conocemos la simplicidad de Dios conociendo las cosas particulares, el Aquinate afirma que Dios conoce las cosas particulares conociéndose a sí mismo. Así que Aquino afirmó que, por un lado, Dios conoce todas las cosas particulares fuera de sí mismo, pero, por otro lado, Dios sólo conoce las cosas particulares conociéndose a sí mismo (*ad intra*) en un simple acto de autoconciencia.

Aunque es difícil determinar si el Aquinate creía realmente que Dios puede distinguir entre las cosas o no, puedo entender la dificultad de intentar conciliar estos dos conceptos contrarios. Si Dios puede distinguir entre cosas particulares fuera de sí mismo, entonces ya no es indiferenciado en su simplicidad. Porque si sabe, al menos en su mente, que hay una diferencia entre el conocimiento de sí mismo y el conocimiento de las cosas fuera de sí mismo, entonces Dios deja de ser indiferenciado en su pensamiento. Pero una vez que exista una diferenciación en la mente de Dios, ya no podrá decirse que Dios sea indiferenciado en su simplicidad. Una vez que el contenido del conocimiento de Dios no es idéntico a la esencia simple de Dios, la lógica de Aristóteles se rompe.

Inmovilidad y Providencia

El conocimiento del universo no es el único problema para un Dios inmóvil. Incluso si aceptamos que el motor inmovible conoce todo lo que hay fuera de él en un acto único e indiferenciado de autoconciencia, subsiste el problema de cómo puede Dios gobernar todas las cosas particulares.

Parece que, para el Aquinate, todos los actos eternos de Dios se realizan *ad intra*. En el único acto de querer a sí mismo, se llevan a cabo todos los actos de Dios de conocer, crear, gobernar y destruir. Pero hay que admitir que, según Tomás, esto excluye cualquier relación nueva con Dios (QDP, 7.9), pues Dios es como una columna de piedra que no se relaciona con el perro que la rodea. Aunque el perro siempre en movimiento entra en una nueva relación con la columna, ésta permanece completamente inmóvil. Aunque Dios, de alguna manera, es capaz de gobernar el universo a partir de un acto único y atemporal de su propia voluntad, no entra en ninguna relación nueva, lo que, según Matthew McWhorter, parece una gran incoherencia: "Aquino enseña consistentemente a lo largo de su carrera que Dios crea, conoce y ama el mundo, pero, al mismo tiempo, que no hay ninguna relación real entre Dios y el mundo. En conjunto, estas doctrinas parecen contradecirse. ¿Cómo puede Dios conocer y amar aquello con lo que no tiene ninguna relación real?" [21]

Las leyes de la física no se aplican a Dios

Todos estos conflictos son el resultado de que el Aquinate no está dispuesto a renunciar a su deseo de bautizar a Aristóteles. El error de Aristóteles fue suponer que las leyes del movimiento funcionarían de la misma manera con Dios que con las cosas finitas del cosmos. Supuso que el reino metafísico podría entenderse mediante el estudio del reino físico. Pero como Dios es trino, no se parece a nada en el cosmos. Lo que se aplica a las cosas finitas y contingentes no tiene por qué aplicarse necesariamente al Dios infinito e independiente. Es posible que Dios sea el único ser que se mueve por sí mismo. Puede ser posible que el Dios trinitario no tenga una causa externa para su propia existencia necesaria y sea la causa externa en movimiento de un universo innecesario.

Aquino sabía que su teología filosófica estaba llena de tensiones.

21. Matthew R. McWhorter, "Aquinas on God's Relation to the World", *New Blackfriars*, vol. 94, n.º 1049, 2013, 3-19, 3.

En *Cuestiones controvertidas sobre el poder de Dios*, Aquino catalogó las diversas dificultades -principalmente la dificultad de un universo temporal e innecesario que se crea de la nada. Cuando se trató de la creencia de Aristóteles de que algo no puede venir de la nada, Aquino respondió diciendo que las reglas del movimiento no se aplican a Dios: "El Filósofo dice que es un axioma común u opinión de los físicos que de la nada no se hace nada, porque el agente natural, que era el objeto de sus investigaciones, no actúa sino por el movimiento. En consecuencia, debe haber necesariamente un sujeto de movimiento o cambio que, como hemos dicho, no se requiere para un agente sobrenatural" (QDP, 2. Respuesta a 1).

Aquino afirmó repetidamente que las reglas que se aplican a las cosas finitas en movimiento no se aplican al que no se mueve (véase QDP, 2 y 3), lo cual es cierto. Pero Aquino no fue coherente en la aplicación de este principio. ¿Por qué no aplicar este principio al principio de su teología filosófica rechazando por completo el argumento cosmológico de Aristóteles? Seguro que le habría facilitado mucho el trabajo.

Pero de alguna manera, Aquino creía que podíamos aprender que Dios es el motor inmóvil estudiando los principios del movimiento, pero cuando estos mismos principios hacen imposible que el motor inmóvil sea el creador de un universo innecesario y temporal, ya no sirven para decirnos nada más sobre Dios. Y por esta razón, según el Aquinate, un universo temporal e innecesario no es la conclusión lógica de la teología natural, sino que, al igual que la doctrina de la Trinidad, es un artículo de fe que sólo puede ser recibido por autoridad divina. En otras palabras, un universo no eterno "no puede ser probado por demostración" (ST, 1.46.1).

Conclusión

Puesto que el Aquinate se comprometió a rescatar a Aristóteles de la heterodoxia, se comprometió a mantener la noción aristotélica de la inmovilidad divina a pesar del gran número de dificultades sin reservas que introducía en su teología filosófica. Josef Pieper reconoce la considerable cantidad de tensiones en la doctrina de Dios del Aquinate: "Su esfuerzo estaba plagado de una multitud de conflictos potenciales; que sería una fuente de dificultades y discordias virtualmente incalculables que difícilmente podrían ser llevadas a una 'armonía' final".[22] Al final, aunque puede que el Aquinate confiara en poder bautizar a Aristóteles, no parece que el filósofo pagano quisiera mojarse.

22. Pieper, *Guide to Thomas Aquinas*, 118.

7
Los problemas de la inmovilidad divina

TOMÁS DE AQUINO fue un profesor viajero. A la edad de veintiocho años, se marchó del lado de su mentor y amigo, Alberto Magno, y viajó desde Colonia hasta su primer puesto de profesor en el priorato dominico de Santiago en París. Pocos años después, en 1256, se convirtió en maestro regente de teología en la Universidad de París. Y justo después de tres años de enseñanza allí, fue llamado, en 1259, por el Papa Alejandro IV para servir en la corte papal, ubicada en ese momento en Viterbo, a unos ochenta kilómetros al norte de Roma. Así que abandonó París y su recién construida catedral de Notre Dame para trasladarse de nuevo a Italia.[1] Tras la muerte de Urbano IV, Aquino se trasladó de Viterbo a Roma con el encargo de establecer tres nuevos colegios universitarios[2] para la orden dominica.[3] Pero al cabo de dos años, el recién elegido Papa Clemente

1. La fachada oeste de la catedral de Notre Dame, con sus dos famosos campanarios, se terminó en 1250.
2. Nota del traductor: El texto original solo indica "colleges/colegios" sin embargo, "college" en inglés no significa "colegio" en castellano. Un "college" en inglés es parecido a un instituto universitario en América Latina.
3. Véase Joseph Pieper, *The Silence of St. Thomas*, 12-13.

IV llamó a Tomás para que regresara a la corte papal. Tomás sólo estuvo dos años en Viterbo antes de ser llamado por segunda vez a la Universidad de París. Una vez más, duró tres años en París antes de ser llamado, en 1272, de vuelta a su lugar de origen, Nápoles. En Nápoles, se le pidió que fundara un nuevo colegio universitario para su propia orden dominica.

Viajó a lo largo y ancho de Europa, enseñando aquí y allá, para luego regresar a su lugar de origen: tres estancias en París, tres en Nápoles, dos en Viterbo y una en Colonia. Y aunque su ubicación siempre cambiaba, el contenido básico de su enseñanza seguía siendo el mismo. Tomás, aunque no estaba comprometido con un lugar, estaba comprometido con cristianizar a Aristóteles. Tanto si estaba en Francia como en Alemania o Italia, el Aquinate estaba decidido a enseñar que la filosofía aristotélica estaba en armonía con el dogma cristiano.

Y hay que tener en cuenta que la unificación de Aristóteles y la Biblia por parte del Aquinate no terminó con su apologética. Puesto que el Aquinate estaba convencido de que la filosofía y la teología llegan a las mismas verdades sobre la naturaleza de Dios, su teología era filosófica, y su filosofía era teológica. Era teólogo, pero también aristotélico y platónico.[4] Por ejemplo, su hermenéutica platónica configuró su comprensión de la revelación divina. Y la influencia de Aristóteles en particular puede detectarse en casi todas las líneas de la teología dogmática del Aquinate. Sus comentarios sobre la Biblia incluyen cientos de citas de Aristóteles, y sus comentarios sobre Aristóteles incluyen cientos de citas de la Biblia. En otras palabras, la filosofía del Aquinate impregnó su teología, y su teología impregnó su filosofía.

Para ser más preciso, debido a su compromiso con la metafísica de Aristóteles, Aquino añadió un atributo a la naturaleza de Dios que

4. Véase Pieper, *Guide to Thomas Aquinas*, 22.

no se revela en las Escrituras: la inmovilidad divina. Este atributo adicional, como ya hemos dicho, influyó en el resto de la teología del Aquinate. Su teología propia, su antropología, su soteriología y su Bibliología fueron moldeadas en parte por su devoción filosófica a la noción de que Dios es el que no se mueve. Pero el concepto de inmovilidad divina no sólo es incompatible con la apologética, sino que también es incompatible con la teología.

Inmovilidad divina y teología propia

Según Tomás, la simplicidad, inmutabilidad e impasibilidad divinas son enseñadas tanto por Aristóteles como por la Biblia. Sin embargo, la filosofía y la teología llegan a estos atributos divinos desde dos direcciones y con dos autoridades diferentes. Por un lado, estos atributos de Dios se deducen de la Biblia a través de su enseñanza de la autonomía absoluta de Dios. Puesto que Dios es plenamente Dios en sí mismo y por sí mismo, debe ser simple, inmutable y sin pasiones. Todo lo que hay en Dios debe ser Dios. Esto es lo que enseña la Biblia. Para Aristóteles, en cambio, estos atributos divinos se inducen a partir del principio físico de causalidad. De la suposición de que nada puede moverse por sí mismo, Aristóteles concluyó que Dios es inmóvil, y de la inmovilidad divina, dedujo que Dios es simple, inmutable e motor inmovible.

Aunque la filosofía y la teología parecen llegar al mismo destino desde direcciones opuestas, no es así. La Biblia no enseña la inamovilidad divina. Por supuesto, la Biblia afirma que Dios no se creó a sí mismo. No vino a la existencia ni necesitó ningún poder externo para actualizar ninguna potencia pasiva en su interior. Dios es Dios. Es autoexistente y no necesita nada fuera de sí mismo para ser quien es y hacer lo que quiere hacer. Sin embargo, la aseidad, independencia y absolutidad de Dios no significan que Dios no pueda elegir ejercer su poder o abstenerse de ejercerlo.

La doctrina bíblica de la simplicidad e inmutabilidad divinas no significa, como creía Aquino, inmovilidad divina. Como bien afirmaba Herman Bavinck, "La inmutabilidad . . . no debe confundirse con la monótona uniformidad o la rígida inmovilidad".[5] Para el Aquinate, el movimiento está ligado a la mutabilidad porque todo en el universo está en movimiento y es mutable. Por ello, el Aquinate no puede concebir que el movimiento no sea un atributo de la imperfección. Sin embargo, aunque esto pueda ser cierto con las cosas creadas y dependientes en movimiento, no significa que podamos estar seguros de que sea cierto con respecto a cómo funciona el movimiento en un Dios trinitario.

Y lo que es más importante, la Biblia no enseña que el movimiento sea un atributo de la imperfección. Louis Berkhof se hizo eco de la preocupación de Bavinck cuando afirmó: "La inmutabilidad divina no debe entenderse como implicando *inmovilidad*, como si no hubiera movimiento en Dios."[6] Y el puritano Willian Perkins identificó la vida de Dios como aquello "por lo cual la naturaleza divina está en perpetua acción, viviendo y *moviéndose en sí misma*." [7]

Queda una diferencia irreconciliable entre el dios de Aristóteles y el Dios trinitario de la Biblia: el motor inmovible es indiferenciado, mientras que la Trinidad es diferenciada. Además del hecho de que el motor inmóvil no puede ser la causa móvil del universo, el motor inmóvil no puede tener ninguna diferenciación *ad intra*; de lo contrario, el pensamiento(s), la voluntad(es) y el acto(s) de Dios no son todos numéricamente iguales. Y sin diferenciación dentro de Dios, no hay posibilidad real de que Dios subsista en tres personas diferen-

---

5. Bavinck, *Reformed Dogmatics*, 2:158.

6. Louis Berkhof, *Systematic Theology* (Grand Rapids: Eerdmans, 1996), 59.

7. William Perkins, "A Golden Chain," en *The Works of William Perkins*, ed. Joel Beeke (Grand Rapid: Reformation Heritage Books, 2019), 6:15. La cursiva es mía.

ciadas y distintas. En otras palabras, si no hay diferenciación *ad intra* en Dios, no hay Trinidad.

La inmovilidad divina y la Trinidad

Tomás quería tener las dos cosas: un Dios sin diferenciación y un Dios con diferenciación. Explica la naturaleza de la unidad indiferenciada de Dios antes de explicar la naturaleza de la totalidad diferenciada de Dios. En el libro 1 de *la Summa Contra Gentiles*, la naturaleza de Dios se construye sobre el fundamento de la experiencia sensorial, mientras que en el libro 4, la Trinidad se deriva de la revelación divina. Hay una razón por la que Aquino separó su explicación de la naturaleza de Dios de su explicación de la Trinidad. La teología natural del Aquinate, una "ciencia física construida por la razón humana", conducía a un Dios monadista indiferenciado, mientras que la teología revelada, a través del don de la fe, enseña que Dios es uno y al mismo tiempo una trinidad diferenciada de personas.

Tomás admitió que la razón natural no conduce a la doctrina de la Trinidad. A través de la "razón natural", afirmó el Aquinate, "podemos conocer lo que pertenece a la unidad de la esencia, pero no lo que pertenece a la distinción de las personas" (ST, 1.32.a.1). Como artículo de fe, la Trinidad debe ser revelada divinamente y aceptada por la fe. Como afirmó Brian Davies, "el Aquinate reconoce que la filosofía puede llevarnos hasta aquí y no más allá".[8]

Pero del mismo modo que es imposible conciliar la primera y la segunda prueba, también es inalcanzable conciliar la doctrina de Aquino sobre la naturaleza indiferenciada de Dios, que es una conjetura extraída de la experiencia sensorial, con la doctrina bíblica de la Trinidad, que es una realidad ontológica revelada en las Escrituras. Por ejemplo, Aquino afirmó en la parte 1 de la *Summa Contra Gentiles* que la mente, la voluntad y las acciones de Dios son idénticas,

8. Brian Davies, *The Thought of Thomas Aquinas* (Oxford: Clarendon, 1992), 190.

y porque son idénticas, son indiferenciadas e indistinguibles dentro de la mente de Dios. Sin embargo, en el libro 4 de la *Summa Contra Gentiles*, Aquino trató de explicar la Trinidad mediante la inserción de diferenciaciones entre la mente, la voluntad y las acciones de Dios.

Teología natural y no diferenciación en Dios

Puesto que Dios es acto puro, no puede haber diferenciación dentro de Dios. Aquino afirmó que "en todo compuesto debe haber actualidad y potencialidad. Porque una pluralidad de cosas no puede convertirse en una cosa, a menos que haya actualidad y potencialidad" (SCG, 1.1.18). Puesto que no hay potencialidad en Dios, no hay diferenciación dentro de Dios.

No hay diferencia entre la esencia de Dios y el conocimiento de Dios

En primer lugar, esto significa que no hay diferenciación entre la esencia de Dios y lo que Dios conoce: "Porque su ser no sólo está en conformidad con su intelecto, sino que es su mismo acto de conocer; y su acto de conocer es la medida y causa de todo otro ser y de todo otro intelecto; y él mismo es su propio ser y su propio acto de conocer" (ST. 1.16.5). En otro lugar, el Aquinate dijo: "Si muchas cosas son conocidas por Dios como conocidas principal y esencialmente, se sigue que el conocimiento de Dios está compuesto de muchas; y así, o la esencia de Dios será compuesta, o el conocimiento será accidental para Dios. Pero cualquiera de estas dos cosas es claramente imposible por lo que se ha dicho. Queda, pues, que lo que Dios entiende primera y esencialmente no es otra cosa que su sustancia" (SCG, 1.48).

No hay diferencia entre la esencia y la voluntad de Dios

En segundo lugar, y del mismo modo, el conocimiento de Dios no es distinto de su esencia. El Aquinate afirmó que "la voluntad de Dios no es distinta de su esencia", es decir, "la voluntad de Dios es su misma esencia" (SCG, 1.73).

No hay diferencia entre la esencia de Dios y sus actos

En tercer lugar, los actos de Dios son idénticos a su esencia. "Ahora bien, el poder de Dios es su sustancia", afirmó Tomás, "y su acción es también su sustancia. . . . Por tanto, el poder de Dios no es distinto de la acción" (SCG, 2.9).

No hay diferencia entre el conocimiento y la voluntad de Dios

Como no hay diferencia entre la esencia de Dios y el conocimiento de Dios, según el "Doctor Angelicus", tampoco la hay entre la esencia de Dios y la voluntad de Dios: "Puesto que Dios es un ser inteligente, como hemos demostrado, se sigue que hay una voluntad en él: no que su voluntad sea algo por encima de su esencia (como tampoco lo es su intelecto, como hemos demostrado anteriormente), sino que su voluntad es su propia sustancia, se sigue que en Dios intelecto y voluntad son una misma cosa" (SCG, 4.19).

Teología revelada y diferenciación en Dios

Si la teología natural, sin la ayuda de la revelación divina, nos enseña que Dios es lo contrario de los objetos físicos en movimiento, entonces el Aquinate concluyó con Aristóteles que Dios es indiferenciado. Pero, como se mencionó en el último capítulo, el problema es cómo conciliar el concepto de un motor inmóvil indiferenciado con el Dios trinitario de la Biblia. Aunque Aristóteles no tuvo que preocuparse por reconciliar sus creencias con la Biblia, Aquino sí. Pero por mucho que Aquino lo intentó, no pudo explicar cómo el motor inmóvil es una trinidad de personas diferenciadas. Por ejemplo, Aquino afirmó: "Aquellos que siguen la enseñanza de la fe católica deben sostener que las relaciones en Dios son reales. . . . Por tanto, en Dios debe haber alguna distinción no sólo respecto a las criaturas que difieren de él en naturaleza, sino también respecto a alguien que subsiste en la naturaleza divina" (QDP, 8.1).

Además, según el Aquinate, estas distinciones dentro de las personas de la Trinidad deben ser distinciones reales (*ad intra*): "Ahora bien, esta distinción no puede ser meramente lógica, porque las cosas que sólo son lógicamente distintas pueden predicarse unas de otras. . . . De aquí se seguiría que el Padre es el Hijo y el Hijo el Padre: porque viendo que los nombres se dan para distinguir las cosas, se seguiría que las Personas divinas difieren sólo en el nombre, lo cual es la herejía de Sabelio. Queda, pues, por decir que las relaciones en Dios son algo real" (QDP, 8:1).

¿Cómo es posible? Según Tomás, la razón por sí sola no basta para responder (QDP, 8.1). Por esta razón, Gilles Emery afirma: "Este proyecto no es un intento de 'comprender' la Trinidad, porque nuestra razón no puede captar plenamente el misterio de las relaciones en Dios".[9]

La generación del Hijo es una diferenciación dentro de la mente de Dios

Sin embargo, el Aquinate pasó a definir la procesión del Hijo como un movimiento interno que sucede dentro de la mente de Dios: "La procesión sólo existe en Dios según una acción que no tiende a nada externo, sino que permanece en el agente mismo" (ST, 1.27.a.3). Como un pensamiento que se origina y permanece en la mente, el Hijo genera desde dentro y permanece en Dios. Aquino lo explicó de esta manera: "Siempre que alguien entiende, por su mismo acto

9. Gilles Emery, *The Trinitarian Theology of St. Thomas Aquinas*, trans. Francesca Aran Murphy (Oxford: Oxford University Press, 2010), 79.

de entender, surge algo dentro de él, que es el concepto de la cosa conocida que procede de su conciencia de ella" (CJ, 1.27.a.1).

Y, según el Aquinate, esta procesión interna que tiene lugar dentro de la mente de Dios es el conocimiento que Dios tiene de sí mismo. Este autoconocimiento divino, además, crea una diferenciación interna *ad intra* dentro de Dios. Por un lado, tenemos a Dios tal como es objetivamente. Por otro lado, está la conciencia subjetiva que Dios tiene de sí mismo. Aunque sólo hay un Dios, existe una distinción o relación real dentro de Dios. Esta procesión interna es la forma en que el Aquinate explicó la generación eterna del Hijo. Como explica Ceslaus Velecky, "Santo Tomás compara la procesión del Verbo en Dios con nuestro acto de autoconciencia cuando la mente se identifica natural y objetivamente consigo misma. Así, es como si al pensar en sí mismo Dios engendrara a Dios. Él es pura inteligibilidad, y su acto de comprensión que se emite en su Verbo es idéntico a su propio ser."[10] "El Hijo de Dios", según el Aquinate, "es la Palabra y el concepto de Dios entendiéndose a sí mismo. Por tanto, el Verbo de Dios es llamado con razón sabiduría concebida o engendrada, por ser la concepción sabia de la mente divina" (SCG, 4.13).

La procesión del Espíritu es una diferenciación en la voluntad de Dios

Si el Hijo es generado por la autoconciencia del Padre, ¿cómo procede el Espíritu del Padre y del Hijo? Según el Aquinate, el Espíritu no procede de la mente de Dios, sino de la voluntad de Dios. Dios no puede dejar de amarse a sí mismo siendo plenamente consciente de sí mismo. "Además", dijo el Aquinate, "el Verbo de Dios nace de Dios por el conocimiento de sí mismo; y el Amor procede de Dios según se ama a sí mismo" (ST, 1.93.8). "El objeto amado está presente en el amante, como el objeto conocido está presente en el con-

10. Citado en Davies, *The Thought of Thomas Aquinas*, 196.

ocedor" (ST, 1a.27.3). Por tanto, dado que el Hijo genera a partir de la propia conciencia de sí del Padre, el Espíritu procede del amor de sí del Padre y del Hijo: "Porque una cosa no sería amada si no fuera conocida de algún modo; ni es la mera idea del objeto amado lo que se ama, sino el objeto en cuanto es un bien en sí mismo. De ahí que el amor por el que Dios está en su propia voluntad como el amado en el amante debe proceder tanto de la Palabra de Dios, como de Dios que pronuncia la Palabra" (SCG, 4.19).

Así pues, al igual que Dionisio, los orígenes (*generación* y *espiración*) del Hijo y del Espíritu en el Aquinate son similares a que Dios sea la causa motriz de la creación. Como Dios conoce las particularidades del universo conociéndose a sí mismo, el conocimiento que Dios tiene de sí mismo es el origen eterno (generación) del Hijo. Y como Dios quiere la creación queriéndose a sí mismo, el origen eterno del Espíritu (espiración) es su amor eterno por lo que conoce de sí mismo. Sin embargo, para Aquino, de alguna manera la Trinidad es necesaria para Dios y el universo no lo es.

La Trinidad consiste en tres diferenciaciones dentro de Dios

Sin embargo, esto significa, en la teología de Aquino, que dentro de Dios existen tres relaciones y diferenciaciones separadas:

> Y, en una naturaleza intelectual, tal acción es la del intelecto, y la de la voluntad. La procesión del Verbo pertenece a un acto de la inteligencia. En cuanto a la operación de la voluntad, para nosotros da lugar a una procesión distinta que es la del amor, por la que el objeto amado está en el amante (del mismo modo que, por la procesión del Verbo, la cosa hablada o conocida está en el conocedor). Por tanto, además de la procesión del Verbo, existe en Dios otra procesión que es la procesión del Amor. (ST, 1.27.a.3)

En otro lugar, Aquino lo explicó así:

> Hay en Dios, como en nosotros, una especie de "circulación" (*circulatio*) en las operaciones de la mente y de la voluntad: pues la voluntad vuelve a lo que el entendimiento inició. Pero con nosotros el "círculo" (*circulus*) se cierra en lo que está fuera de nosotros: el bien externo mueve nuestro intelecto, nuestro intelecto mueve la voluntad, y la voluntad vuelve a través de su apetito y amor al bien externo. Pero en Dios, el "círculo" se completa en sí mismo: pues cuando Dios se comprende a sí mismo, concibe su Verbo, que es el "fundamento" de todo lo conocido por él, ya que comprende todas las cosas comprendiéndose a sí mismo; y por medio de este Verbo, "procede" al amor de todas las cosas y de sí mismo. . . . Y completado el círculo, nada más puede añadirse a él: de modo que es imposible una tercera procesión dentro de la naturaleza divina, aunque sigue una procesión hacia la naturaleza externa. (QDP, q. 9, a. 9)

La tensión

Así, según la teología natural, Dios es sin diferenciaciones, pero según la teología revelada, Dios no es sin diferenciaciones. Gilles Emery definió la tensión de esta manera: "El intelecto y la voluntad de Dios son realmente idénticos al único ser y sustancia de Dios. Así pues, en Dios, intelecto y voluntad son una única e idéntica realidad. Pero entonces, ¿cómo se puede pensar la procesión de dos personas realmente distintas, cuando se utiliza el modo de dos atributos (intelecto y voluntad o amor) que son, en Dios, *realmente idénticos*? ¿No estaría tal empresa condenada al fracaso desde el principio?" [11]

En otras palabras, si el conocimiento que Dios tiene de sí mismo procede perfectamente de la esencia de Dios, y si el conocimiento que Dios tiene de sí mismo es idéntico a la esencia de Dios, ¿cómo

11. Gilles Emery, *The Trinitarian Theology of St. Thomas Aquinas*, trans. Francesca Aran Murphy (Oxford: Oxford University Press, 2010), 69. Cursiva original.

puede haber diferenciación alguna? Si, como dijo el Aquinate, "Su intelecto y su objeto son completamente lo mismo" (ST. 1.14.2), entonces ¿cómo puede haber una distinción real entre el Padre y el Hijo? Karen Kilby señaló que "cuanto más perfectamente procede [algo], más estrechamente es uno con la fuente de la que procede". Como explicó el Aquinate sobre el Hijo que procede del Padre, "el Verbo divino es por necesidad perfectamente uno con la fuente de la que procede, sin ningún tipo de diversidad (ST 1.27, 1 ad 2)". Kilby continuó explicando el problema con esta formación: "En Dios precisamente no podemos pensar en diferencia entre lo que procede y aquello de lo que procede: La simplicidad divina [indiferenciada] requiere la negación de esto. Tomás nos está presentando una procesión que es tan perfecta que, de hecho, no tenemos ni idea de por qué no podría llamarse también 'no procesión'." [12]

Según Tomás, la única diferencia es el "modo de inteligibilidad", afirmó Kilby. "Pero, la diferencia debemos afirmar que está sólo en nuestro modo de entender, no en Dios mismo". Kilby continúa: "Tomás se esforzó mucho en insistir en que las relaciones en Dios son relaciones reales". Sin embargo,

> también tiene una concepción de las relaciones meramente nocionales, pero hablar así de las relaciones en Dios sería caer en el sabelianismo. Y si las relaciones en Dios son reales, también son realmente distintas. Tomás insiste en este punto en el artículo 3 de la pregunta 28: las relaciones en Dios se distinguen no sólo en nuestro entendimiento, sino realmente en Dios. Así que, recapitulando, tenemos un tipo de distinción -entre una relación subsistente y la esencia- que existe sólo en "el modo de inteligibilidad", no realmente en Dios- y otro tipo de distinción -entre una relación subsistente y otra- que Tomás insiste en que existe no sólo en nuestro entendimiento sino en realidad, en Dios.

12. Karen Kilby, "Aquinas, the Trinity and the Limits of Understanding", en *International Journal of Systematic Theology*, volumen 7, número 4, octubre de 2005, 419, 420.

> Las relaciones subsistentes son cada una realmente idéntica a la esencia, y sólo diferentes en nuestro entendimiento, pero *realmente*, y no sólo en nuestro entendimiento, difieren entre sí. Lo interesante aquí es la serenidad con la que Tomás parece dejar pasar la cuestión que esto plantea. Ha planteado las cosas de tal manera que el problema salta a la vista -¿cómo pueden dos cosas ser absolutamente idénticas a una tercera y, sin embargo, no ser idénticas entre sí?-, pero apenas parece pensar que valga la pena comentarlo. [13]

Además de esta dificultad, Robert Dabney rechazó la doctrina de la Trinidad del Aquinate por otras cuatro razones:

> *Primero*: Las Escrituras nos informan de antemano, que Dios es inescrutable; y que no debemos esperar explicar su subsistencia. *Segundo*: Según esta explicación, tanto el *Νοῦς* y el Ψῦχὴ estarían compuestos, el primero de las dos especies del ser de Dios y de Su decreto; el segundo de dos sentimientos, Su autocomplacencia moral y Su volición para efectuar Su decreto. *Tercero*: Ni la 2ª ni la 3ª persona serían sustancia en absoluto, sino mera idea y sentimiento, que no tienen entidad alguna, excepto como afecciones de la sustancia del Padre. Esto nos parece una objeción tan obvia y concluyente, que sin duda el estudiante es casi incrédulo de que hombres agudos hayan propuesto seriamente una teoría que la detesta. . . . *Cuarto*: Sobre este esquema de una trinidad, no veo cómo podría evitarse la conclusión de que cada agente libre inteligente es tanto una trinidad finita en unidad como Dios es una infinita. No intentemos entonces ninguna explicación donde la explicación es imposible.[14]

Sin embargo, al intentar fusionar cosmovisiones opuestas, el Aquinate se vio obligado a hablar por los dos lados de la boca. Según Robert Letham, "Aquino sostiene que Dios no tiene composición [distinción interna]". Esto es resultado del compromiso de Aquino

13. Kilby, 422.

14. Robert L. Dabney, *Systematic Theology* (Edimburgo: Banner of Truth, 1985), 180-181.

con la teología natural de Aristóteles. Sin embargo, argumenta Letham, "se le hace muy difícil concebir tres personas distintas mientras mantiene una idea tan poderosa de simplicidad." La razón, según la teología revelada, es que "tres personas implican complejidad y contrarrestan la simplicidad absoluta."[15] Vern Poythress resumió la inconsistencia de esta manera: "Una visión aristotélica de la simplicidad identifica el intelecto de Dios con su esencia. Dentro de la esencia de Dios no puede haber diferenciación. En particular, no puede haber procesión, porque la procesión implica una fuente y un producto que puede diferenciarse de la fuente. Además, la esencia de Dios es inmutable, como inmutable es su conocimiento. Por lo tanto, si aceptamos a Aristóteles, no puede haber procesión en Dios ni en su conocimiento."[16]

Así, al final, Letham identificó correctamente el problema: "Se trata tanto de un conflicto entre una doctrina aristotélica de Dios y una doctrina bíblica".[17]

Inmovilidad divina y bibliología

Para el Aquinate, no será hasta que la muerte separe el alma del cuerpo o hasta la visión beatífica cuando escaparemos de la limitación que nos impide conocer verdaderamente al Dios incognoscible. Mientras permanezcamos atados al ámbito físico de nuestros sentidos empíricos, "no podemos conocer perfectamente a Dios tal como es en su esencia" (ST, 1.2.3).

Incluso las Escrituras, según el Aquinate, son incapaces de revelar la esencia inefable de Dios. Lo mejor que pueden hacer las Escrituras es pintar un cuadro simbólico y metafórico del Dios tras-

15. Robert Letham, *The Holy Trinity*, (Phillipsburg, NJ: P&R, 2004), 236.

16. Vern S. Poythress, *The Mystery of the Trinity: A Trinitarian Approach to the Attributes of God* (Phillipsburg, NJ: Presbyterian & Reformed, 2020), 316.

17. Robert Letham, *The Holy Trinity*, 236.

cendente utilizando nombres y términos terrenales que encuentran su significado en el mundo de la experiencia sensorial. Como afirmó el Aquinate, "es propio de la Sagrada Escritura exponer las verdades divinas y espirituales por medio de comparaciones con las cosas materiales. En efecto, Dios provee a cada cosa según la capacidad de su naturaleza. Ahora bien, es natural que el hombre llegue a las verdades intelectuales por medio de objetos sensibles, porque todo nuestro conocimiento se origina en el sentido" (ST, 1.1.9). De ahí que, como explica Gilles Emery, "esta cuestión acerca de las propiedades como significadas por nombres abstractos es menos una cuestión de la realidad divina en sí misma que de *nuestro conocimiento humano del misterio*".[18]

Esto significa que ni el hombre, mediante el uso de la filosofía, ni Dios, mediante la revelación, pueden penetrar el muro trascendental que separa a Dios del hombre. Todo lo que el hombre puede decir sobre Dios y todo lo que Dios puede decir al hombre sobre sí mismo es lo metafórico o simbólico. El simbolismo de la Escritura no es información falsa sobre Dios; simplemente no es una representación real de la esencia oculta de Dios. Simplemente no hay un punto de conexión real entre Dios y el hombre.

Fue el compromiso previo de Aquino con la metafísica de Aristóteles lo que le llevó a interpretar las Escrituras de tal manera. Pues hay que tener en cuenta que para Aristóteles el motor inmovible no puede comunicarse con el hombre. Todo lo que Dios puede hacer es pensar en su esencia indiferenciada y simple en un estado eterno de autocontemplación. El hombre, por tanto, queda abandonado a sí mismo para aprender lo que pueda sobre Dios por medio del mundo físico en el que está confinado. Y este marco filosófico fue aceptado por el Aquinate. Aunque el motor inmóvil es de alguna manera capaz de conocer y comunicarse con el hombre conociéndose a sí mismo, el

18. Emery, *The Trinitarian Theology*, 34. Cursiva original.

conocimiento que el hombre tiene de Dios permanece, sin embargo, ligado al reino físico de la experiencia sensorial. Dios puede comunicarse, pero su comunicación está restringida al uso de símbolos terrenales y metáforas físicas.

En consecuencia, si esto es así, el hombre sólo puede tener un conocimiento simbólico y abstracto de Dios. La relación del hombre con Dios no puede ser con el Dios real que permanece encerrado tras el muro trascendental. El hombre sólo puede tener una relación con una representación simbólica de Dios, y esta representación simbólica de Dios sólo puede existir en la mente del conocedor. El lenguaje bíblico que habla del amor, la misericordia y la compasión de Dios, según Aquino, es meramente antropomórfico.

Pero, como se mencionó en el capítulo 1, el Aquinate situó la teología natural como marco para comprender la teología revelada. En lugar de que la Escritura fuera suficiente para proporcionarnos sus propias reglas de interpretación (es decir, la analogía de la fe), el Aquinate subyugó el lenguaje de la Escritura a la metafísica de Aristóteles. Todo lo que la Biblia dice sobre Dios, según Tomás, debe entenderse a través de la lente extrabíblica de la filosofía. Brian Davies, que simpatiza con el Aquinate, hace esta misma observación:

> [Por un lado,] Dios es representado con frecuencia en la Biblia (aunque principalmente en el Antiguo Testamento) en términos antropomórficos, como si fuera muy parecido a un ser humano. . . . Pero, por otra parte, los autores bíblicos insisten a menudo en la diferencia entre Dios y todo lo demás, en su alteridad, en su majestad, en el misterio y lo oculto de la divinidad, y en que Dios es el hacedor del cielo y de la tierra. El discurso que enfatiza lo que podríamos llamar la trascendencia de Dios está tan presente en la Biblia como el que compara fuertemente a Dios con las personas. Y Aquino ciertamente se lo toma muy en serio. ¿Tiene razón al hacerlo por motivos bíblicos? No parece haber forma de responder a esta pregunta, ya que la Biblia no se interpreta a sí misma. En cambio, nos ofrece, sin comentarios, diferentes maneras

> de hablar de Dios, algún criterio al que podamos apelar cuando tratamos de decidir cuál de estas maneras favorecer. Los autores bíblicos no ofrecen ninguno. No hay, por ejemplo, ningún texto bíblico que nos diga que los pasajes bíblicos que hablan de Dios antropomórficamente deban privilegiarse sobre los que no lo hacen, o viceversa. *Por tanto, es evidente que necesitamos fundamentos no bíblicos para determinar cómo leer lo que la Biblia dice sobre Dios.* Aquino piensa que tenemos tales fundamentos. Éstas residen en sus razones para decir que la reflexión racional puede informarnos sobre Dios hasta cierto punto (al menos hasta el punto de poder decir que Dios existe y que ciertas cosas no pueden afirmarse literalmente de él). En este sentido, lo que podríamos llamar su filosofía de la religión influye en su manera de leer la Biblia. [19]

Como veremos, sólo cuando partimos del conocimiento de Dios, que incluye un conocimiento tanto de la trascendencia como de la inmanencia de Dios, podemos tener un fundamento para el conocimiento en absoluto.

Conclusión

Leer al Aquinate es frustrante. Al menos, para mí es frustrante porque rechazo la epistemología del Aquinate, que hunde sus raíces en los compromisos epistemológicos de Aristóteles y Dionisio. Aristóteles era un empirista y, por tanto, su epistemología se basaba en la noción de que todo conocimiento parte de la experiencia sensorial y se limita a ella. Dionisio era un místico, por lo que su epistemología se basa en la noción de que Dios es totalmente incognoscible y el lenguaje sobre Dios -incluso el lenguaje bíblico- es, en el mejor de los casos, meramente simbólico o metafórico. De ahí que la lectura del Aquinate resulte frustrante, porque en lugar de mantenerse coherente con sus compromisos epistemológicos y seguir su argumentación hasta su conclusión lógica y antibíblica, da media vuelta y afirma la ortodoxia

---

19. Brian Davies, *Thomas Aquinas on God and Evil* (Oxford: Oxford University Press, 2011), 120-121. Énfasis añadido.

de su fe católica. En otras palabras, aunque el Aquinate rechazó el deísmo de Aristóteles y el panteísmo de Dionisio, mantuvo los fundamentos epistemológicos empíricos y místicos de sus creencias. Y justo cuando crees que Aquino está a punto de decir algo que la Biblia niega, afirma las mismas verdades bíblicas que son incongruentes con su epistemología.

Aquino quería que tanto la Biblia como la filosofía de Aristóteles fueran verdaderas. Quería que la causa inconmovible no estuviera diferenciada, al tiempo que mantenía las diferenciaciones dentro del Dios trinitario de la Biblia. Quería que Dios fuera inmóvil y la causa móvil del universo. Quería que Dios fuera incognoscible y cognoscible al mismo tiempo. Simplemente quería lo imposible.

Aunque el Aquinate quería desesperadamente bautizar a Aristóteles con la ayuda de Dionisio, estoy convencido de que fue incapaz de conciliar el conflicto entre estos sistemas de pensamiento antitéticos. Al final, resulta frustrante leer al Aquinate porque conduce a sus lectores a un laberinto de contradicciones irresolubles.

8
La necesidad de la Trinidad

Tomás de Aquino era un místico. Aunque dedicó su vida a pensar en Dios, creía que, en última instancia, no se podía llegar a Dios pensando. Debido a que su teología filosófica situaba a Dios más allá del alcance de todo pensamiento cognitivo, Tomás de Aquino creía que el mejor camino hacia Dios no es a través de la mente, sino a través de una experiencia inefable.[1]

Supuestamente, fue una experiencia inefable la que hizo que Tomás de Aquino abandonara abruptamente la obra de su vida. Desde su juventud, Tomás fue inflexible en su determinación de reconciliar a Aristóteles con el cristianismo. Se entregó por completo a este empeño. Y cuando estaba a punto de cruzar la línea de meta de su obra cumbre, su *magnum opus*, de repente se detuvo. Casi había terminado un conjunto de libros en varios volúmenes que resumía toda su teología filosófica, *Summa Theologiae*, cuando dejó de escribir.

La decisión de Thomas fue como la de un aventurero que abandona el objetivo de su vida de dar la vuelta al mundo a pocos

1. Véase Bernhard Blankenhorn, *The Mystery of Union with God: Dionysian Mysticism in Albert the Great and Thomas Aquinas* (Washington DC: The Catholic University Press, 2015); y Jean-Pierre Torell, *Christ and Spiritualty in Thomas Aquinas*, trans. Bernhard Blankenhorn (Washington DC: The Catholic University Press, 2011).

kilómetros de alcanzar su meta. ¿Quién decide no terminar un libro de más de un millón y medio de palabras? De todos sus libros, ¿por qué Aquino no terminó éste? *Suma Teológica* se consideraría uno de los libros más influyentes de todos los tiempos, pero no tiene final. Cuando estaba trabajando en la sección relativa a la penitencia, se detuvo abruptamente. Pero ¿por qué?

¿Por qué Tomás, que había logrado tanto gracias a su fortaleza sin parangón, optó de repente por abandonarlo todo? Cuando el joven Tomás decidió convertirse en dominico, ni siquiera un largo encarcelamiento o el seductor atractivo de una prostituta pudieron disuadirle. Los obstáculos sólo parecían alimentar su determinación. Parecía que nada podía disuadirle de su trabajo. Durante años se pasó horas y horas quemando el aceite de medianoche. Se dice que estaba tan absorbido por sus estudios que apenas pasaba tiempo comiendo y durmiendo.[2] Al igual que Alejandro Magno, que estaba decidido a no dejar la espada hasta haber conquistado el mundo, el Aquinate parece haber estado igualmente decidido a no dejar la pluma hasta haber conquistado todas las batallas intelectuales que se le presentaban. Sencillamente, era inquebrantable en su objetivo de subyugar al "Filósofo" bajo la bandera cristiana. Sin embargo, cuando parecía estar progresando más, en la plenitud de su poder intelectual y en la cima de su carrera, decidió deliberadamente dejar la pluma y no escribir más.

¿Qué tuvo el poder de desmotivar a quien demostró una motivación sin igual? Parece que fue un acontecimiento imprevisto que tuvo lugar el 6 de diciembre de 1273. Mientras meditaba y oraba aislado tras asistir a misa en la capilla de San Nicolás de Nápoles, Tomás entró en una especie de trance. Supuestamente, tuvo un encuentro con Dios que le dejó sin habla y, según algunos, suspendido

2. Véase Grabmann, *Thomas Aquinas: His Personality and Thought*, 31.

en el aire. [3]

Después, todo lo que Tomás había escrito le pareció de repente basura. Cuando su amigo dominico y secretario, Reginaldo de Piperno (c. 1230-c. 1290), le instó a continuar escribiendo, Tomás respondió diciendo: "No puedo escribir más". Pensando que algo iba gravemente mal y tras un largo retraso, Reginaldo le preguntó por qué. "Reginaldo", respondió Tomás, "todo lo que he escrito parece paja en comparación con lo que he visto".[4] Lo que había significado el mundo para él antes de entrar en la capilla de San Nicolás parecía paja después de salir de ella. Para él, las obras de su vida no eran más que hierba seca y desarraigada, apta únicamente para ser quemada o arrojada por el viento del norte al mar Tirreno.

Creyendo que esta experiencia mística era un verdadero encuentro divino, Josef Pieper explica: "Él guarda silencio, no porque no tenga nada más que decir; guarda silencio porque se le ha permitido vislumbrar las profundidades inexpresables de ese misterio que no es alcanzado por ningún pensamiento o discurso humano".[5] Como las experiencias místicas son inefables por su propia naturaleza, son incomunicables; y como son incomunicables, Tomás ni siquiera intentó explicar la experiencia que le cambió la vida. Aunque no hay forma de saber nada sobre lo que Tomás afirmó haber encontrado, tiendo a pensar que no fue en absoluto una experiencia mística. Los relatos de Tomás levitando mientras tenía este encuentro místico parecen fantásticos y del todo increíbles. [6]

---

3. Véase G. K. Chesterton, "St. Thomas Aquinas," The Society of Gilbert Keith Chesterton, consultado el 30 de marzo de 2020, en https://www.chesterton.org/st-thomas-aquinas.

4. Torell, *Christ and Spiritualty in Thomas Aquinas*, 20.

5. Josef Pieper, *The Silence of St. Thomas*, trad. por John Murray, S. J. y Daniel O'Connor (South Bend, IN: St. Augustine's Press, 1963), 38.

6. Véase Chesterton, "St. Thomas Aquinas".

Aunque sólo sea una ilusión por mi parte, me gustaría creer que lo que hizo que el Aquinate dejara de escribir de repente no fue una experiencia mística, sino la repentina comprensión de que estaba equivocado. Aunque estoy seguro de que no fue así, me gustaría pensar que fue capaz de identificar la razón por la que su teología filosófica estaba tan plagada de tensiones irresolubles. Tal vez Tomás se dio cuenta, en un momento de intensa meditación, de que la Trinidad (y no la unicidad indiferenciada del motor inmóvil) era la respuesta a todos sus enigmas. Posiblemente llegó a la conclusión de que, en lugar de que la unicidad del motor inmóvil sea el fundamento de su teología, la unidad y la diversidad son ambas igualmente últimas. Y me gustaría pensar que llegó a la conclusión de que sólo la Trinidad puede explicar la relación entre la trascendencia y la inmanencia de Dios.

La simpleza no es lo definitivo/último

A lo largo de su vida, sin embargo, Tomás erró al hacer de la simplicidad/unidad lo último o definitivo. Este simple error lo cometió al principio de su teología filosófica. Al abrazar el aristotelismo, consideró la unidad de Dios como la realidad última. Utilizando la epistemología de Aristóteles (según la cual todo conocimiento procede de las experiencias sensoriales y se limita a ellas), Tomás dedujo que la realidad última es lo contrario de todo lo que está en movimiento. Y despojándose de todos los atributos del movimiento, el Aquinate llegó a la conclusión de que Dios es indiferenciado en su simplicidad.

Aunque Tomás intentó utilizar la Biblia para guiar y perfeccionar su teología natural (dando cabida a la trinidad de personas), siguió comprometido con la epistemología que la sustentaba. Es decir, aunque dio cabida a la Trinidad, siguió comprometido con la noción de que la simplicidad de la unidad de Dios es lo último por encima de la complejidad de la trinidad de Dios. Y aunque fue la

Biblia la que impidió al Aquinate abrazar el deísmo de Aristóteles y el panteísmo de Dionisio, fue la filosofía de Aristóteles y Dionisio la que dio forma a la interpretación que el Aquinate hizo de la Biblia.

Al recurrir a la teología natural antes que a la teología revelada, el Aquinate situó la simplicidad del motor inmóvil como fundamento de su comprensión de la complejidad de la Trinidad. Según Philip Butin, "En contraste con la forma intrínsecamente trinitaria de Lombardo de tratar la doctrina de Dios, la teología medieval a partir de Aquino colocó típicamente el tratado 'Sobre el Dios Trino' después de un tratado previo 'Sobre el Dios Único'". Y la motivación detrás de este cambio, según Butin, fue el deseo de Aquino de reconciliar la filosofía con el cristianismo: "Una preocupación prominente que reforzaba esta forma de tratar la Trinidad era el deseo de reconciliar lógicamente el concepto cristiano del Dios trino con la (también influyente) concepción filosófica griega de Dios como ser totalmente trascendente e inefable". [7]

Por ello, Tomás tuvo dificultades para dar sentido a las diferenciaciones dentro de la Trinidad, como señala Robert Letham:

> Tomás de Aquino (1225-1274), en su *Summa contra Gentiles,* y también en su *Summa Theologiae,* separó su discusión sobre el Dios único de la de la trinidad. En *SCG,* todo el Libro I trata de la existencia, naturaleza y atributos de Dios, mientras que la trinidad queda relegada al Libro IV. En *ST* se sigue el mismo patrón, aunque ambos son consecutivos en lugar de estar separados. Cabe destacar que *ST* comienza con una enfática discusión sobre la simplicidad de Dios. . . . Pero con Aquino, tan dominante es el tema que se hace difícil dar cuenta de las tres personas. Con la fuerte prioridad de la esencia -la esencia está antes que las personas- resulta una doctrina de Dios fundamentalmente *impersonal.* . . . Sin embargo, lo que llama la atención en el Aquinate

7. Philip Walker Butin, *Revelation, Redemption, and Response: Calvin's Trinitarian Understanding of the Divine-Human Relationship* (Nueva York: Oxford University Press, 1995), 12.

> es el lugar que le concede y el énfasis que pone en ella. Llega incluso a equiparar el ser de Dios y sus atributos: debido a su doctrina de la simplicidad, la voluntad de Dios es idéntica e indistinguible de su ser. Esto conduciría lógicamente a una doctrina de la necesidad de la creación, o a la coeternidad de la materia (ambas negadas por el Aquinate). [8]

Del mismo modo, Kilby concluye que "la impresión que esto deja, según Rahner y muchos que han acordado con su queja, es que primero se puede decir mucho sobre Dios -sobre la simplicidad, perfección y eternidad de Dios- . . . antes de llegar a reflexionar sobre Dios como Trinidad. La Trinidad se convierte en una especie de idea tardía, que uno lucha valientemente, pero sin mucho éxito, para dar sentido en el contexto de una imagen ya dibujada de Dios." [9]

Y éste es el problema básico de la ontología de Tomás. Al hacer primaria la unicidad de Dios, la diversidad de Dios se hace difícil de explicar. Esto ha llevado a Craig Cater a comentar:

> No podemos decir nada sobre la diferencia entre las tres personas, salvo lo que revela la Escritura, es decir, las relaciones de origen. No podemos decir cuál es la diferencia ontológica exacta entre hipóstasis y ousia. Originalmente estas dos palabras griegas eran sinónimos; la decisión de aplicar una al Padre, al Hijo y al Espíritu y la otra a Dios en general se tomó para que pudiéramos decir cosas distintas sobre el ser de Dios y de las tres y no nos confundiéramos. Pero no sabemos cuál es la diferencia más allá del hecho de las relaciones de origen. Esto es el límite del misterio.[10]

---

8. Robert Letham, "John Owen's Doctrine of the Trinity in Its Catholic Context and Its Significance for Today," *John Owen: The Life, Thought, and Writings of John Owen (1616-83)*, consultado el 30 de marzo de 2020, http://johnowen.org/media/letham_owen.pdf.

9. Karen Kilby, "Aquinas, the Trinity and the Limits of Understanding", en *International Journal of Systematic Theology*, volumen 7, número 4, octubre de 2005, 414-427, 415.

10. Craig A. Carter, "Contemplating God with the Great Tradition: An In-

Hacer de la unicidad de Dios lo último y el prisma en el que se entienden las tres personas de la Divinidad conduce a una multitud de otros problemas. No sólo descarta cualquier distinción conocible dentro de las tres personas de la Divinidad, sino también un universo temporal. Más que eso, descarta a un Dios conocible y relacionable. Aunque anteponer la simplicidad de Dios a su diversidad puede resaltar su absolutidad y trascendencia, lo hace a expensas de su relacionabilidad e inmanencia. Un Dios totalmente otro es un Dios totalmente incognoscible. Un Dios inmóvil es un Dios sin diferenciación. Y un Dios sin diferenciación es un Dios no trinitario que no puede crear, comunicar o relacionarse. Craig Carter, por ejemplo, negó la relacionabilidad de Dios. Llega a decir: "Los dioses falsos son relacionales porque son criaturas; Yahvé no es relacional porque no es una criatura. Por lo tanto, adorar a un dios relacional es adorar a la criatura más que al Creador, que es la definición de idolatría de Pablo en Romanos 1:22".[11]

La diversidad no es lo último

Para combatir esas dificultades, los teístas abiertos han ido demasiado lejos en la dirección opuesta y han hecho de la *diversidad* de Dios lo último, en lugar de la *complejidad* de Dios. En lugar de que Dios sea el que no se mueve, es, según Clark Pinnock, el que más se mueve. "¿Realmente queremos suponer", pregunta Pinnock, "que Dios es un motor inmovible o algo que se le aproxime?".[12]

Según Pinnock, no existe una posición intermedia entre un

terview with Craig Carter," *Credo Magazine*, 22 de junio de 2020, Vol. 10, Núm. 2. 12 de agosto de 2020, https://credomag.com/article/contemplating-god-with-the-great-tradition.

11. Carter, "Contemplating God".

12. Clark Pinnock, *Most Moved Mover: A Theology of God's Openness* (Grand Rapids: Baker Academic, 2001), 70.

Dios absoluto y un Dios relacionable. O es una cosa o es la otra. O es motor inmovible o es "el que más se mueve". Si Dios es independiente, no puede ser personal. O si Dios es personal, ya no es independiente. En otras palabras, Dios no puede ser trascendente e inmanente al mismo tiempo porque, como afirma Pinnock, "los atributos convencionales se elevan y caen juntos". Si Dios es personal y entra en relaciones, no puede ser inmutable en todos los aspectos, eternamente eterno, motor inmovible o meticulosamente soberano. Una reforma fragmentaria no servirá; necesitamos un replanteamiento profundo".[13]

Por tanto, Pinnock anteponía la inmanencia y la relacionabilidad de Dios a su trascendencia y absolutismo: "Debemos ver a Dios en términos personales, no absolutistas. La categoría principal en el teísmo cristiano es persona, no sustancia".[14] Según Pinnock, Dios puede relacionarse porque no es absoluto. Y Dios está abierto al cambio porque no es inmutable.

Al final, aunque los teístas abiertos hacen hincapié en la inmanencia y fiabilidad de Dios, lo hacen a expensas de la trascendencia e independencia de Dios. Dios se parece tanto a nosotros que deja de ser independiente de nosotros. Al igual que Aristóteles, los teístas abiertos destruyen la independencia de Dios, pero lo hacen desde la otra dirección. De este modo, los teístas abiertos anteponen la diversidad de Dios a su simplicidad. En última instancia, Dios es el que más se mueve porque se mueve por todo lo que está fuera de él.

La simplicidad y la diversidad son igualmente definitivas

Sin embargo, la Biblia no sitúa la simplicidad de Dios por encima de su diversidad, ni su diversidad por encima de su simplicidad. Más

13. Pinnock, 72.

14. Pinnock, 79.

bien, *lo uno* y *lo múltiple* son igualmente últimos [o definitivos] en Dios. Dios es a la vez simple y diverso. Puesto que Dios es a la vez uno (en su esencia) y múltiple (en la diversidad de sus personas), tanto la simplicidad como la diferenciación en Dios son coeternas y co-necesarias. El uno y los muchos, por necesidad lógica, deben ser co-esenciales, o de otro modo, si el uno fuera último, no habría explicación lógica para la existencia de los muchos. Y, a la inversa, si los muchos fueran últimos, no habría explicación lógica para la existencia del uno. [15]

La simplicidad de Dios, por tanto, debe entenderse a la luz de la diversidad de Dios, y la diversidad de Dios debe entenderse a la luz de la simplicidad de Dios. Agustín afirmaba que Dios era a la vez simple y múltiple: "Para Dios es lo mismo ser que ser poderoso o justo o sabio o cualquier otra cosa que pueda decirse de su simple multiplicidad o de su múltiple simplicidad para significar su sustancia".[16] Asimismo, siguiendo a Agustín, Bavinck dijo: "Dios es, pues, simple en su multiplicidad y múltiple en su simplicidad."[17] Calvino dijo: "Aquel pasaje de Gregorio Nacianceno me deleita enormemente: 'No

---

15. Cornelius Van Til afirmaba: "Utilizando el lenguaje de la cuestión de lo Uno y lo Múltiple, sostenemos que en Dios lo uno y lo múltiple son igualmente últimos. La unidad en Dios no es más fundamental que la diversidad, y la diversidad en Dios no es más fundamental que la unidad. Las personas de la Trinidad se agotan mutuamente. El Hijo y el Espíritu son ontológicamente iguales al Padre" (*Defense of the Faith*, 25). Y Vern Poythress dice: "La unidad no surge después de la diversidad, como si Dios comenzara como tres personas independientes que en algún momento acordaran combinar sus esfuerzos y convertirse en uno. O la diversidad surge después de la unidad, como si Dios comenzara como una unidad puramente indiferenciada y luego se dividiera en tres, o se manifestara de tres maneras" (*Redeeming Philosophy*, 57).

16. Agustín, *The Trinity*, trans. Edmund Hill, ed. John E. Rotelle (Hyde Park, NY: New City, 1991), 209.

17. Bavinck, *Reformed Dogmatics*, 2:177.

puedo pensar en el uno sin ser rápidamente rodeado por el esplendor de los tres; ni puedo discernir los tres sin ser inmediatamente llevado de vuelta al uno.'"[18]

No podemos entender adecuadamente la esencia simple de Dios sin entender la trinidad de personas dentro de la Divinidad.[19] Aunque Dios es simple y absoluto en su esencia, también es inherentemente personal dentro de las interrelaciones de las tres personas divinas. Francis Turretin dijo que hay una clara distinción entre la esencia única de Dios y las tres personas de Dios. "La primera", afirmaba, "es absoluta, las segundas son relativas".[20] Dios, en sí mismo, es a la vez absoluto y personal. Según Robert Letham, "La doctrina de la Trinidad afirma que Dios es personal, siendo sus acciones las de un agente personal, lo que otras concepciones religiosas no pueden permitir."[21]

Dado que Dios es trino, existen distinciones eternas e intrínsecas entre las tres personas de la Divinidad. El Padre sabe, por ejemplo, que no es ni el Hijo ni el Espíritu; el Hijo sabe que no es ni el Padre

---

18. Calvino, *Institutos*, 1.13.17. El pasaje de Gregorio Nacianceno al que se refiere Calvino dice así: "Apenas concibo el uno, me ilumina el esplendor de los tres; apenas los distingo, me devuelve al uno. Cuando pienso en cualquiera de los tres, pienso en él como en el todo, y mis ojos se llenan, y la mayor parte de lo que estoy pensando se me escapa. No puedo captar la grandeza de ese uno para atribuir una grandeza mayor al resto. Cuando contemplo a los tres juntos, no veo más que una antorcha, y no puedo dividir ni dosificar la luz indivisa" (*Orations*, 40.41).

19. Para un excelente artículo sobre la relación entre la simplicidad divina y la Trinidad, véase Thomas H. McCall, "Trinity Doctrine, Plain and Simple", en *Advancing Trinitarian Theology* (Grand Rapids: Zondervan, 2014).

20. Frances Turretin, *Institutes of Elenctic Theology*, trad. George Musgrave Giger, ed. James T. Dennison, Jr., (Phillipsburg, NJ: Presbyterian and Reformed, 1992), 1:278.

21. Letham, *Systematic Theology*, 46.

ni el Espíritu; y el Espíritu sabe que no es ni el Padre ni el Hijo.[22] La interacción y comunión entre las tres personas de la Divinidad puede verse en la doctrina bíblica del pacto de redención, en la que el Padre dio al Hijo un pueblo elegido (Juan 6:37-39).

En cualquier caso, la simplicidad y la diversidad de Dios son tan últimas [o definitivas] como igualmente necesarias y coeternas. Cuando la doctrina de la simplicidad se entiende a la luz de la diversidad de Dios, se evita que caigamos en una comprensión indiferenciada, impersonal e inefable de la doctrina de la simplicidad. Robert Dabney explicó la doctrina de la simplicidad divina de esta manera:

> Los teólogos acostumbran a afirmar que la sustancia divina es absolutamente simple. Si con esto se quiere decir que Él no está compuesto, que Su sustancia es inefablemente homogénea, que no existe por reunión de átomos, y que no es discernible, es verdad. . . . Pero que Dios es más simple que los espíritus finitos en esto, que en Él la sustancia y el atributo son uno y lo mismo, como no lo son en ellos, no sé nada. El argumento es que, como Dios es inmutablemente lo que es, sin sucesión, su esencia no pasa, como la nuestra, de modo en modo de ser, y de acto en acto, sino que es siempre todos los modos, y ejerce todos los actos; por tanto, sus modos y actos son Él mismo. El pensamiento de Dios es Dios. Él no es activo, sino actividad. Respondo que si esto significa más de lo que es verdad para el alma de un hombre, a saber: que su pensamiento no es ninguna entidad, excepto el alma que piensa; que su pensamiento, como abstraído del alma que lo piensa, es sólo una

22. Los eunomianos (es decir, los neoarrianos) negaron la doctrina ortodoxa de la Trinidad aplicando la lógica aristotélica a la doctrina de la simplicidad divina. Argumentaban que si no hay distinciones dentro de Dios, entonces sólo el Padre existe *a se* (no depende de nada fuera de sí mismo). La *unidad* última se reduce al Padre: sólo él posee la esencia simple de la divinidad. La esencia del Hijo se genera a partir del Padre, y la esencia del Espíritu procede del Padre y del Hijo, ya que están ontológica y eternamente subordinados al Padre, que es el único Dios Todopoderoso. Véase McCall "Trinity Doctrine, Plain and Simple", 46.

abstracción y no una cosa; es indudablemente falso. Porque entonces habríamos llegado a la noción panteísta de que Dios no tiene otro ser que la serie infinita de sus propias conciencias y actos. Tampoco estaríamos lejos del otro resultado de esta teoría caída; que todo lo que es, es Dios. Pues quien ha identificado así los actos de Dios con su ser, identificará a continuación los efectos de los mismos, la existencia de las criaturas con ello.[23]

Por ello, Vern Poythress pone el dedo en el corazón del problema:

La dificultad estriba en que, a menos que comprendamos que el carácter trinitario de Dios es ontológicamente básico, haremos como Aristóteles. Utilizaremos la razón autónoma para producir un sistema último de categorías. Y entonces terminamos usando un marco de categorías que prioriza la unidad o bien prioriza la diversidad. Es decir, aceptamos algún tipo de jerarquización, en lugar de partir de la Trinidad. Si hacemos eso, no aceptamos la ultimidad tanto de la unidad como de la diversidad en la Trinidad. Y no partimos de la Trinidad para considerar cómo Dios puede haber creado el mundo con una estructura de unidad y diversidad en armonía con lo que Él es como Dios trinitario. [24]

Un sistema que da prioridad a la unidad tiende a acabar con un principio supremo de unidad que no contiene diversidad. La diversidad viene después. Entonces tenemos alguna forma de unitarismo o modalismo o el "Uno" de Plotino o una visión aristotélica de la simplicidad y de la unidad de la forma aristotélica.

La Trinidad permite un Dios que se mueve por sí mismo

La Trinidad, por tanto, es la solución a uno de los problemas más complejos de la filosofía y la teología: el problema de "lo uno y

23. Robert L. Dabney, *Systematic Theology* (Edimburgo: Banner of Truth, 1996), 43 44.

24. Poythress, *The Mystery of the Trinity*, 320

lo múltiple". En consecuencia, Dios no es ni el motor inmovible ni el motor que más se mueve. El motor inmovible no puede moverse a sí mismo, y el motor más movido es movido por cosas externas a él. El que no se mueve no es personal, mientras que el motor más móvil no es absoluto.

La Trinidad es el único ser (porque es a la vez uno y muchos) que puede moverse *ad intra*. Aristóteles observó que nada en el universo puede moverse por sí mismo. Para que algo sea automóvil, tiene que ser inamovible y móvil al mismo tiempo. Y esto, según Aristóteles, parecía imposible. Sin embargo, Aristóteles no tenía el concepto de un ser trino.

Pero un Dios que se mueve por sí mismo es lo que encontramos en el Dios trinitario de la Biblia. Dios es a la vez inmutable en su esencia sin estar restringido a un estado estático e inmóvil dentro de las relaciones de las tres personas. El Padre, como persona distinta, está intrínsecamente movido a amar y glorificar al Hijo, y del mismo modo, el Hijo y el Espíritu están movidos a amar y glorificar al Padre. El Hijo procede eternamente del Padre, y el Espíritu procede eternamente del Padre y del Hijo. Cada una de las tres personas distintas es movida *ad intra* a compartir, comunicar, dar, amar y glorificar a la otra por el valor infinito que constantemente ven en la otra. Están en un estado eterno de relacionarse, comunicarse, interactuar y compartir su gloria entre sí. Es decir, dentro de la Divinidad, hay un estado necesario y eterno de movimiento (es decir, procesión e interacción) entre las tres personas sin que se produzca ningún cambio en la unidad de su simple esencia.[25]

25. La Trinidad puede interactuar con la creación de forma personal e inmanente porque es inherentemente capaz de diferenciar entre las cosas que están dentro de sí y las que están fuera de sí. Dado que la diversidad es esencial para la Divinidad, Dios puede distinguir entre sus pensamientos, emociones, actos y acontecimientos relacionados con el tiempo. Sin embargo, permanece trascendente y separado de la creación porque su unidad también es esencial a su na-

La palabra *automobile* [inglés para automóvil] tiene su origen en la unión de dos palabras francesas *auto*, que significa "uno mismo", y *mobile*, que significa "móvil". Así pues, un automóvil es algo que se mueve por sí mismo. Pero en realidad esto no puede decirse de los vehículos fabricados por el hombre que necesitan un conductor y combustible. Los vehículos no se mueven solos. En sentido estricto, la palabra *automóvil* sólo se aplica a Dios. Sólo el Dios trino se mueve por sí mismo de forma autónoma. A diferencia del motor inmóvil de Aristóteles, el Dios de la Biblia no necesita el universo como vehículo de movimiento. Dios no depende de nada fuera de sí mismo. Dios no está anclado en un estado inamovible, pues puede actuar, moverse, crear, destruir y hacer lo que le plazca.

Además, este estado eterno de movimiento dentro de la Trinidad no es un cambio en la inmutabilidad de Dios. El movimiento propio no es un atributo de imperfección. Es precisamente lo contrario. Si Dios no pudiera moverse, no sería perfecto, pues no podría amar, crear ni relacionarse. Si no pudiera moverse a sí mismo, dependería de algo exterior a él para amar, crear y relacionarse. Por esta razón, el puritano inglés Thomas Goodwin observa: "Si la naturaleza divina no hubiera permitido tener en ella tres personas realmente distintas,

---

turaleza. Como puede distinguir entre su voluntad de decreto y su voluntad de mando, es capaz de interactuar providente y emocionalmente con la creación de un modo personal. Pero Dios también conoce y ve todas las cosas a la vez. Y, en última instancia, nada puede hacer sufrir a Dios porque conoce y controla todas las cosas sin que se produzca ningún cambio en su interior. En resumen, sin la diversidad de las tres personas, la simplicidad de Dios conduciría al panteísmo. A la inversa, sin la unicidad de la esencia de Dios, las propiedades relacionales inherentes a la Trinidad conducirían al teísmo abierto. Aunque desde direcciones diferentes, tanto el panteísmo como el teísmo abierto hacen que Dios dependa de la creación. La ultimidad igualitaria de la unicidad y la diversidad de la Trinidad es la única salvaguardia para evitar que caigamos a uno u otro lado de la zanja.

conociéndose, regocijándose, gloriándose y hablándose mutuamente, no habría habido una perfección de bienaventuranza".[26]

La Trinidad permite un universo temporal

Puesto que una deidad monista e indiferenciada no puede desplegar actos de poder intencionales y temporales, un universo temporal no podría haber surgido de la nada. Aquino admitió que la filosofía, a través de la sola razón, no conduce a un universo temporal, sino que, más bien, un universo temporal tenía que ser un artículo de fe. En todo esto, fue incapaz de conciliar cómo Dios podía ser a la vez inmóvil y causa eficiente de un universo temporal.

Pero la respuesta es sencilla si desechamos el motor inmóvil de Aristóteles y ponemos la Trinidad en su lugar. Ya que Dios es trino, no es inmóvil. Como es capaz de moverse a sí mismo, es la causa móvil del universo. Como no está estancado en un estado inmóvil, la creación no tiene por qué ser necesaria o eterna. El Dios que se mueve a sí mismo es libre de crear, gobernar y relacionarse sin alterar su esencia simple en el proceso. Dios no tiene que adquirir nuevas propiedades para crear; simplemente tenía todo lo que necesitaba dentro de su naturaleza inmutable, eterna y trina para actuar libremente en el tiempo y el espacio.

La Trinidad permite un Dios cognoscible

La Trinidad también permite una diferenciación real dentro del conocimiento de Dios. El Padre sabe que no es el Hijo, y el Hijo sabe que no es el Padre. Tal distinción cognitiva dentro de Dios nos da razones para creer que Dios es capaz de hacer otras distinciones dentro de sí mismo. Sin tales distinciones, Aristóteles tiene razón cuando afirma: "Si son uno en número, todas las cosas serán iguales" (*Metaf.*, 11.2).

26. Thomas Goodwin, *The Works of Thomas Goodwin* (Edimburgo: James Nichol, 1864), 9:145.

Y si Dios no puede distinguir entre su mente, voluntad y actos, entonces Dios no podría comunicarnos estas distinciones.

Calvino dice que sin diferenciación dentro de Dios, "sólo el nombre desnudo y vacío de Dios revolotea en nuestros cerebros, con exclusión del verdadero Dios".[27] Comentando esto, B. B. Warfield comenta: "Según Calvino, entonces, parecería que no puede haber tal cosa como un Dios monadista; la idea de multiformidad entra en la noción misma de Dios."[28] Y Bavinck afirma: "Sobre la base de la revelación de Dios es nuestra obligación . . . aferrarnos a la creencia de que, aunque cada atributo es idéntico con el ser divino, los atributos son, sin embargo, distintos." Y continúa: "Esta diversidad de atributos, además, no choca con la simplicidad de Dios".[29] A modo de explicación, Geerhardus Vos afirma,

> ¿Podemos decir también que los atributos de Dios no se distinguen unos de otros? Esto es extremadamente arriesgado. Podemos contentarnos con decir que todos los atributos de Dios están estrechamente relacionados entre sí y se compenetran en la más íntima unidad. Sin embargo, no significa en modo alguno que deban identificarse entre sí. También en Dios, por ejemplo, el amor y la justicia no son lo mismo, aunque funcionan juntos perfectamente en completa armonía. No podemos dejar que todo se entremezcle de forma panteísta, porque eso sería el fin de nuestro conocimiento objetivo de Dios.[30]

---

27. Calvino, *Institutes*, 1.13.2.

28. B. B. Warfield, *Calvin's Doctrine of the Trinity*, en *Works of Benjamin B. Warfield* (Grand Rapids: Baker Books, 2003), 5.191. "Para evitar la identidad en blanco del panteísmo", afirma Van Til, "debemos insistir en una identidad que sea exhaustivamente correlativa a las diferenciaciones dentro de la Divinidad". *An Introduction to Systematic Theology* (Phillipsburg, NJ: P&R, 2007), 273.

29. Bavinck, *Reformed Dogmatics*, 2:125, 2:127.

30. Geerhardus Vos, "Theology Proper", en *Reformed Dogmatics*, trad. y ed. Richard B. Gaffin (Bellingham, WA: Lexham, 2012-2014), 1:5. Richard B. Gaffin

La Trinidad permite un Dios absoluto y relacional

Una deidad monadista o panteísta es totalmente incognoscible. Puesto que un dios así no puede entenderse con términos o conceptos humanos, es totalmente trascendente e inalcanzable. Sin embargo, es evidente que el Dios trino de la Biblia puede revelarse a sí mismo. Es más, el Dios trino de la Biblia puede entablar una relación real con nosotros. Las propiedades necesarias para que el Dios trino entable nuevas relaciones ya estaban presentes en él desde toda la eternidad. Si el Padre, el Hijo y el Espíritu Santo no estuvieran en un estado eterno de comunicación y relación consigo mismos, entonces la comunicación y la relación no serían una parte esencial de la naturaleza de Dios. Comunicarse y relacionarse no son nada nuevo para Dios.

Thomas Goodwin habló de la relación eterna entre las tres personas de la Divinidad, que, según él, consistía en el compartir mutuo de "vida", "interés", "comunicación", "conocimiento", "descubrimiento de la mente del otro", "amor" y "gloria", como bases de la relación que Dios entabla con su pueblo.[31] "Este motivo, extraído de la Trinidad", argumenta Goodwin, "se divide en dos ramas, que en sí mismas son distintas, y aparte para ser consideradas".[32] Goodwin elucida:

> 1. Su unidad en esencia; o que el Padre, y el Hijo, y el Espíritu, tienen, en su común y bendito goce, una y la misma Divinidad, y todas las perfecciones de ella; y cómo esto les movió a hacer a las criaturas partícipes del mismo goce, hasta donde las criaturas posiblemente son capaces.

(Bellingham, WA: Lexham, 2012-2014), 1:5.

31. Véase *Thomas Goodwin*, "The Knowledge of God the Father and His Son Jesus Christ", en *The Works of Thomas Goodwin* (Grand Rapids: Reformation Heritage Books, 2006), 4:365.

32. *Thomas Goodwin*, "A Discourse of Election", en *The Works of Thomas Goodwin* (Edimburgo: James Nichol, 1864), 9:133.

> 2. La segunda es, su mutua relación y sociedad, como personas, una con la otra, y la dulzura de esa conversación que esas tres personas tenían entre sí; eso también era un incentivo para dejar de ser criaturas y comulgar en una participación de esa dulce sociedad.
>
> Se trata de nociones y consideraciones diferentes; la primera se basa en la unidad de las tres personas en un único goce de esa única Divinidad; la otra en las conversaciones que mantienen entre sí, como personas que subsisten en esa Divinidad, glorificándose, amándose y hablándose desde siempre. [33]

En otras palabras, el Dios trino no tuvo que adquirir nuevas propiedades para comunicarse o relacionarse. Amar, compartir y comunicarse son capacidades intrínsecas del Dios trino. Y, según Michael Reeves, el amor fue "el motivo de la creación". Como él explica, "El Padre le amó [al Hijo] antes de la creación del mundo, y la razón por la que el Padre le envía es para que el amor del Padre por él esté también en los demás. Por eso el Hijo sale del Padre, tanto en la creación como en la salvación: para que el amor del Padre por el Hijo sea compartido".[34]

Y este mismo amor que movió a Dios a crear es el mismo amor que movió a Dios a entrar en relaciones individuales con su pueblo elegido. El Padre, por amor a su Hijo, le dio un pueblo. Y el Hijo, por amor a su Padre, aceptó redimir a su pueblo para el Padre. El amor del Espíritu por el Padre y el Hijo le motivó a revelar el Padre y el Hijo al pueblo de Dios en la salvación. Dios no tuvo que crear, sino que, por amor a su propia gloria, eligió libremente hacerlo (Ef 1:3-14). Y para su propia gloria, Dios decidió compartir su amor con nosotros. Según B. B. Warfield:

---

33. Goodwin, 9:133.

34. Reeves, *Delighting in the Trinity*, 47, 44.

> Por lo tanto, por difícil que sea la idea de la Trinidad en sí misma, no se nos presenta como una carga añadida a nuestra inteligencia; más bien nos aporta la solución de las dificultades más profundas y persistentes en nuestra concepción de Dios como Ser moral infinito, e ilumina, enriquece y eleva todo nuestro pensamiento sobre Dios. . . . En consecuencia, sólo tiene un teísmo estable. Esto es tanto como decir que el teísmo requiere la concepción enriquecedora de la Trinidad para darle un asidero permanente en la mente humana: a la mente le resulta difícil descansar en la idea de una unidad abstracta para su Dios; y que el corazón humano clama por el Dios vivo en cuyo Ser existe esa plenitud de vida que sólo la concepción de la Trinidad proporciona.[35]

La Trinidad permite a Dios ser a la vez trascendente e inmanente

Con la Trinidad, existe una clara distinción Creador/criatura, ya que Dios creó el universo de la nada en un momento determinado. Sólo el Dios trino existía antes de la fundación del mundo. No había nada más que Dios hasta que Dios habló intencionadamente el universo a la existencia a partir de la nada. Y como Dios y el universo no consisten en la misma sustancia ontológica, Dios sigue siendo trascendente. Pero Dios también es inmanente porque no está excluido del tiempo y del espacio, ya que interactúa personalmente con aquellos a quienes ha hecho a su semejanza ética. "Aunque inmutable en sí mismo", afirma Bavinck, "sin embargo, por así decirlo, vive la vida de sus criaturas y participa en todos sus estados cambiantes". Porque, como continúa diciendo Bavinck, "aunque eterno en sí mismo, Dios puede, sin embargo, entrar en el tiempo y, aunque inconmensurable en sí mismo, puede llenar cada centímetro cúbico de espacio con su presencia. En otras palabras, aunque Él mismo es el ser absoluto, Dios puede dar a los seres transitorios una existencia

35. Benjamin B. Warfield, *Biblical Doctrine* (Edimburgo: Banner of Truth, 1988), 139.

propia distinta".[36] En esto vemos cómo Dios permanece por encima de nosotros y vive entre nosotros.

Esto, según Bavinck, es lo que hace a Dios tan glorioso. Una cosa es que el ser perfecto habite en un lugar alto y sublime, pero tanto más glorioso es que este ser trascendente elija habitar con los de espíritu humilde y contrito (Is 57,15). "Es una señal de la grandeza de Dios", observa Bavinck, "que pueda descender al nivel de sus criaturas y, aunque trascendente, pueda habitar inmanentemente en todos los seres creados. Sin perderse a sí mismo, Dios puede darse, y, manteniendo absolutamente su inmutabilidad, puede entrar en un número infinito de relaciones con sus criaturas."[37]

Lo absurdo de la teología natural

Sin la Trinidad, todo se desmorona. Douglas Kelly tenía razón cuando afirmó: "Los sistemas de pensamiento que rechazan la Santísima Trinidad necesitan algún otro punto de referencia último para que su sistema funcione; alguna cosa necesaria."[38] Por lo tanto, Tomás de Aquino dijo correctamente que la filosofía tiene sus límites. Sin embargo, los límites de la filosofía son más limitados de lo que Aquino entendía. La filosofía es incapaz de explicar no sólo un universo temporal y la diversidad trinitaria dentro de la Divinidad, sino también la verdadera naturaleza de la unicidad de Dios. La filosofía es buena para plantear preguntas, pero no tanto para responderlas, porque no tiene acceso a los datos necesarios (es decir, la Trinidad) para forjar una cosmovisión coherente.

Como ya se ha dicho, fue en la sabiduría de Dios que Dios determinó que el hombre, en su sabiduría, es incapaz de llegar al con-

36. Bavinck, *Reformed Dogmatics*, 2:158.

37. Bavinck, 2:159.

38. Kelly, *Systematic Theology: Grounded in Holy Scripture and Understood in Light of the Church* (Fearn, Ross-shire: Christian Focus, 2008-2014), 1:74-75.

ocimiento de Dios (1 Co 1:21). Sin someterse a la revelación divina, la humanidad queda librada a sí misma para andar a tientas y sin rumbo en las tinieblas. Esto se debe a que la teología natural, sea cual sea la dirección que tome, conduce a inherentes contradicciones. Principalmente, la filosofía, con el solo uso de la razón, no puede explicar la relación entre el Dios absoluto y un universo contingente. "¿Por qué hay algo en lugar de nada?" es una de las preguntas fundamentales de la filosofía.[39] Pero es una pregunta que la filosofía no puede responder.

Por un lado, el universo no puede explicarse a sí mismo. Un universo contingente no tiene sentido sin un creador absoluto. Sin algo fijo, inamovible y absoluto, todo está en proceso. Y quienes aceptan esta conclusión no pueden evitar caer en algún tipo de absurdo relativista. Por ejemplo, un convencido materialista, William Provine, comprendió la consecuencia lógica de un universo cerrado cuando concluyó: "No existen leyes morales o éticas inherentes, ni principios rectores absolutos para la sociedad humana. El universo no se preocupa por nosotros y no tenemos un sentido último de la vida".[40] Sin un Dios absoluto, no existe una norma unificadora de la verdad. Para quienes se preocupan siquiera de intentar recoger los fragmentos irregulares y rotos, todo lo que queda son diversos sistemas de pensamiento incoherentes y autorreferencialmente absurdos, como diversas formas de existencialismo, relativismo y nihilismo.

Por otra parte, es difícil entender cómo un Dios absoluto, como el motor inmovible de Aristóteles, puede crear un universo contingente sin perder su absolutidad en el proceso. Por supuesto, Aristóteles no lo creía posible. Una vez que Dios crea y se relaciona, deja

39. Véase Gottfried Leibniz, *The Monadology*, trad. Nicholas Rescher (Pittsburgh: University of Pittsburgh Press, 1991), 135.

40. William Provine, "Scientists, Face It! Science and Religion Are Incompatible," *The Scientist*, 2[16]:10, 5 de septiembre de 1988.

de ser el motor inmovible. Parece que un Dios absoluto no puede relacionarse, y un Dios que se relaciona no puede ser absoluto. No importa qué dirección tomen los filósofos, o bien la trascendencia de Dios anulará la inmanencia de Dios, o bien la inmanencia de Dios anulará la trascendencia de Dios; y en ambos casos (viendo que existe el universo), la independencia de Dios queda destruida en el proceso. Así pues, sin la revelación divina de la naturaleza trina de Dios, permanece el misterio de por qué hay algo en lugar de nada.

El error fatal del argumento cosmológico

El defecto fatal de la teología filosófica de Tomás de Aquino es su insistencia en la inmovilidad divina. El fundamento de la filosofía y la teología de Tomás de Aquino es el argumento cosmológico. Sin embargo, la inmovilidad divina -la conclusión del argumento cosmológico- no está arraigada ni en la revelación especial (es decir, la Biblia) ni en la revelación natural. De hecho, la inmovilidad divina ni siquiera es una consecuencia necesaria de la ciencia natural. Incluso algunos de los más notables eruditos Tomistas, como Gilson y Feser, han admitido que la experiencia sensorial no establece la "motor inmóvil divino" como un hecho científico. [41]

Si el concepto de un motor inmovible divino no se deriva de la revelación ni de la ciencia, ¿de dónde procede? Proviene de una postulación filosófica. No sería malo si tal postulación diera sentido a todos los datos conocidos. Algún tipo de concepción trascendental de Dios es necesario para dar sentido al universo. Nuestro universo, con todas sus partes móviles, no puede explicarse a sí mismo. Ya que la ciencia no puede explicarse a sí misma, el naturalismo no puede explicarse a sí mismo, en el sentido de que nuestros sentidos empíricos no pueden discernir y explicar la existencia de la lógica, las matemáticas y la ética. Y la ciencia es imposible de llevar a cabo sin

41. Véase Gilson, *The Philosophy of St. Thomas Aquinas*, 75, y Feser, *Essays*, 60-62.

presuponer la existencia de la lógica, las matemáticas y la ética. Así, sin la correcta concepción trascendental de Dios, el conocimiento (todo conocimiento) es imposible. Sin la correcta postulación trascendental (o presupuestos trascendentales), no tiene sentido por qué hay algo en lugar de nada.

La cuestión es qué tipo de concepción trascendental de Dios da sentido al universo. El ateísmo y el deísmo no nos proporcionan ninguna ayuda, ya que cada uno nos deja con la misma incoherencia del naturalismo. Sin un Dios que se comunique, nos quedamos en la oscuridad sin absoluto, sentido ni propósito. Tampoco una concepción panteísta o panenteísta de Dios puede dar sentido a la unidad y diversidad del universo. Como ya hemos señalado, para dar sentido al universo necesitamos un Dios que sea a la vez trascendente e inmanente. Sin embargo, tanto el panteísmo como el panenteísmo destruyen la trascendencia de Dios porque ambos destruyen la absolutidad de Dios. Ambos destruyen la absolutez de Dios porque ambos hacen que el universo sea necesario para la existencia de Dios. Ni el panteísmo ni el panenteísmo permiten que Dios se comunique, lo que deja al hombre en la misma oscuridad del ateísmo y el naturalismo.

Además, según Feser, el argumento de William Paley a favor de un diseñador divino no es una explicación adecuada del universo. Feser sostiene que el argumento del diseño no conduce necesariamente a un Dios todopoderoso y autoexistente. "Ahora bien, a menudo se reconoce", afirma Feser, "que el argumento de Paley nos lleva, en el mejor de los casos, a un diseñador que es extremadamente poderoso e inteligente, pero que, por lo que sabemos, todavía puede ser finito y, por tanto, no divino".[42] Evidenciar que el mundo debió tener un diseñador no demuestra que el diseñador sea Dios. Y esto sólo devuelve el problema a la pregunta: ¿Quién diseñó al diseñador?

42. Feser, *Essays*, 74.

Supuestamente, para Feser, el argumento cosmológico es superior al argumento del diseño porque apunta a un Dios más divino. El argumento cosmológico afirma que Dios es el que no se mueve, y esto nos evita tener que preguntarnos quién movió/creó a Dios. Sin embargo, tal postulación de Dios, como hemos visto, es también una explicación inadecuada de por qué hay algo en lugar de nada. La idea del motor inmóvil puede explicar bien la trascendencia y la unidad de Dios, pero no explica cómo el motor inmóvil puede crear, conocer, comunicar y relacionarse libremente con el universo.

Feser descartó al diseñador de Paley como solución adecuada por una segunda razón: "El problema no es sólo que el diseñador de Paley pueda *ser* algo distinto de Dios tal como lo entiende el teísmo clásico. Hay razones para pensar que el diseñador de Paley no podría ser Dios tal como lo entiende el teísmo clásico".[43] Pero de lo que Feser no se da cuenta es que esta crítica también puede hacerse al motor inmóvil de Aquino. El motor inmóvil, con su unicidad indiferenciada, puede estar de acuerdo con la simplicidad e inmutabilidad divinas, pero no permite que tal ser subsista en tres personas relacionalmente distintas que interactúan y se comunican entre sí.

Como hemos visto, sólo el Dios trinitario de la Biblia puede dar sentido al universo y a las leyes de la naturaleza. Es decir, debemos presuponer al Dios Trinitario de la Biblia para poder construir una cosmovisión coherente que no caiga en el absurdo por su propio peso. Pues todas las cosmovisiones (salvo la trinitaria) son absurdas por sí mismas.[44]

Conclusión

Por esta razón, me gustaría suponer que Tomás dejó de escribir, con-

43. Feser, 75.

44. Véase Jeffrey Johnson, *Lo absurdo de la incredulidad* (Conway, AR: Free Grace Press, 2016, Versión en castellano: Legado Bautista Confesional, 2020).

siderando la obra de su vida como paja, no debido a una experiencia mística, sino por la comprensión de que la Trinidad era la solución de toda la tensión inherente acribillada a lo largo de su teología filosófica. Parece que el Aquinate estuvo cerca de ver esto, ya que afirmó: "El conocimiento de las personas divinas [es] necesario . . para la idea correcta de la creación. El hecho de decir que Dios hizo todas las cosas por su Palabra excluye el error de quienes dicen que Dios produjo las cosas por necesidad. Cuando decimos que en Él hay una procesión de amor, mostramos que Dios produjo las cosas no porque las necesitara, sino a causa de su propia bondad" (ST, 1.32., a.1. ad 3).

Gilles Emery afirmó que, según el Aquinate, "la fe trinitaria es necesaria para comprender firmemente la actividad creadora de Dios en el mundo", en el sentido de que es la doctrina de la Trinidad la que nos impide llegar a las mismas conclusiones de Aristóteles: que el mundo es eterno y necesario, y que Dios no se preocupa ni se implica en sus asuntos. [45]

En este punto, no estoy seguro de por qué Aquino no decidió echar al filósofo pagano del baptisterio. Porque si la Trinidad, que sólo se entiende por revelación divina, es necesaria para evitar que la teología natural saque conclusiones erróneas, entonces ¿por qué confiar en la teología natural en primer lugar?

Pero, lamentablemente, no parece que el Doctor Angélico llegara a esta conclusión. Aunque estuvo a punto de darse cuenta de que el motor inmóvil es incompatible con el Dios trinitario de la Biblia, nunca se retractó. Tal vez tuvo una experiencia que le hizo dejar de escribir, pero parece que se aferró a la falsa creencia de que la filosofía de Aristóteles podía servir de ayuda a la teología.

45. Emery, *The Trinitarian Theology of St Thomas Aquinas*, 8.

9
Lenguaje analógico

Tomás de Aquino era ambicioso. Pero no ambicionaba el poder ni la riqueza. La atracción del rango terrenal nunca le atrajo. No aspiraba a tales cosas. No deseaba ser obispo, ni arzobispo, ni siquiera Papa. Esas posiciones de autoridad sólo le habrían apartado de su tarea; habrían sido una distracción. Por ejemplo, Torrell afirma: "Siempre rechazó obstinadamente los honores eclesiásticos que inevitablemente le hubieran implicado en asuntos temporales, ya se tratara de la abadía de Montecassino, del arzobispado de Nápoles o del sombrero cardenalicio". William Tocco confirma que incluso oraba para no verse involucrado en tales asuntos".[1]

Se contentaba con ser un humilde fraile porque su ambición estaba en otra parte. Lo único que quería fue ser erudito. Era una persona tímida que prefería contemplar en soledad a tener que cargar con la tarea de la administración. Prefería ser pobre y estar solo con sus libros que ser rico y estar constantemente agobiado por los asuntos de este mundo.

De hecho, prefirió los libros a la riqueza y una mesa de estudio a una silla eclesiástica. Cuando desafió los deseos de su familia in-

1. Jean-Pierre Torrell, "The Person and His Works," in *St. Thomas Aquinas*, trans. Robert Royal (Washington, DC: The Catholic University of America Press, 2005), 1:14.

gresando en una orden mendicante, dio la espalda a la posibilidad de convertirse en abad del famoso Monte Cassino. Algún tiempo después, el papa le ofreció este mismo cargo, pero, de nuevo, no era lo que él quería. Una vez más, al final de su vida, parece que tuvo la oportunidad de convertirse en obispo como su amigo Buenaventura, pero incluso hasta la muerte permaneció desinteresado.

Según cuenta la historia, tras la experiencia mística en la capilla de San Nicolás que cambió su vida, Aquino fue convocado al crítico Segundo Concilio de Lyon en 1274. La Iglesia Católica Romana y la Iglesia Ortodoxa Oriental llevaban divididas más de 250 años, y las dos ramas se reunían en Lyon para debatir la posibilidad de reunificarse. El Papa Gregorio X deseaba que estuvieran presentes las mejores mentes católicas, por lo que el pontífice romano convocó a Tomás y a Buenaventura para que asistieran a las discusiones.[2] En el largo viaje de Tomás hacia Lyon, su amigo de confianza y compañero de viaje, Reginal, le comentó a Tomás: "Ahora estás de camino al Concilio, y van a pasar muchas cosas buenas; para toda la Iglesia, para nuestra orden y para el reino de Sicilia." Con optimismo, Tomás respondió: "Sí, Dios quiera que allí sucedan cosas buenas".[3] Una de esas cosas buenas que Reginal creía que sucederían era una promoción eclesiástica para Tomás. Reginal continuó diciendo, "Tú y Fray Buenaventura seréis creados cardenales, para gran gloria de vuestras Órdenes,"[4] a lo que Tomás respondió, "Nunca seré nada en nuestra Orden o en la Iglesia, . . . [pues] no puedo servir mejor a nuestra Orden en otro estado que en el actual".[5] Al parecer, Tomás consideraba más importante enseñar a los futuros obispos y cardenales su teología filosófica que convertirse en obispo o cardenal.

---

2. Véase Grabmann, *Thomas Aquinas*, 15.

3. Véase Pieper, *The Silence of St. Thomas*, 40.

4. Maritain, *St. Thomas Aquinas*, 26.

5. Maritain, 26.

Lenguaje simbólico analógico

Uniendo filosofía y teología, Aquino enseñó que todo conocimiento de Dios es analógico. "Porque en las analogías la idea no es, como en los unívocos, una y la misma, pero no es totalmente diversa como en los equívocos; pero un término que se usa así en un sentido múltiple significa varias proporciones a alguna cosa única" (ST, 1.13.4). Para el Aquinate, pues, "ningún nombre pertenece a Dios en el mismo sentido que pertenece a las criaturas. . . . Por tanto, todo lo que se dice de Dios y de las criaturas se predica equívocamente" (ST, 1.13.5).

Sin embargo, cuando el Aquinate dijo que todo conocimiento de Dios es analógico, quiso decir que todo conocimiento de Dios es *metafórico*, y ello por dos razones. La primera razón por la que todo conocimiento de Dios es metafórico, según Tomás, es porque *no tenemos acceso directo a Dios*. Dios está al otro lado de un muro trascendental, y no hay forma de que sepamos nada de lo que hay a su lado del muro. Dios supera toda palabra o concepción o idea que podamos tener de él. Cada palabra o concepto o idea que utilizamos para definir a Dios se ha derivado del reino de las cosas sensibles en el que estamos confinados. Incluso nuestra especulación filosófica y las palabras que acuñamos para referirnos a cosas metafísicas que trascienden el reino en el que vivimos siguen derivándose de nuestro lado del muro. Palabras como *ser*, *unidad*, *simplicidad*, *actualidad pura* y *trascendente* no comunican lo que Dios es desde el propio punto de vista de Dios. Tomás creía que un abismo infinito nos separa de Dios. Dado que no existe una gradación entre lo finito y lo infinito, nuestra comunicación de Dios, desde la perspectiva del Aquinate, es, en el mejor de los casos, metafórica, si no totalmente mística.

La segunda razón por la que todo conocimiento de Dios es metafórico, supone el Aquinate, es porque *Dios no tiene acceso directo a nosotros*. Dios no puede revelarnos su propio conocimiento de sí mismo porque está atado a su reino atemporal de inmovilidad. Así como nosotros estamos atados al reino del movimiento y la diversificación, Dios está atado al reino de la simplicidad indiferenciada. El conocimiento que Dios tiene de su propio ser indiferenciado permanecerá siempre encerrado en su propia mente. Dios no puede revelar su conocimiento indiferenciado de sí mismo aunque quisiera.

¿Cómo se nos ha revelado Dios? Según el Aquinate, no entrando en el tiempo y hablándonos directamente después de crearnos, sino hablándonos indirectamente en el acto de crear todas las cosas. En otras palabras, cuando Dios creó todas las cosas según la representación de sí mismo, se reveló simbólicamente a través de las cosas que creó. Todas las cosas son creadas a semejanza de Dios porque, como dijo Tomás, "todo efecto representa en cierto grado a su causa, pero diversamente" (ST, 1.45.7). "Todas las cosas creadas, en cuanto seres, son semejantes a Dios como principio primero y universal de todo ser" (ST, 1.4.3). A este respecto, Tommaso Cayetano explica: "Todo concepto de criatura es un concepto de Dios, así como toda criatura es una especie de semejanza de Dios".[6] De este modo, toda la creación, especialmente el hombre, funciona como un cuadro simbólico o imagen metafórica de Dios.[7]

Esto significa, para el Aquinate, que sólo conocemos a Dios conociendo el universo. Conociendo el universo, conocemos al menos

---

6. Tommaso de Vio Cajetan, *The Analogy of Names and the Concept of Being*, trans. Edward A. Bushinski (Eugene, OR: Wipf & Stock, 2009), 80.

7. "Los efectos desproporcionados a sus causas no concuerdan con ellas en nombre y esencia. Y, sin embargo, debe encontrarse alguna semejanza entre tales efectos y sus causas, porque es propio de la naturaleza de un agente hacer algo semejante a sí mismo. Así también Dios da a las criaturas todas sus perfecciones; y de este modo tiene con todas las criaturas una semejanza y una semejanza al mismo tiempo. Sin embargo, para este punto de semejanza, es más propio decir que la criatura es semejante a Dios que Dios es semejante a la criatura" (SCG, 1.1.29).

algo (metafóricamente) de Dios. Aunque no podemos conocer a Dios en su esencia, podemos al menos conocer algo de su bondad sabiendo que la bondad está en todas las cosas. Podemos saber algo de la causa conociendo algo de los efectos. "Ahora bien, como no conocemos la esencia de Dios, la proposición no nos es evidente por sí misma, sino que necesita ser demostrada por cosas que nos son más conocidas, aunque menos conocidas en su naturaleza, a saber, por los efectos" (ST, 1.2.1).

Al igual que aprendemos sobre el sol en el cielo observando las sombras reflejadas en el suelo, podemos aprender sobre Dios en el cielo observando su semejanza representada en las cosas creadas aquí abajo. Aunque no debemos hacer imágenes de Dios, esto no impidió que Dios creara diversas imágenes de sí mismo. Sólo conociendo algo de las diversas imágenes diferenciadas de Dios podemos saber algo del Dios indiferenciado.

Sin embargo, hay que tener en cuenta que conocer algo de estas imágenes diferenciadas de Dios no es lo mismo que conocer al Dios inefable que hay detrás de estas imágenes creadas. Pues, como dijo Tomás, "el conocimiento de Dios por medio de cualquier semejanza creada no es la visión de su esencia" (ST, 1.12.11). Incluso por leer las Escrituras, según Tomás, no conocemos a Dios; sólo conocemos un reflejo metafórico de Dios. "Cualesquiera nombres que denoten propiedades causadas en las cosas por sus propios principios específicos", afirmaba Tomás, "no pueden predicarse de Dios más que metafóricamente" (SCG, 1.1.30).

Así pues, por estas dos razones, lo que el Aquinate entiende por lenguaje *analógico* es en realidad lenguaje *metafórico* o simbólico. Pero esto tiene su consecuencia: no sólo destruye cualquier conocimiento real de Dios, sino que también destruye cualquier relación real de pacto con Dios.

Relaciones Divinas y Humanas

Para el Aquinate, del mismo modo que sólo podemos conocer a Dios conociendo el universo, Dios sólo puede conocernos conociéndose a sí mismo. Dios no nos conoce fijando en nosotros el ojo de su mente; sólo nos conoce fijando el ojo de su mente en su ser indiferenciado. Dios y el hombre están atrapados cada uno en su lado respectivo del muro trascendental. Según Aquino, sólo podemos conocer lo que hay en el lado indiferenciado de Dios estudiando los contenidos diferenciados de nuestro lado del muro. Del mismo modo, Dios sólo puede conocer lo que hay en nuestro lado mirándose a sí mismo. Él conoce los efectos conociéndose a sí mismo como primera causa, y nosotros podemos conocer la primera causa conociendo algo de los efectos.

En consecuencia, para el Aquinate, Dios no puede entablar ninguna relación nueva, y sólo podemos tener relación con una representación creada y metafórica de Dios el cual tiene sus consecuencias.

Nuestra relación con Dios

En primer lugar, dado que sólo podemos conocer a Dios conociéndolo indirectamente a través de su creación, nuestra relación personal con Dios se limita a una relación con el universo, una representación creada y simbólica de Dios. Aunque participamos de su semejanza y dependemos de él para nuestra propia existencia, no puede haber relación personal ni conexión directa con el Dios que está encerrado tras los símbolos creativos. Sólo podemos conocer y relacionarnos con la creación y no con el Creador. Además, nuestra relación "personal" con la manifestación simbólica de Dios es sólo una relación que existe en nuestra mente.

La relación de Dios con nosotros

En segundo lugar, si Dios sólo puede conocernos conociéndose a sí mismo, no puede entablar una relación personal con nosotros. Para el Aquinate, Dios es inmanente y omnipresente porque es la primera causa de todos los efectos inmanentes. Es inmanente sólo en el sentido de que sus perfecciones (sabiduría, poder, etc.) están presentes en todos los efectos que nos rodean. "Dios está en todas las cosas", dijo el Aquinate, "no como parte de su esencia, ni como accidente, sino como agente que está presente en aquello sobre lo que actúa" (ST, 1.8.1). Sin embargo, Dios, tal como es en su esencia ontológica, no puede entrar en el tiempo y el espacio que ocupamos. Esto supondría un cambio dentro del Dios inmóvil. En consecuencia, Dios no puede relacionarse con nosotros de ningún modo real o personal.

Aunque Dios sabe de nosotros conociéndose a sí mismo, no puede entrar en ninguna relación experiencial con nosotros sin que se produzcan cambios y movimientos en su interior. Aunque lógicamente puede saber de nosotros (ya que compartimos un poco de su semejanza) conociendo perfectamente su propia semejanza, no puede relacionarse o conectar con nosotros. "En Dios", afirmaba el Aquinate, "no hay relación real con las criaturas (ST, 1.13.7). De nuevo, dijo, "las relaciones de Dios con las criaturas no son reales en Él" (ST, 1.28.4). Dado que Dios permanece en un estado indiferenciado de inmovilidad, sólo puede tener con nosotros una relación lógica y no personal.

Según el Aquinate, Dios es como una columna inmóvil que permanece en el mismo lugar y en el mismo estado de ánimo tanto si nos movemos a su izquierda como a su derecha (ST, 1.13.7). El mismo estado en el que estaba antes de que el mundo fuera creado es el mismo estado en el que permanece después de que el mundo fuera creado. De hecho, Dios nunca cambió de no creador a creador, pues nunca dejó de crear un universo temporal.

Los afectos y emociones de Dios permanecen completamente inalterados. La caída del hombre supuestamente no entristeció a Dios más de lo que lo apaciguó la muerte de Cristo. Todo el cambio tiene lugar en nuestro lado de la "relación". La ira de Dios ni se encendió cuando nosotros, en incredulidad, pecamos, ni se aplacó su ira cuando nosotros, por fe, entramos en estado de gracia. Permaneciendo en un estado inmóvil y apático, Dios no puede experimentar ninguna comunión personal con su pueblo. Cualquier lenguaje bíblico que diga o implique lo contrario es meramente metafórico y antropomórfico.

Cuando el empirismo y la inmovilidad de Aristóteles se convierten en el marco hermenéutico en el que se entiende el lenguaje de la Escritura, éste es el alto coste que hay que pagar. Dios puede ser absoluto y trascendente, pero su trascendencia consume su inmanencia y relacionabilidad en el proceso. Es difícil ver cómo un Dios de esta naturaleza realmente ama y se preocupa.

Lenguaje de predicación analógica

Aunque no estemos de acuerdo con el Aquinate, debemos tener cuidado con la sobre corrección. No es que el lenguaje que describe a Dios sea unívoco. Dado que Dios es ontológicamente distinto y trascendente, el lenguaje sobre Dios tiene que ser analógico, y el lenguaje de la Escritura no es una excepción. Lo afirmo sin reservas. Es imposible conocer a Dios exhaustivamente en un momento dado. Él no es como nosotros. Conocer a Dios perfectamente, como Dios se conoce a sí mismo, es imposible. Por tanto, ninguna palabra o nombre que describa a Dios es unívoco. Hay que mantener la distinción creador-criatura.

Pero esto tampoco significa que todas las palabras y nombres que describen a Dios sean simbólicos o antropomórficos. En lugar de que la autorrevelación de Dios sea analógicamente simbólica, es lo que yo llamo *analógicamente predicada*. Con la palabra *predicado*, quiero decir que algo no es metafórico o simbólico o antropomórfico. Para que el lenguaje de Dios sea analógico, tiene que haber un punto real de semejanza entre Dios y el hombre. Debe haber un punto directo de conexión o no hay conexión alguna. Por ejemplo, las naranjas y las manzanas son diferentes pero similares: son análogas. Son análogas en que son diferentes tipos de fruta, pero ambas son piezas redondas de fruta. El verdadero punto de similitud es que la palabra *redonda* y la palabra *fruta* tienen el mismo significado tanto para las naranjas como para las manzanas.

Del mismo modo, para que el lenguaje de Dios sea realmente analógico, algunas palabras deben tener el mismo significado para Dios que para nosotros, como la palabra *amor*. Por supuesto, no tenemos una comprensión exhaustiva de la palabra *amor*, ni siquiera nos acercamos a conocer el amor como Dios conoce el amor. Pero si la palabra *amor* para Dios y la palabra *amor* para nosotros no tienen al menos un pequeño punto de identidad, ya no podemos hablar de lenguaje analógico. Si no hay ningún punto de semejanza, entonces la afirmación "Dios es amor" no significa nada en absoluto.

Por tanto, debe existir un punto de conexión real entre el conocimiento que Dios tiene de sí mismo y el conocimiento de sí mismo que ha decidido revelarnos en la Escritura. Y ello por dos razones: (1) Dios es inmanente, y (2) el hombre fue hecho a semejanza de Dios.

Dios es inmanente

En primer lugar, Dios puede acceder a nosotros y revelarnos algo de su propio conocimiento de sí mismo porque no sólo es trascendente, sino también inmanente. Para que haya conocimiento de Dios, Dios debe ser inmanente, relacionable y personal. Si Dios es totalmente otro, entonces el conocimiento que Dios tiene de sí mismo es totalmente incomunicable. Si no hay un punto de conexión entre Dios y el hombre, el lenguaje bíblico utilizado para definir a Dios, como "Dios es amor", se rompe por completo.

Pero, aunque la Biblia enseña que Dios es trascendente, también enseña que Dios es inmanente. Dios es absoluto, pero también es personal y relacionable. Además, la inmanencia de Dios no se limita a que su semejanza esté representada simbólicamente en todas las cosas creadas. Dios es inmanente porque ha elegido entrar en nuestro reino y caminar y hablar directamente con nosotros. Dios es omnipresente.

Y esto nos lleva a la segunda razón por la que el lenguaje analógico de la Escritura no es totalmente simbólico.

El hombre es hecho a la semejanza moral de Dios

En segundo lugar, Dios puede entablar relaciones con nosotros porque nos hizo a su semejanza moral. Esto significa dos cosas. Primero, significa que el hombre es un agente moral. Segundo, significa que Dios es un agente moral.

El hombre es un agente moral

Sin embargo, según Aquino, el hombre no es hecho a la semejanza moral de Dios. Sí afirmó que el hombre fue creado a la semejanza de Dios, pero sólo en el sentido de que todas las cosas creadas son hechas a la semejanza de Dios. Todo efecto, afirmaba Tomás, participa (en diversos grados) de la semejanza de Dios, la primera causa.

Sin embargo, según las Escrituras, el *imago Dei* no es algo que describa propiamente a todas las cosas creadas. Hay algo singularmente cierto en el hombre que no es cierto en ninguna otra cosa creada. Aunque el hombre no fue creado a semejanza ontológica de Dios (ser hecho de esencia divina), el hombre fue hecho a semejanza *ética* de Dios en el sentido de que la Biblia dice que el hombre, en el principio, fue creado moralmente recto (Ecl 7:29). "La imagen de Dios en la que el hombre fue creado", afirma Louis Berkhof, "incluye ciertamente lo que generalmente se llama 'justicia original', o más específicamente, verdadero conocimiento, rectitud y santidad."[8] Aunque la imagen de Dios en el hombre fue desfigurada por la caída, se renueva de nuevo "a semejanza de Dios en verdadera justicia y santidad" (Ef 4:24). En otras palabras, el *imago Dei* no significa participar de la bondad ontológica de Dios, sino reflejar la bondad moral o ética de Dios.

Y esta semejanza moral es importante porque es lo que permite a Dios tener una relación de pacto (basada en la propia ley moral de Dios) con el hombre. Así como Dios hizo a Eva a la semejanza de Adán (1 Co 11:7) para que el hombre y la mujer puedan entrar en una relación de pacto entre sí (Gn 2:18-24), Dios creó al hombre a su semejanza para que puedan entrar en una relación de pacto. A diferencia de los diversos objetos inanimados del universo e incluso de las bestias del campo, las aves del cielo y los peces del mar, el hombre (y sólo el hombre) fue diseñado para disfrutar de una relación personal y de pacto con Dios.

Dios es un agente moral

Pero esto nos lleva al segundo punto: esto también significa que Dios debe ser un agente moral. Para que Dios se relacione con el hombre, debe ser un ser moral y ético. Pero esto también fue algo que Aquino negó.

Aquino creía que, aunque Dios es bueno, no lo es moral o éticamente. Al explicar la posición de Aquino, Brian Davies afirma: "Dios es bueno porque de alguna manera contiene en sí mismo las perfecciones de sus criaturas, todas las cuales le reflejan de alguna manera".[9] Dios es bueno porque Dios no tiene movimiento. Dios es bueno porque es pura actualidad sin potencialidades ni deficiencias.

8. Berkhof, *Systematic Theology*, 204.

9. Brian Davies, *An Introduction to the Philosophy of Religion* (Oxford: Oxford University Press, 1993), 48.

Es porque la bondad de Dios es sin potencialidad que Aquino creía que Dios (*pura actualidad*) no es *moralmente* bueno.

Según Aquino, Dios no puede ser moralmente bueno porque la bondad moral requiere "ciertos deberes u obligaciones" entre dos partes que se relacionan.[10] Sólo quienes se relacionan con otros están obligados a cumplir una norma de conducta, y sólo quienes están obligados a una norma de conducta pueden ser agentes morales. Por tanto, como Dios no puede entablar ninguna relación real con sus criaturas, no puede tener ninguna obligación moral con ellas. Como intentó explicar Brian Davies, "a los cristianos no les parecerá mal hablar de Dios como justo. Pero no pueden querer decir con ello que Dios da a los demás lo que les debe (justicia conmutativa), pues la noción de que está en deuda con ellos no tiene sentido. Como fuente de todo lo creatural, Dios no puede recibir ganancia por lo creatural y luego devolverla". [11]

Así, para el Aquinate, Dios no puede entrar en relación con el hombre por dos razones: (1) Dios es totalmente trascendente, y (2) el hombre no es hecho a la semejanza ética de Dios como tampoco Dios es un ser ético.

La Trinidad es la razón por la que Dios es inmanente y relacional

Pero, de nuevo, el núcleo del problema es que el Aquinate situó la simplicidad de Dios o su unicidad por encima de la complejidad y diversidad de la trinidad de Dios. Al hacerlo, no vio cómo las relaciones personales entre el Padre, el Hijo y el Espíritu explican cómo Dios puede ser inherentemente personal y relacional. La concepción que Tomás tiene de la Trinidad no permite que el Padre, el Hijo o el Espíritu Santo tengan conciencia de sí mismos. Y sin que cada una

10. Davies, 49.

11. Davies, 50.

de las tres personas tenga conciencia de sí misma, no puede haber comunicación ni interacción entre ellas.

Así, para el Aquinate, el Padre no pudo haber dado a su Hijo un pueblo antes de la fundación de la tierra (Jn 6:37). Tampoco podría el Hijo haber aceptado este don del Padre y luego haber decidido tomar la forma de hombre para redimir a este pueblo (Fil. 2:6-7). Y el Espíritu, como persona distinta, es incapaz de hablar, según su propio parecer, al Padre como cuando intercede por nosotros conforme a la voluntad del Padre (Rom 8:27).

Sin embargo, las Escrituras enseñan que existe una interacción real entre cada una de las tres personas de la Trinidad. Es más, su interacción está arraigada en su amor mutuo. En este amor se glorifican mutuamente (Juan 17:1, 24). Aunque no existe ninguna ley independiente o por encima de Dios, la justicia inherente a Dios siempre se manifestará en la forma en que el Padre, el Hijo y el Espíritu interactúan y se relacionan entre sí. El Padre siempre amará y glorificará al Hijo y al Espíritu perfectamente, y el Hijo y el Espíritu del mismo modo siempre amarán y glorificarán al Padre y el uno al otro perfectamente. Por lo tanto, cada persona de la Trinidad no sólo es buena, sino que es *moralmente* buena en su interacción mutua.

Esta bondad moral en Dios es importante porque Dios hizo al hombre a su semejanza. Todas las felicidades necesarias para que el hombre sea un agente moral, racional y ético (es decir, la ley escrita en su conciencia) le fueron dadas al hombre. El hombre es hecho a semejanza moral de Dios al tener la ley inscrita en su conciencia. Esta ley, según John Brown de Haddington, "debe corresponderse necesariamente con la naturaleza de Dios, que la impone, y de los hombres, que están sujetos a ella". [12]

Y esto es verdad. La ley que rige nuestras relaciones terrenales es

12. John Brown, *Systematic Theology: A Compendious View of Natural and Revealed Religion* (Grand Rapids: Reformation Heritage Books, 2015), 1.

la ley eterna que encuentra su fundamento en la naturaleza del Dios trino. Porque Dios es trino, cada una de las tres personas tiene todas las cualidades *ad intra* necesarias para ser ético y relacional. El Padre, el Hijo y el Espíritu Santo pueden amar y comunicarse y relacionarse con nosotros porque el Padre y el Hijo y el Espíritu Santo han estado en un estado eterno de amar y comunicarse y relacionarse entre sí. Esta similitud moral entre Dios y el hombre (que podría identificarse con la palabra *amor*) es lo que permite a Dios ser inmanente y estar cerca, ya sea en juicio o en paz, de todos los que creó a su imagen.

Este marco ontológico y ético nos devuelve a una comprensión correcta de la epistemología bíblica. La razón por la que Dios puede comunicarse eficazmente y hablarnos es porque somos hechos a su semejanza ética. Esta base común entre Dios y el hombre es lo que hace posible la comunicación.[13] En resumen, como Dios es trino (y no sólo simple), puede acercarse a nosotros y nosotros podemos acercarnos a Dios.

Gracias a la Trinidad, podemos conocer y relacionarnos verdaderamente con Dios

Al ser hechos a la semejanza moral de Dios, fuimos creados para vivir en una relación de pacto con Dios. Sin un verdadero punto de conexión entre Dios y el hombre, una relación personal entre Dios y el hombre es imposible. Dado que esta relación se basa en la bondad moral y pactada de Dios, la separación del hombre de Dios es el resultado del pecado, y la reunificación de los creyentes con Dios se basa en la obediencia moral de Cristo.

Aunque Dios no está sometido a ninguna ley externa que esté por encima de él, juró por sí mismo y entró en un pacto con la humanidad para permanecer fiel a su propia bondad moral. La misma

13. Por eso también la depravación -la depuración del amor divino- impide al hombre natural abrazar el conocimiento de Dios (1 Co 2:14).

bondad moral que se manifiesta eternamente en la relación interna entre el Padre, el Hijo y el Espíritu Santo es la bondad moral que se manifiesta para con los portadores de su misma imagen.

Dios siempre será fiel a sí mismo. Siempre será moralmente bueno. Siempre será santo. Es inmutable en su naturaleza. Pero inmutabilidad no significa inmovilidad (como demuestra el hecho de que Cristo es móvil e inmutable [Heb. 13:8]). Dios ha prometido mantener la justicia tanto recompensando a quienes, como Jesucristo, le obedecen, como castigando a quienes desobedecen, como Adán y sus descendientes caídos. Puesto que Dios es éticamente inmutable, su interacción y relación con el hombre éticamente mutable cambia. Y, en Adán, aunque los pecadores han perdido el compañerismo y la comunión con Dios, los creyentes han recuperado el compañerismo y la comunión con Dios a través del segundo Adán (Rom 5:12-17).

Pero hay que señalar que es la naturaleza del hombre la que cambia, no Dios. El puritano inglés Stephen Charnock así lo entendió:

> Dios no cambia, cuando de amar a alguna criatura se enoja con ella, o de enojarse se aplaca. . . . Dios actúa siempre según la naturaleza inmutable de su santidad, y no puede cambiar más en sus afectos al bien y al mal, que en su esencia. . . . Aunque no siempre amó a los mismos ángeles, la misma razón que le movió a amarlos, le movió a odiarlos. Habría argumentado un cambio en Dios si los hubiera amado siempre, en cualquier postura que estuvieran hacia él.[14]

Puesto que tanto Dios como el hombre son seres morales, y puesto que las normas morales del pacto se cumplen en Cristo, los creyentes han entrado en una relación experimental con Dios. Este conocimiento de Dios, además, viene por la fe en la Palabra de Dios. Con Cristo habitando en los corazones de los creyentes por la fe, están arraigados y cimentados en el amor de Dios y llenos de toda la

14. Stephen Charnock, *The Existence and Attributes of God* (Grand Rapids: Baker, 1996), 1:345.

plenitud de la Divinidad (Ef 3:17-19). Verdaderamente, por la fe, los creyentes, al estar llenos del Espíritu de Dios, conocen y se relacionan real y personalmente con el Dios real de la Biblia.

Gracias a la Trinidad, Dios puede conocernos y relacionarse con nosotros de verdad

Además, como Dios es trino, es inmutable y móvil al mismo tiempo. La esencia de Dios no cambia, pero esto no le impide entablar nuevas relaciones con personas éticas que sí cambian. Dios no está excluido del tiempo ni del espacio, sino que puede interactuar experimentalmente con su creación. Aunque habita en el cielo alto y sublime, esto no le impide morar con aquellos y en aquellos que tienen un espíritu contrito (Is 57:15).

Puesto que Dios puede hacer diferenciaciones internas dentro de sí mismo, puede hacer diferenciaciones sobre cosas que cambian. Aunque la bienaventuranza eterna de Dios no cambia, tiene opiniones particulares sobre todo lo que cambia.

En consecuencia, Dios se afligió porque el primer Adán comió del árbol prohibido y se apaciguó porque el segundo Adán murió en un árbol. En otras palabras, el que controla el tiempo puede diferenciar entre los acontecimientos relacionados con el tiempo. En verdad, Dios es a la vez absoluto y personal. Es trascendente e inmanente porque es una Trinidad formada por una esencia única y una pluralidad de personas. Esto permite a Dios ser ontológicamente distante y moralmente semejante a los creados a su semejanza.

Simbólico vs. Predicación

Podemos saber algo de Dios porque no somos totalmente distintos de Dios. Aunque el lenguaje bíblico de Dios es analógico y, a veces, antropopático, no es totalmente metafórico.

La forma en que Dios describe el amor en la Biblia, por ejemplo, no es completamente diferente de cómo Dios entiende el amor. Sin embargo, para el Aquinate, la frase "Dios es amor" es totalmente metafórica. Dado que Dios trasciende todas las categorías del pensamiento, no tenemos ni idea de cómo el concepto de amor se relaciona realmente con la esencia oculta de Dios. Aquino sostenía que la noción humana de que Dios es amor no es más que una parte de la manifestación creada de Dios. Pero según las Escrituras, al saber que Dios es amor conocemos algo verdaderamente (aunque no exhaustivamente) sobre la esencia ontológica de Dios. Y si tenemos el amor de Dios derramado en nuestros corazones por la fe, tenemos cierto conocimiento experimental real de la esencia de Dios en nuestros corazones y mentes (Ef 3:17). "Porque el amor viene de Dios, y el que ama ha nacido de Dios y conoce a Dios" (1 Jn 4:7).

Cuando la Biblia utiliza antropomorfismos para describir a Dios, sabemos que son metafóricos debido a la analogía de las Escrituras. Puesto que las Escrituras nos enseñan que Dios es un espíritu infinito, sabemos que Dios no tiene ojos, brazos ni piernas. Sabemos que Dios no puede arrepentirse porque la Biblia dice que Dios no puede equivocarse. En esto, tenemos la Escritura (no la filosofía) para determinar cuándo la Biblia está usando lenguaje antropomórfico. Sólo la Escritura es la fuente de nuestros principios hermenéuticos. Por lo tanto, todo el lenguaje bíblico es analógico, pero no todo es metafórico.

La necesidad de la revelación

El problema con la epistemología de Aquino es que está arraigada en una "ciencia filosófica construida por la razón humana". La Biblia no enseña que todo conocimiento llega y se limita a la experiencia sensorial. Aquino asumió el empirismo como presupuesto de partida y luego pasó a utilizarlo para interpretar las Escrituras. Tal maniobra subyugó toda la Escritura a un fundamento extrabíblico y defectuoso.

Sin embargo, nuestra hermenéutica debe derivarse únicamente de la revelación. La revelación especial, además, nos enseña que el conocimiento de Dios comienza y termina con la revelación divina. Contrariamente al compromiso del Aquinate con el empirismo de Aristóteles, Calvino afirmaba que todo conocimiento comienza con el conocimiento de Dios. Según Calvino, "La mente humana, por instinto natural, posee cierto sentido de una deidad".[15] Al resumir el punto de vista de Calvino sobre la revelación, B. B. Warfield afirmó: "El conocimiento de Dios es innato (I.iii.3), grabado naturalmente en el corazón de los hombres (I.iv.4), y forma parte de su propia constitución como hombre (I.iii.1), de tal modo que es una cuestión de instinto (I.iii.3, I.iv.2), y todo hombre lo aprende por sí mismo desde su nacimiento (I.iii.3)."[16] .

Esto significa que, para Calvino, Dios nos hizo para ser receptores apropiados de la comunicación divina. Del mismo modo, Beeke y Smalley afirman "que Dios creó al hombre [como portador de la imagen] con capacidad e inclinación para recibir la revelación divina".[17] Por ello, el hombre no está abandonado a sí mismo. Al contrario, Dios le ha dotado del aparato moral para conocer a Dios a través de la revelación natural y especial. Debido a que el hombre tiene un sentido de lo divino en su interior, el hombre no puede evitar conocer inmediatamente a Dios en la revelación natural. En consecuencia, según Calvino, como el hombre no puede evitar conocerse

---

15. Calvino, *Institutes*, 1.3.1.

16. B. B. Warfield, "Calvin and Calvinism," in *The Works of B. B. Warfield* (Grand Rapids: Baker, 2003), 5:33.

17. Beeke and Smalley, *Reformed Systematic Theology*, 1:183. Y John Murray afirmó "Fue por su soberana voluntad que Dios creó el universo y nos hizo a los hombres a su imagen. Pero puesto que la creación es el producto de su voluntad y poder, la huella de su gloria está necesariamente impresa en su obra, y puesto que hemos sido creados a su imagen, no podemos sino confrontarnos con el despliegue de esa gloria (*Collected Writings of John Murray*, Vol. 4, 1).

a sí mismo, el hombre no puede evitar conocer a Dios.

Asimismo, al tener en su interior el sentido de Dios y de su ley moral, el hombre está dotado de la capacidad natural, especialmente cuando su corazón es renovado por la obra regeneradora del Espíritu, de comprender cognitivamente la revelación natural y especial. En otras palabras, la revelación divina se comunica eficazmente porque el hombre fue hecho a la semejanza moral de Dios.

Conclusión

Añadir agua al vino no crea más vino. Resulta que la filosofía es un detractor más que un ayudante de la teología. Esto se debe a que la filosofía no está construida sobre los mismos cimientos que la revelación ni conduce a las mismas conclusiones que ésta.

La revelación natural revela que Dios es a la vez trascendente e inmanente, pero no explica cómo Dios puede ser a la vez trascendente e inmanente. Sin embargo, todos los hombres conocen estas dos realidades acerca de Dios. Esta revelación es coherente con la revelación especial, que nos ayuda a comprender cómo Dios puede ser a la vez trascendente e inmanente en el hecho de que es trino.

Verás, la revelación natural es consistente con la revelación especial, pero la revelación natural no es suficiente para construir una cosmovisión cohesiva sin la revelación especial. Tal como era antes de la caída, la revelación natural y la especial no fueron diseñadas para estar separadas. La revelación natural nunca fue diseñada para ser suficiente. Simplemente basta para condenar al hombre. Basta con decirle que sin Dios, permanece en las tinieblas.

Así que cuando el hombre natural rechaza lo que Dios ya le ha comunicado en la revelación natural y busca filosofar su propio camino hacia Dios, creará un dios totalmente trascendente o uno totalmente inmanente. Cuando el hombre rechaza la luz que se le ha dado, sólo se alejará más de la luz hacia más oscuridad.

Dado que la filosofía no puede conducir a sus adeptos a la doctrina de la Trinidad, la filosofía es un callejón sin salida. No es que los filósofos carezcan de fuerza cognitiva. Es que no tienen acceso -sin someterse a la revelación divina- a la información necesaria (es decir, la Trinidad) para establecer una cosmovisión coherente que mantenga el equilibrio adecuado entre la trascendencia y la inmanencia de Dios. Y como hemos visto, cuando la trascendencia y la inmanencia de Dios no se mantienen por igual, la propia cosmovisión cae en el absurdo. [18]

Porque Dios, en su sabiduría, ha determinado que los filósofos, en su sabiduría, son incapaces de llegar a un conocimiento adecuado de Dios (1 Cor 1:21). Sin doblar la rodilla ante la revelación divina, que viene de lo alto, el hombre no tiene acceso a la información necesaria para comprender cómo Dios es a la vez trascendente e inmanente. Dado que la sabiduría mundana y la sabiduría celestial son incongruentes, la filosofía sólo diluye la teología cuando se combina con ella. Por esta razón, debemos enraizar nuestra apologética en nuestra teología; de lo contrario, nuestra teología estará enraizada en nuestra apologética.

Tomás de Aquino construyó su teología sobre el argumento cosmológico de Aristóteles. Sin embargo, fue incapaz de suavizar la tensión creada al unir al dios de Aristóteles con el Dios trinitario de la Biblia. Quería desesperadamente bautizar al filósofo pagano, pero no se dio cuenta de que el bautismo exige la muerte. Para convertirse en cristiano, el filósofo pagano tendría que morir a sí mismo, renunciar a toda pretensión de autonomía intelectual y someterse plenamente a las verdades reveladas por Dios.

Sin embargo, Aquino dio su vida para llevar a cabo lo imposible: unificar la Biblia con la heterodoxia del aristotelismo. En lugar de ti-

18. Véase Jeffrey Johnson, *Lo absurdo de la incredulidad* (Castellano: Legado Bautista Independiente (2020), Conway, AR: Free Grace Press, 2017).

rar el odre seco del aristotelismo, como debería haber hecho, Aquino trató de rescatar el gastado recipiente de Aristóteles llenándolo con el vino nuevo de la ortodoxia. No es de extrañar que el Aquinate tuviera dificultades para mantener la ortodoxia al no darse cuenta de que el aristotelismo no puede contener ni apoyar la cosmovisión bíblica.

El fundamento y contenedor de la cosmovisión bíblica no es la autonomía intelectual del hombre, ni los logros humanos, ni el racionalismo, ni el empirismo, ni la especulación filosófica, ni la "ciencia filosófica construida por la razón humana", ni ningún otro concepto humanista que venga de abajo. El fundamento de la cosmovisión bíblica es la revelación divina, y tal revelación es un don al que hay que someterse por la fe como procedente de Dios. Sin someterse al Dios de la revelación natural y especial al principio, no se puede llegar al Dios de la revelación al final de nuestra indagación. En otras palabras, lo que no comienza con Dios no termina con Dios.

No obstante, Tomás no cejó en su empeño de rescatar a su filósofo pagano favorito y siguió dedicándose a escribir sobre este tema hasta que una experiencia mística le impulsó a dejar de escribir por completo. Unos tres meses después de esta experiencia que le cambió la vida, y mientras se dirigía al Segundo Concilio de Lyon, Tomás cayó enfermo. Algunos relatan que enfermó tras golpearse la cabeza con la rama de un árbol.[19] Otros afirman que su enfermedad fue el resultado de su agotamiento por el estudio incesante: con tanta falta de sueño y largas horas de estudio dedicado, su cuerpo se rompió de puro agotamiento. Según Grabmann, "los últimos años de Tomás indican claramente que estaba agotado y sobrecargado de trabajo, que su vigor corporal no había podido seguir el ritmo de su asombrosa energía mental".[20] E independientemente de que sufriera una lesión en la cabeza, parece que la muerte había estado persiguiendo a Tomás

19. Feser, *Aquinas*, 6.

20. Grabmann, *Thomas Aquinas: His Personality and Thought*, 15.

durante un buen tiempo. Su furioso impulso y su implacable ética de trabajo no hacían sino aumentar el ritmo de la muerte.

De camino a Lyon, la muerte empezó a alcanzarle. Incluso antes de llegar a Roma, se vio obligado a retrasar su viaje y descansar en Monte Cassino. Aunque recuperó fuerzas para proseguir su viaje, no llegó demasiado lejos antes de tener que detenerse de nuevo, esta vez en Campania. Maritain cuenta que "apenas había llegado, se desmayó de cansancio y la enfermedad se apoderó de él". [21]

Al cabo de cuatro días, y comprendiendo que no era probable que se recuperara, Tomás pidió ser trasladado al vecino monasterio de Santa María en Fossanova. "Al entrar, se apoyó en el muro y dijo: 'Este es mi descanso para siempre jamás: aquí habitaré, porque así lo he elegido'".[22] Allí, a unos 100 kilómetros al sureste de Roma, a pocos kilómetros de donde había nacido, el gran Escolástico pasó los últimos días de su vida. Sabiendo que se acercaba su hora, confesó sus pecados a un sacerdote y reafirmó su compromiso con la Iglesia Católica. Thomas afirmó: "Si he dicho algo incorrecto, lo dejo todo a la corrección de la Iglesia Romana".[23] Y, a la relativamente joven edad de cuarenta y nueve años, el 7 de marzo de 1274, murió el gran Tomás de Aquino.

---

21. Maritain, *St. Thomas Aquinas: Angel of the Schools*, 27.

22. Maritain, 27.

23. Kenelm Foster, ed., *The Life of Saint Thomas Aquinas: Biographical Documents* (Baltimore: Helicon, 1959), 110.

Anexo
No entre los protestantes

TOMÁS DE AQUINO era miembro de los cazadores de herejes: los Dominicos. Los Dominicos eran una orden especial de sacerdotes autorizados por el papa para ocuparse de los herejes, como los Valdenses. El pontífice romano veía a los Valdenses como una amenaza. No sólo eran una amenaza para la autoridad de Roma; supuestamente eran una amenaza para las almas eternas de los hombres. Su prédica no autorizada era vista como un acto de traición. Al desobedecer la autoridad de Roma, los Valdenses eran vistos como cismáticos. Y tal rebelión no podía ser tolerada. Debido a que los Valdenses eran un peligro para ellos mismos y para aquellos con quienes entraban en contacto, tenían que ser suprimidos. Estos pobres predicadores tenían que ser detenidos sin importar el costo. Aunque no llevaban armas de guerra, las armas de guerra fueron sancionadas por la Iglesia Católica para ser usadas contra ellos. Si los Valdenses iban a ser detenidos, primero tenían que ser perseguidos y juzgados. Y esta tarea fue encomendada a los Dominicos.

En cierto modo, los Dominicos eran la contraversión católica de los Valdenses. Al igual que los Valdenses, los Dominicos eran un grupo de predicadores pobres. Tanto los Valdenses como los Dominicos dieron la espalda al mundo para dedicar sus vidas a la predicación. Y a diferencia de los sacerdotes ordinarios, que permanecían dentro de los muros de monasterios y capillas, los Valdenses y los Dominicos llevaron su mensaje a las plazas públicas. Eran evangelistas que buscaban mezclarse con la gente.

Sin embargo, los Valdenses fueron los primeros. Eran seguidores del pre-reformista Pedro Waldo (c. 1140-1205), un rico comerciante que vivía en Lyon. Alrededor de 1173, Pedro decidió, tras la muerte de un amigo, regalar sus riquezas y dedicar el resto de su vida a predicar el Evangelio.[1] Al hacerlo, enseñó contra las extravagancias papales, la transubstanciación y el purgatorio. Tanto el ejemplo como las enseñanzas de Pedro comenzaron a difundirse.

La Reforma del siglo XVI se basó en el principio bíblico de que todo creyente era sacerdote ante Dios, lo que significa que todo creyente tenía libertad de conciencia. Este compromiso de la Reforma era el mismo compromiso de Pedro Waldo. En oposición a la autoridad de la Iglesia Católica, Pedro estaba convencido de que la conciencia de cada uno -ya que sólo está ligada a Dios- sólo puede regirse correctamente por las Escrituras.

Así, Pedro Waldo, al igual que los reformadores que le seguirían, deseaba que la Palabra de Dios fuera comprendida por todos. Pedro quería que la Biblia se tradujera a la lengua común del pueblo. Para que la verdad aumentara y los errores de la Iglesia Católica fueran expuestos, la gente necesitaba juzgar la verdad por sí misma. Así que Pedro hizo traducir la Vulgata latina, posiblemente por primera vez, a la lengua vernácula de su tiempo.

En enero de 1179, Pedro se reunió con el Papa Alejandro III en Roma para debatir sus puntos de vista sobre la traducción vernácula de la Biblia y su creencia sobre el sacerdocio de cada creyente. Pocos meses después, en marzo, en el Tercer Concilio de Letrán, las enseñanzas de Pedro Waldo fueron condenadas. Pedro y sus seguidores

---

1. Véase Jenifer Kolpacoff Deane, *A History of Medieval Heresy and Inquisition* (Plymouth, Reino Unido: Rowman & Littlefield, 2011).

tuvieron que huir de Lyon a las montañas y valles del sur de Francia y el norte de Italia. En 1184, el Papa Lucio III excomulgó a Pedro en un sínodo celebrado en Verona. Finalmente, justo una década antes del nacimiento de Aquino, los Valdenses fueron condenados oficialmente como herejes en el IV Concilio de Letrán de 1215.

Aunque condenados y exiliados, los Valdenses siguieron creciendo en número. Su movimiento se extendía cuanto más se les perseguía. Cuanto más crecían los Valdenses, más se comprometían con las enseñanzas de las Escrituras. Y cuanto más se comprometían con las Escrituras, más se empeñaba la Iglesia Católica en erradicarlos.

Como no parecía que el movimiento fuera a extinguirse por sí solo, había que hacer algo. Había que suprimir y pisotear a los pobres predicadores laicos. Viendo que la excomunión no funcionaba, se necesitaba una nueva táctica, y aquí es donde los Dominicos entraron en escena.

Los Dominicos trataron de imitar a los Valdenses. A los Valdenses no les interesaba el dinero ni el poder. Eran evangelistas laicos, cristianos honestos y humildes, que rehuían el beneficio personal y económico para llevar sus enseñanzas a la gente de la calle. Esta es una de las razones por las que los Valdenses eran tan influyentes, o peligrosos. De ahí que la Iglesia Católica decidiera que, si no podían eliminar a los predicadores empobrecidos por sí mismos únicamente mediante la intimidación y la persecución, los imitarían. Los católicos decidieron contrarrestar a los Valdenses volviéndose como ellos. Así, establecieron una nueva orden de predicadores que juraron pobreza. Sobre todo, los Dominicos siguieron el ejemplo de los Valdenses y llevaron su doctrina católica al pueblo.

Los Dominicos comenzaron con los esfuerzos del español Domingo de Caleruega (1170-1221). En 1215, el mismo año en que los Valdenses fueron condenados por el Papa, Domingo fue a Roma para obtener la aprobación del Papa Inocencio III para iniciar una nueva orden de predicadores mendicantes. Un año más tarde, con la sanción del nuevo papa, Honorio III, se estableció oficialmente la orden dominica.

En consecuencia, en su lucha contra los Valdenses, el papa llamó a los Dominicos para llevar a cabo (junto con otra orden de reciente creación, los Franciscanos) la Inquisición. Dado que estas órdenes mendicantes recibían el encargo directo del Papa, no estaban bajo la jurisdicción jerárquica normal de la Iglesia Católica. Esto les daba libertad y autoridad para moverse por Europa sin estar limitados por los distintos obispos diocesanos. En otras palabras, podían perseguir a los herejes que huían. Y esto es lo que sucedió cuando los Dominicos fueron designados por el Papa Gregorio IX en 1231 para perseguir a los Valdenses en la Inquisición.

El Dominico Robert le Bougre estaba especialmente ansioso por erradicar y exterminar a los herejes. Robert era conocido como el "Martillo de los Herejes" por su extrema crueldad contra ellos. En 1248 y 1249 se redactó un manual de operaciones para los inquisidores de Carcasona. Según Edward Peters, "El manual comienza con una carta de encargo a los inquisidores, enviada por el provincial dominico a dos miembros de la orden, en la que se les encarga que, 'para la remisión de vuestros pecados, hagáis inquisición de los herejes y de sus creyentes, factores, receptores y defensores, y también de las personas difamadas'"[2] .

La Inquisición estaba en pleno vigor en 1243 cuando Aquino ingresó en la orden dominica, y continuaría haciendo estragos en Europa con toda su crueldad medieval durante toda la vida de Tomás de Aquino. El autor Michael Novak revela: "En el sur de Francia, hombres y mujeres por igual eran acusados de herejes, no se les daba otra forma de defenderse que soportando la tortura, y si se les declaraba

2. Edward Peters, *Inquisition* (Berkeley: University of California Press, 1989), 58.

culpables se les cubría con brea y se les prendía fuego. Con las espadas en alto, los soldados se lanzaban sobre asentamientos enteros de herejes, que incendiaban. Durante la vida del Aquinate, toda Provenza fue barrida por la violencia contra los herejes, algunos de los cuales vivían, según sus propias luces, admirables vidas evangélicas."[3]

Aunque Aquino no participó directamente en la Inquisición, aportó su apoyo intelectual a sus bárbaras tácticas. Siguiendo el espíritu de la época, Aquino creía que había que matar a los herejes:

> Con respecto a los herejes hay dos puntos que deben ser observados, uno de su lado, el otro del lado de la Iglesia. En cuanto a los herejes, su pecado merece el destierro, no sólo de la Iglesia con la excomunión, sino también de este mundo con la muerte. Corromper la fe, por la que vive el alma, es mucho más grave que falsificar dinero, que sustenta la vida temporal. Puesto que los falsificadores y otros malhechores son condenados sumariamente a muerte por las autoridades civiles, con mucha más razón los herejes, tan pronto como son declarados culpables de herejía, no sólo deben ser excomulgados, sino también condenados justamente a muerte. (ST, 2-2.11.3)

Y aunque no se implicó personalmente en la caza de los Valdenses, ya que estaba demasiado ocupado para dejar sus estudios, se unió a la orden dominica, sabiendo todo el tiempo lo que los Dominicos estaban encargados de llevar a cabo.

No es un pre-reformista

La ironía es que los Valdenses eran los que se alejaban de las herejías, mientras que el dominico Aquino arraigaba más profundamente a la Iglesia Católica en sus herejías. Cuando se produjo la Reforma del siglo XVI, los Valdenses se unieron a los reformadores integrándose en sus iglesias, mientras que la *Summa Theologiae* de Tomás fue el

---

3. Michael Novak, *On Cultivating Liberty: Reflections on Moral Ecology* (Lanham, MD: Rowman and Littlefield, 1999), 173.

principal texto utilizado en la Contrarreforma de la Iglesia Católica.

Por ejemplo, fue un Dominico y erudito Tomista comprometido, Silvestre Mazzolini (1460-1523), el primero en redactar acusaciones de herejía contra Martín Lutero (1483-1546). En respuesta, Lutero criticó la dependencia de Mazzolini del Aquinate. El historiador del siglo XVI Johannes Sleidanus, en su libro *La Historia General de la Reforma de la Iglesia*, informó: "[Lutero] objeta contra él, que no alegó ningún texto de la Escritura, y sólo citó la opinión de Tomás, que él mismo había manejado la mayoría de las cosas, de acuerdo con su propia fantasía, sin la autoridad de la Escritura." Mazzolini, según Sleidanus, "defendió enérgicamente a Tomás de Aquino, afirmando que toda su doctrina fue tan bien recibida y aprobada por la Iglesia de Roma, que incluso fue preferida a todos los demás escritos". Mazzolini "reprendió [a Lutero] por hablar con tan poca reverencia de un hombre tan grande; y le dijo que consideraba un honor ser llamado Tomista".[4]

Y fue el alumno de Mazzolini, Tommaso de Vio Cayetano (1469-1534), el mayor erudito Tomista del siglo XVI, el primero en juzgar a Lutero por herejía en Augsburgo. Para Cayetano, debíamos "seguir a Santo Tomás, no a quienquiera que se presente".[5] Así que cuando Lutero llegó, Cayetano rechazó a Lutero porque Lutero había rechazado a Aquino.

En octubre de 1518, cuando Cayetano fue incapaz de demostrar por las Escrituras que Lutero era un hereje, acusó a Lutero de apartarse de la ortodoxia católica establecida de Tomás de Aquino. Lutero no negó esta acusación, pues no pretendía estar de acuerdo con

4. Johannes Sleidanus, *The General History of the Reformation of the Church, From the Errors and Corruptions of the Church of Rome: Begun in Germany by Martin Luther* (Londres: Edw, Jones), 3.

5. Véase Catetan, *Commentry on Summa Theologiae* 2a-2ae, q. 151, art. 4, no. 2. Citado en Cessario y Cuddy, *Thomas and the Thomists*, 80.

el Aquinate. Para Lutero, Aquino era "la fuente y fundamento de toda herejía, error y obliteración del Evangelio".[6] Lutero criticaba la dependencia del Aquinate de Aristóteles, pero más importante aún, criticaba la doctrina de la justificación del Aquinate.[7] Según Lutero, Aquino era el verdadero hereje.

Y aunque Lutero pudo escapar de Augsburgo sin ser arrestado y deportado a Roma, el siguiente verano, en junio de 1520, Cayetano ayudó al Papa León X a redactar la bula papal, *Exsurge Domine,* que condenaba a Lutero como hereje. Se le concedieron sesenta días para retractarse, a lo que Lutero respondió, en diciembre de 1520, quemando abiertamente la bula papal junto con la *Suma Teológica* de Aquino.

Antes de ser excomulgado por la Iglesia Católica, en el verano de 1519, Lutero y su colega Andrés Karlstadt (1486-1541) debatieron con el erudito Tomista Johann Eck (1486-1543) en Leipzig. Asistió Philip Melanchthon (1497-1560), amigo y colega de Lutero, quien cuatro días después escribió a Johannes Ecolampadio (1482-1531) afirmando que el debate podía reducirse a si la filosofía Aristotélica, introducida en la Iglesia por Aquino, debía integrarse en la teología.[8] "De hecho", dijo Melanchthon, "esta provincia de debate se emprendió primero por ninguna otra razón que para que se pudiera dar a conocer abiertamente la gran diferencia que hay entre la antigua teología, la de Cristo, y la nueva, la doctrina Aristotélica".[9] En otras

---

6. *Luther on Thomas Aquinas: The Angelic Doctor in the Thought of the Reformer,* trans. Denis Janz (Franz Steiner, 1989), 11.

7. Véase Alister McGrath, Reviews, *The Journal of Theological Studies*, volumen 42, número 1, abril de 1991, 390-392.

8. Véase Clyde Leonard Manschreck, *Melanchthon, The Quiet Reformer* (Nueva York: Abingdon Press, 1958, 48.

9. Philipp Melanchthon, "Letter on the Leipzig Debate," in *Melanchthon: Selected Writings*, ed. Elmer Ellsworth Flack and Lower J. Satre, trans. Charles Leander

palabras, Eck apelaba a la Escritura y a la especulación filosófica de los Escolásticos, mientras que Lutero apelaba a la Escritura y sólo a la Escritura.

En los primeros años de la Reforma, según Leif Grane, "el Tomismo era el mayor enemigo de Lutero".[10] Lutero sostenía que los escolásticos "mezclan los sueños de Aristóteles con asuntos teológicos, y llevan a cabo disputas sin sentido sobre la majestad de Dios, más allá y en contra del privilegio que se les ha concedido."[11]

Y Lutero no fue el único Reformador que rechazó al Aquinate. Philip Melanchthon también criticó el escolasticismo de Tomás de Aquino.[12] "Ningún hombre fiel", dijo Melanchthon, "ha satisfecho jamás su mente con la teología Escolástica, que se ha contaminado con tantos argumentos humanos, tonterías, trucos".[13] Esto se debe, según Melanchthon, a que ninguno de los Escolásticos basó su teología únicamente en la Escritura: "En las ciudadelas de la escolástica no se aprende teología según la Biblia, sino según los pronunciamientos de los hombres."[14] Y después de que la Universidad de París se pronunciara en contra de Lutero en 1521, Melanchthon no escatimó flechas cuando les devolvió esta respuesta:

> Pues se admite que en París nació esa escolástica profana que quieren

Hill (Minneapolis: Augsburg Publishing House, 1962), 22.

10. Leif Grane, "Die Anfänge von Luthers Auseinandersetzung mit dem Thomismus", en *Theologische Literaturzzeitung* 95 (1970), 241-250. Citado en Denis R. Janz, 31. Citado en Denis R. Janz, *Luther and Late Medieval Thomism*, 31.
11. Martin Luther, 'Disputation on Indulgence, 1517," in *Works of Martin Luther* (Grand Rapids: Baker, 1915), 1.46.
12. Véase Philipp Melanchthon, "Paul and the Scholastics ", en *Melanchthon: Selected Writings,* 31–56.
13. Citado en Charles Leander Hil, *Melanchthon: Selected Writing,* ed. E. E. Flack y L. M. Sa!re (Minneapolis: Augsburg Publishing House, 1962), 17-18.
14. Manschreck, *Melanchthon*, 52.

llamar teología. Y cuando esto ha sido admitido, no queda salvación para la iglesia. Se ha oscurecido el Evangelio, se ha extinguido la fe, se ha recibido la doctrina de las obras, y en lugar de ser un pueblo cristiano, [o] un pueblo incluso de la Ley, [se ha convertido en un pueblo comprometido con] la moral de Aristóteles. Y del cristianismo, en contra de toda intención del Espíritu, se ha hecho un cierto plan filosófico de vida.

Ojalá humedeciera vuestros ojos espirituales el discernir cuánto daño ha hecho a la Iglesia ese escolasticismo vuestro, nacido y perfeccionado entre vosotros, que el resto de las escuelas de Europa han recibido de vosotros como de vuestras propias manos. Se ha vuelto positivamente razonable que la tierra esté llena de ídolos. Y sus artículos ciertamente testifican cuán persistentemente han filosofado todo el camino desde el origen mismo del escolasticismo hasta ahora.[15]

Al igual que los Reformadores alemanes, los Reformadores suizos Henry Bullinger y Juan Calvino criticaron a los Escolásticos por la misma razón. El problema, según Bullinger y Calvino, es que los Escolásticos no limitaban su comprensión de Dios a la revelación divina.

Bullinger, por ejemplo, formuló esta crítica teniendo un profundo conocimiento de la doctrina de Aquino. Antes de abrazar las doctrinas de la Reforma, estudió en el colegio universitario más antiguo de Colonia, Bursa Montis. Y en esta famosa institución, Aristóteles y Aquino eran las principales autoridades. Durante estos años formativos de su vida, Bullinger escuchó al famoso apologista dominico y comentarista Tomista Konrad Köllin disertar sobre la *Summa Theologiae*.[16]

15. Philipp Melanchthon, "Luther and the Paris Theologians," in *Melanchthon: Selected Writings*, 22.

16. Véase Christian Moser, "Heinrich Bullinger's Efforts to Document the Zurich Reformation: History and Legacy", en *Architect of Reformation: An Introduction to Heimrich Bullinger*, ed. Bruce Gordon y Emidio Campi (Eugene, OR: Wipf

Köllin, además, no era amigo de la teología que salía de la Universidad de Wittenberg. Junto con Cayetano, fue uno de los teólogos Católicos más importantes de Alemania que combatieron a los Luteranos.[17] Su desdén por Lutero y Melanchthon podía contrastarse con su amor por Aquino. No sólo escribió un importante comentario sobre la *Summa Theologiae* (1512), sino que gracias a su influencia la *Summa* se convirtió en el libro de texto estándar en las universidades, sustituyendo a *las Sentencias* de Pedro Lombardo.

Sin embargo, para cuando Bullinger terminó sus estudios en Colonia en 1522, estaba, en la providencia de Dios, más influenciado por los controvertidos profesores de Wittenberg, Lutero y Melanchthon, que por el renombrado profesor Tomista de su propia universidad en Colonia-Köllin. Cuando se graduó, rompió con la Iglesia Católica y su principal teólogo, Tomás de Aquino. Entonces, se unió a la protesta de Lutero y Melanchthon y llevó su nuevo compromiso con las Escrituras de vuelta a Suiza. Después de seguir a Zwinglio como pastor en el Grossmünster de Zurich, afirmó: "Que esto sirva como una regla continua, que Dios no puede ser conocido correctamente sino por su palabra; y que Dios debe ser recibido y creído tal como se nos revela en esta santa palabra. Porque ninguna criatura puede en verdad decir mejor qué y qué rey de un Dios es, que Dios mismo."[18]

Juan Calvino tampoco era amigo del Aquinate, según el historiador de la Reforma suiza Bruce Gordon.[19] Como se señaló en el capítulo 1, Calvino rechazó la teología natural del Aquinate por su dependencia del razonamiento especulativo. Y según William Bou-

---

& Stock, 2019), 217.

17. Köllin seguiría escribiendo contra Lutero en su *Eversio Lutherani Epithalamii* (Colonia 1527) y *Adversus caninas Martini Lutheri nuptias* (Tubinga 1530).

18. Henry Bullinger, *The Decades of Henry Bullinger*, 4.3 (2:125).

19. Véase Gordon, *Calvin*, 62.

wsma, los "ataques más agudos de Calvino contra la filosofía se dirigieron contra el escolasticismo como el ejemplo más flagrante del intento de los filósofos de asaltar el cielo".[20] En respuesta al filosofar extrabíblico de los Escolásticos, Calvino enseñó: "Dios 'no desea que seamos demasiado sabios' sino que mostremos 'sobriedad': no debemos buscar saber más de lo que 'le agrada enseñarnos'. Cuando él 'es nuestro maestro y le oímos hablar, es capaz de darnos prudencia y discreción para entender su enseñanza, y no podemos fallar en eso; pero cuando nuestro Señor mantiene su boca cerrada, debemos también mantener nuestro sentido cerrado y mantenerlos cautivos.'"[21]

Así, en muchos sentidos, la Reforma fue una batalla entre el Tomismo y la *Sola Scriptura.* Si alguien argumenta que el escolasticismo reformado, como método lógico de aprendizaje, es la continuación del escolasticismo medieval del Catolicismo, debe recordar que, según James Thornwell, los reformadores rechazaron el elemento más importante del escolasticismo medieval: su dependencia de autoridades extrabíblicas:

> Tal vez sea bueno evitar confundir a los escolásticos reformados con los de la Iglesia de Roma. Tenían en común que eran esclavos del método lógico. Pero diferían ampliamente en la fuente de la que obtenían sus materiales y, por supuesto, en la naturaleza de los materiales mismos. Los escolásticos reformados reconocían la Escritura como la única regla infalible de fe y práctica. Su problema era digerir, bajo cabezas adecuadas y concatenadas, las doctrinas y nada más que la doctrina de la Escritura, con las inferencias que legítimamente se siguen de ellas. La teología escolástica de Roma, en cambio, recibía como autorizadas, además de la Escritura, las opiniones de los Padres, los Decretos de los Concilios, las Bulas de los Papas e incluso la filosofía de Aristóteles.[22]

20. Bouwsma, *John Calvin,* 156.

21. Citado en Bouwsma, 156.

22. James Henley *Thornwell,* "Theological Lectures", en *The Collected Writings of James Henley Thornwell* (Edimburgo: Banner of Truth, 1986), 1:35.

Debido a su implacable compromiso con la *Sola Scriptura*, los Reformadores rechazaron a los Escolásticos de la Iglesia Católica. Debido a que Tomás no construyó su teología exclusivamente sobre las Escrituras, los Reformadores no consideraban a Tomás como un guía digno de confianza.

En consecuencia, allí donde se extendió la Reforma, según dos estudiosos Tomistas contemporáneos, Cessario y Cuddy, disminuyó la influencia del Aquinate: "Las secuelas políticas de la Reforma, especialmente la serie de guerras religiosas libradas en Europa, causaron mucho daño a la tradición comentarial Tomista. El apoyo social y material que permitió a Tomás de Aquino y a sus seguidores trabajar tranquilamente fue barrido en aquellos lugares donde la Reforma ganó legitimidad. . . . En tierras católicas, sin embargo, los Tomistas siguieron floreciendo". [23]

La batalla entre los Tomistas y los reformadores continuaría más allá de la vida de Martín Lutero. En 1546, mientras Lutero agonizaba en Eisleben, el Papa Pablo III acababa de convocar el decimonoveno concilio ecuménico de la Iglesia Católica. Allí, en Trento, al norte de Italia, se habían reunido los mejores teólogos católicos, en su mayoría Tomistas comprometidos, para determinar la mejor manera de contrarrestar la Reforma.[24] El único libro que se colocó en el altar junto a la Biblia fue la *Summa Theologiae*.[25] Y esto por una buena razón, ya que los decretos y anatemas del Concilio de Trento, que condenaron a todos los protestantes al infierno, se basaron principalmente en la

---

23. Cessario y Cuddy, *Thomas and the Thomists*, 87.

24. El dominico e historiador católico del siglo XX Angelo Walz ha escrito sobre la participación masiva de los Tomistas en el Concilio de Trento. Véase Angelo Walz, *I Domenicani al Concilio di Trento* (Roma: Herder, 1961).

25. Véase Robert L. Reymond, "Dr. John H. Gerstner on Thomas Aquinas as a Protestant", *Westminster Theological Journal,* 59.1 (primavera de 1997): 113-121.

Summa.

Así lo afirmó el Papa Pío IV, que presidió la sesión final del Concilio de Trento en 1563. El 6 de enero de 1564, emitió una bula papal, *Benedictus Deus*, ratificando todos los decretos y anatemas de Trento. Y sólo unos meses después, el 4 de marzo, ratificó el *Índice de Libros Prohibidos*, que amenazaba con la excomunión a quienes leyeran o poseyeran cualquiera de las obras de Lutero y Calvino. Y según el papa que le siguió, Pío V, Aquino era la autoridad detrás de los decretos y anatemas de Trento. Aquino, afirmaba Pío V, era "la regla más segura de la doctrina cristiana por la que iluminó a la Iglesia Apostólica al responder concluyentemente a innumerables errores... cuya iluminación ha sido evidente a menudo en el pasado y recientemente se ha destacado de manera prominente en los decretos del Concilio de Trento".[26] Más recientemente, Cessario y Cuddy afirman que "en Trento, Aquino suministró una autoridad de primera clase".[27] Estos dos Dominicos continuaron diciendo: "Como sugiere la presencia de Tomistas en posiciones influyentes en el Concilio de Trento, cualquiera que quisiera exégesis de las principales definiciones dogmáticas contenidas en los decretos del concilio tendría que consultar a Aquino, especialmente su *Summa Theologiae.*"[28] .

Los decretos del Concilio de Trento, además, serían ardientemente defendidos por otro estudiante de Aquino: Robert Bellarmine (1542-1621). Belarmino dio conferencias principalmente sobre la *Suma Teológica* en el Colegio Romano y fue nombrado cardenal inquisidor en 1599 por el Papa Clemente VIII. En su enorme obra

26. Ronald P. McArthur, "The Popes on St. Thomas", Thomas Aquinas College, consultado el 21 de octubre de 2019, https://thomasaquinas.edu/a-liberating-education /popes-st-thomas.

27. Cessario y Cuddy, *Thomas and the Thomists*, 90.

28. Cessario y Cuddy, 91.

polémica contra los reformadores, *Controversias de la fe cristiana*, Belarmino atacó implacablemente las doctrinas de Lutero y Calvino. Su principal arma contra ellos fueron los escritos de su teólogo favorito, Tomás de Aquino. [29]

Eclesiología del Aquinate

Otro teólogo destacado en el Concilio de Trento fue el primo de Enrique VIII, Reginald Pole (1500-1558). Pole, un Tomista comprometido, resistió a los reformadores utilizando el mismo argumento empleado por Aquino contra los Valdenses. Cuando nos remontamos al siglo XIII, vemos que Aquino no tuvo piedad de los Valdenses. Afirmaba que los Valdenses se habían condenado al infierno por no someterse a la autoridad del papado.

Aquino fundamentó su condena de los Valdenses en la unidad de la Iglesia Católica. "Debe saberse", afirmó Aquino, "que la Iglesia es una. Aunque varios herejes hayan fundado diversas sectas, éstas no pertenecen a la Iglesia, puesto que no son más que otras tantas divisiones, mientras que la Iglesia es una" (ST, xp, Q.40 a.6). A continuación, Aquino enraíza la unidad de la Iglesia Católica en el papado. Según Aquino, hay una cadena ininterrumpida de sucesión de obispos que puede remontarse al apóstol Pedro, y que continuará hacia adelante a través de la línea continua de obispos que ocupan el oficio papal: "Aunque las poblaciones sean diferentes en las distintas diócesis y ciudades, así como hay una Iglesia, debe haber un solo pueblo cristiano. Así como en el pueblo espiritual de una Iglesia se requiere un Obispo, que es la Cabeza de todo ese pueblo, así en todo el pueblo cristiano se requiere que haya una Cabeza de toda la Iglesia." [30]

---

29. Robert Bellarmine, *Controversies of the Christian Faith,* trans. Kenneth Baker (Keep the Faith, Inc. 2016).

30. Tomás de Aquino, *The Aquinas Catechism* (Manchester, NH: Sophia Institute

En otras palabras, según Aquino, la Iglesia Católica es la única verdadera porque sólo la Iglesia Católica está gobernada por el sucesor de Pedro, el papa: "Ahora bien, aunque el pueblo esté distribuido en diversas diócesis y ciudades, sin embargo, no hay más que una Iglesia y, por tanto, un solo pueblo cristiano. Por consiguiente, así como un obispo es nombrado cabeza de un determinado pueblo y de una determinada Iglesia, así todo el pueblo cristiano debe estar sometido a uno que es la cabeza de toda la Iglesia" (SCG, 4.76). "Por lo tanto, puesto que toda la Iglesia es un solo cuerpo, es necesario, si se quiere preservar esta unidad, que haya un poder que gobierne a toda la Iglesia, por encima del poder episcopal por el que se gobierna cada Iglesia particular, y éste es el poder del Papa. Por consiguiente, los que niegan esta potestad son llamados cismáticos por causar una división en la unidad de la Iglesia" (ST, 2.2, Q.40 a.6).

En consecuencia, según Tomás, cualquiera que se separe de la autoridad del papa se ha separado de la única Iglesia verdadera: "Por tanto, son cismáticos los que se niegan a someterse al Soberano Pontífice y a comulgar con los miembros de la Iglesia que reconocen su supremacía" (ST, 2.2, Q.39 a.1).

Pocos años después de la muerte de Aquino, el Papa Bonifacio VIII declaró, en una bula papal de 1302, que no hay salvación para los que no se someten al papa: "Hay una santa Iglesia Católica y Apostólica, fuera de la cual no hay salvación ni remisión de los pecados. . . . En efecto, declaramos, decimos, pronunciamos y definimos que es del todo necesario para la salvación que toda criatura humana esté sometida al Romano Pontífice (*Unam Sanctum*)". Esto fue codificado en el Concilio de Florencia en 1442, que afirmó que "fuera de la Iglesia, no hay salvación."[31]

Press, 2000), 77 (en adelante citado en el texto como ECA).

31. "Concilio de Basilea-Ferrara-Florencia, 1431-49 d.C.", Papal Encyclicals Online, consultado el 27 de julio de 2021, https://www.papalencyclicals.net/

Por lo tanto, siguiendo a Aquino, Pole acusó a los reformadores de alejarse de Dios al astillar la unidad de la Iglesia una, santa y católica por su desafío a la autoridad papal. "No puedo concebir mayor daño que podáis infligir a la Iglesia", afirmó Pole, "que abolir la cabeza de esta Iglesia de la faz de la tierra. Esto es exactamente lo que hacéis cuando negáis que el Romano Pontífice es la única cabeza de la Iglesia en la tierra, el Vicario de Cristo". [32]

En consecuencia, Aquino no habría apoyado la Reforma, pero del mismo modo que consideraba herejes a los Valdenses, habría considerado herejes a los reformadores por su negativa a permanecer sumisos al pontífice romano.

Soteriología del Aquinate

Puesto que Aquino creía que no hay salvación para quienes niegan la autoridad papal en cuestiones de fe y práctica, la eclesiología de Aquino está entrelazada con su soteriología. Para él, es la Iglesia Católica, bajo la autoridad del pontífice romano, la que tiene el poder de dar y negar la salvación. Porque, según Aquino, es a través de los sacramentos que Dios ha confiado a Pedro y a sus sucesores -el papado- como la gracia divina y el perdón son otorgados a los fieles. De este modo, el Aquinate no enseñó que la salvación es sólo por la fe, sólo por la gracia y sólo en Cristo.

Negación de la expiación sustitutiva penal

Aunque Aquino creía que la salvación era por gracia, no creía que fuera sólo por gracia. Aunque Aquino creía que la salvación era por la fe, no creía que fuera sólo por la fe. Y aunque Aquino creía que la salvación era por Cristo, no creía que fuera sólo por Cristo. El

---

councils/ecum17.htm.

32. Reginald Pole, *Pole's Defense on the Unity of the Church*, trad. Joseph G. Dwyer (Westminster, MD: Newman, 1965), 9.

problema fue que Aquino falló en separar la justificación de la santificación, la gracia de las obras, y los méritos y sufrimiento de Cristo de los méritos y sufrimiento de los santos.

Esto puede verse en el rechazo del Aquinate de la expiación penal sustitutoria: "Si hablamos de ese castigo satisfactorio, que uno toma sobre sí voluntariamente, uno puede soportar el castigo de otro, en la medida en que son, de alguna manera, uno. . . . Si, en cambio, hablamos de pena infligida a causa del pecado, en cuanto que es penal, entonces cada uno es castigado sólo por su propio pecado, porque el acto pecaminoso es algo personal. Pero si hablamos de una pena que es medicinal, de este modo sí sucede que uno es castigado por el pecado de otro" (ST, 1-2.87.8).

Por esta razón, el dDominico Romanus Cessario concluyó acertadamente: "El Aquinate no ofrece ningún apoyo a quienes proponen una teoría de la sustitución penal como el mecanismo por el cual los beneficios de Cristo llegan a la raza humana."[33] "La función de la satisfacción para el Aquinate", afirma Eleonore Stump, "no es aplacar a un Dios iracundo, sino restaurar al pecador a un estado de armonía con Dios."[34]

La muerte sustitutiva penal de Cristo permite a Dios justificar a los pecadores basándose únicamente en los méritos y sufrimientos objetivos de Cristo. Sin embargo, para Tomás, el sufrimiento y la muerte de Cristo no fueron un pago legal y punitivo por el pecado, sino un castigo correctivo "medicinal". El castigo es un medio de

---

33. Romanus Cessario, "Aquinas on Christian Salvation", 124. Véase también Cessario, *The Godly Image: Christ and Salvation in Catholic Thought from Anselm to Aquinas*, Studies in Historical Theology (Petersham, MA: St. Bede's, 1989), 6:xvii, 157.

34. Eleonore Stump, "Atonement According to Aquinas," in *Philosophy and the Christian Faith*, ed. Thomas V. Morris (Notre Dame, IN: University of Notre Dame, 1988), 65.

corrección. El dolor enseña a obedecer. A través del sufrimiento se produce la curación y la restauración. En consecuencia, la muerte de Cristo no fue un medio directo para satisfacer la ira de Dios, sino un medio para traer sanación y santificación a su pueblo. Lleva a la justificación sólo indirectamente, ya que ayuda a una vida de obediencia y buenas obras.

Negación de la justificación sólo por la fe

En consecuencia, aunque la santificación, según el Aquinate, puede conducir a la justificación, no garantiza la justificación, porque son necesarias cuatro cosas para la justificación: "Hay cuatro cosas que se consideran necesarias para la justificación de los impíos, a saber: la infusión de la gracia, el movimiento de la libre voluntad hacia Dios por la fe, el movimiento de la libre voluntad hacia el pecado y la remisión de los pecados. La razón de esto es que, como se ha dicho anteriormente (artículo 1), la justificación del impío es un movimiento por el cual el alma es movida por Dios de un estado de pecado a un estado de justicia" (ST, 2-2.113.6).

En esto podemos ver que Aquino no creía que la justificación fuera una sentencia legal por la que Dios declara justo a un pecador. Posteriormente, Aquino no separó la justificación de la santificación. Al igual que la santificación, consideraba la justificación como un proceso en el que "el alma [es] movida por Dios de un estado de pecado a un estado de justicia". Este movimiento del alma, además, tiene lugar no por la gracia imputada, sino por la gracia infusa: Por parte del movimiento divino, se produce la infusión de la gracia; por parte del libre albedrío que es movido, se producen dos movimientos: el de alejamiento del término "de dónde" y el de acercamiento al término "a dónde"; pero la consumación del movimiento o la consecución del fin del movimiento está implícita en la remisión de los pecados, pues en ella se completa la justificación del impío" (ST,

2-2.113.6).

"Para Santo Tomás", afirma Allister E. McGrath, "la naturaleza de la gracia, el pecado y la aceptación divina eran tales que un hábito creado de gracia era necesario en la justificación por la propia naturaleza de las cosas."[35] Y David Schaff afirma

> Los teólogos medievales no distinguían entre la doctrina de la justificación y la doctrina de la santificación, como hacen los teólogos protestantes. La justificación era tratada como un proceso de hacer justo al pecador, y no como una sentencia judicial por la que se le declaraba justo. . . . Aunque Tomás de Aquino cita varias de las afirmaciones de Pablo en la Epístola a los Romanos, ni él ni los otros Escolásticos llegan a la idea de que el hombre esté justificado por la [condición] de la fe. La fe es una virtud, no un principio de justificación, y se trata al lado de la esperanza y el amor.[36]

Negación de la justificación sólo por Cristo

Pero para Aquino, no sólo la justificación no es sólo por la fe, sino que tampoco es sólo por la obra acabada de Cristo. Porque Aquino mezcló la justificación y la santificación, también mezcló los méritos de Cristo con los méritos de los santos. La justificación requiere no sólo lo que Cristo hizo en la cruz, sino lo que hace en el creyente a través de las obras divinas de regeneración y santificación.

Sacerdotalismo

Y para Tomás de Aquino, los "sacramentos son necesarios para la salvación del hombre" (ST, 3.61.1). La regeneración y la santificación son otorgadas por la Iglesia (*ex opere operato*) a través de los sacra-

35. Allister E. McGrath, *Luther's Theology of the Cross* (Oxford: Blackwell, 1985), 82.

36. Citado en Phillip Schaff, *History of the Christian Church* (Grand Rapids: Eerdmans, 1960), 5:662, 675, 754, 756.

mentos que han sido confiados a la Iglesia Católica. "Si sostenemos", afirmaba el Aquinate, "que un sacramento es una causa instrumental de la gracia, debemos admitir que hay en los sacramentos un cierto poder instrumental de producir los efectos sacramentales" (ST, 3.62.4). Así, los sacramentos otorgan la gracia por el mismo hecho de ser realizados: "Los sacramentos contienen la gracia y la confieren" (ECA, 4.1.A.2).

Tomás creía que el bautismo produce la regeneración y remite "tanto el pecado actual como el pecado original, así como toda la culpa y el castigo en que incurren" (ECA, 4.2.A.4). La confirmación, según Tomás, imparte el Espíritu Santo "para dar fuerza" al creyente (ECA, 4.1.B.4). Dado que la Eucaristía es "el cuerpo físico de Cristo", lleva eficazmente a los creyentes a la "unión con Cristo" (ECA, 4.1.C.4.b).[37] Y el sacramento de la penitencia, que incluye contrición sincera, confesión a un sacerdote y obras de satisfacción, observa eficazmente los pecados que ocurren después del bautismo (ECA, 4.1.D).

Obras de satisfacción

Mediante el uso correcto de los sacramentos, los creyentes están capacitados para realizar obras de satisfacción (ST, 3.62.2), que son, según Tomás, buenas obras y privaciones y sufrimientos contraídos por amor a Cristo. Estas obras de satisfacción verifican la contrición de uno y ayudan a la purificación del creyente. Por tanto, para el Aquinate, además de la obra de Cristo, se necesitan méritos y obras

---

37. Aquino afirmó, por ejemplo: "La forma de la Eucaristía son las mismas palabras de Cristo: 'Esto es mi cuerpo' y 'Este es el cáliz de mi sangre'. . . Estas palabras pronunciadas por el sacerdote en la persona de Cristo dan vida a este sacramento. En virtud de estas palabras, el pan se transforma en el Cuerpo de Cristo y el vino en su Sangre, de modo que Cristo está enteramente contenido bajo la apariencia del pan, que permanece sin sujeto, y está enteramente contenido bajo la apariencia del vino" (ECA, 4.2.C).

adicionales para la satisfacción y el perdón divinos.

Obras de supererogación y Tesoro de mérito

Algunos creyentes tienen un rendimiento inferior, mientras que otros han hecho más que suficiente para satisfacer la justicia divina. Según Tomás, los santos, debido a su extraordinaria santidad, tienen más obras buenas de las que personalmente necesitan.[38] Y en lugar de que estas buenas obras (es decir, las obras de supererogación) se desperdicien, Dios las ha colocado, según Tomás, junto con los méritos de Cristo, en el tesoro de la Iglesia: "Y los santos en quienes se encuentra esta superabundancia de satisfacciones, no realizaron sus buenas obras para esta o aquella persona en particular, que necesita la remisión de su castigo, . . . sino que las realizaron para toda la Iglesia en general, así como el Apóstol declara que él llena 'las cosas que faltan de los sufrimientos de Cristo . . . para Su cuerpo, que es la Iglesia' a quien escribió (Col. 1:24). Estos méritos, pues, son propiedad común de toda la Iglesia" (ST, Suppl. 25.1).

Según Tomás, este tesoro de méritos ha sido confiado por Cristo a Pedro y a sus sucesores, y con él el papa ha sido autorizado por Cristo para dispensar el excedente de méritos a su discreción a los necesitados:

> Por lo tanto, la dispensación de este tesoro corresponde al que está a cargo de toda la iglesia; de ahí que el Señor diera a Pedro las llaves del reino de los cielos [Mateo 16:19]. En consecuencia, cuando el bienestar

38. Tomás también apoyó el culto a los santos: "Es evidente que debemos honrar a los santos de Dios, como miembros de Cristo, hijos y amigos de Dios, e intercesores nuestros. Por lo tanto, en memoria de ellos debemos honrar cualquier reliquia suya de una manera apropiada: principalmente sus cuerpos, que eran templos y órganos del Espíritu Santo que habitaba y operaba en ellos, y están destinados a ser comparados con el cuerpo de Cristo por la gloria de la Resurrección. De ahí que Dios mismo honre debidamente tales reliquias obrando milagros en su presencia" (ST, 3.25.6).

> o la necesidad absoluta de la iglesia lo requieran, el que está a cargo de la iglesia puede distribuir de este tesoro ilimitado a cualquiera que por caridad pertenezca a la iglesia tanto de dicho tesoro como le parezca oportuno, ya sea hasta una remisión total del castigo o hasta cierta cantidad. En este caso, la pasión de Cristo y de los demás santos se imputaría al miembro como si él mismo hubiera sufrido lo necesario para la remisión de sus pecados.[39]

Indulgencias

Dado que al Papa se le han confiado las llaves del reino y el tesoro del mérito, tiene el poder de conceder el perdón de los pecados, según Tomás. Este perdón no se limita a los sacramentos, sino que se extiende a las indulgencias papales, y tales indulgencias son sancionadas y reconocidas por Cristo mismo:

> Las indulgencias valen tanto en el tribunal de la Iglesia como en el juicio de Dios, para la remisión de la pena. . . . La razón por la que valen tanto es la unidad del cuerpo místico en el que muchos han realizado obras de satisfacción que exceden las exigencias de sus deudas; en el que, también, muchos han soportado pacientemente tribulaciones injustas por las que se habrían pagado multitud de penas, de haberse incurrido en ellas. Tan grande es la cantidad de tales méritos que excede a toda la deuda de castigo debida a los que viven en este momento, y esto se debe especialmente a los méritos de Cristo, pues aunque actúa por medio de los sacramentos, su eficacia no se limita a ellos, sino que sobrepasa infinitamente su eficacia. (ST, 3. Suppl. 25.1)[40]

---

39. Tomás de Aquino, *Quaestiones De Quolibet*, trad. Turner Nevitt y Brian Davies (Nueva York: Oxford University Press, 2020), 2.8.2 (en adelante citado en el texto como QDQ).

40. Sin embargo, según el Aquinate, para que la indulgencia sea efectiva, tres cosas deben estar en orden: "Para que una indulgencia beneficie a alguien, sin embargo, se requieren tres cosas. En primer lugar, una causa que pertenezca al honor de Dios, o por necesidad o utilidad de la Iglesia. En segundo lugar, autoridad en quien la concede: el Papa principalmente, otros en cuanto reciben de él

Purgatorio

Si los sacramentos y las indulgencias no eran suficientes, Aquino creía que había un medio más de perdón: el purgatorio. Aquino enseñó que si uno muere sin haber satisfecho su deuda de pecados, queda esperanza después de la muerte. Afirmó: "El castigo del purgatorio está destinado a complementar la satisfacción que no se completó plenamente en el cuerpo" (ST, 3. Suppl. 71.6). Continúa diciendo:

> Está suficientemente claro que existe un purgatorio después de esta vida. Porque si la deuda de la pena no se paga por completo después de que la mancha del pecado ha sido lavada por la contrición, ni tampoco los pecados veniales se quitan siempre cuando se remiten los pecados mortales, y si la justicia exige que el pecado sea puesto en orden mediante el debido castigo, se deduce que aquel que después de contristarse por su falta y después de ser absuelto, muere antes de hacer la debida satisfacción, es castigado después de esta vida. Por tanto, los que niegan el purgatorio hablan contra la justicia de Dios: por lo cual tal afirmación es errónea y contraria a la fe. . . y quien resiste a la autoridad de la Iglesia, incurre en la nota de herejía. (ST, apéndice 2.1)

Aquino No entre los protestantes

Aquino condenó a los Valdenses como herejes por su rechazo del purgatorio. Pero fueron los Valdenses quienes se alejaron de las herejías de la Iglesia Católica y se unieron a las iglesias de la Reforma, mientras que fue Tomás de Aquino quien se opuso a los Valdenses y proporcionó apoyo doctrinal a la Contrarreforma de la Inquisición, Cayetano, Eck, Köllin, Pole, Belarmino y todo el Concilio de Trento.

"En las enseñanzas de Tomás de Aquino", afirma el historiador protestante David Schaff, "tenemos, con una o dos excepciones, los

---

potestad ordinaria o comisionada, es decir, delegada. En tercer lugar, se requiere que quien desee recibir la indulgencia se encuentre en estado de caridad. Y estas tres cosas se designan en la carta papal" (QDQ, 1.8.2).

principios doctrinales de la Iglesia latina[41] en su perfecta exposición, tal como los tenemos en los Decretos del Concilio de Trento en su declaración final."[42] Schaff continúa diciendo, "[Pues] la teología del Doctor Angélico y la teología de la Iglesia Católica Romana son idénticas en todos los particulares excepto en la inmaculada concepción. Quien comprende a Tomás comprende la teología medieval en su máxima expresión y estará en posesión del sistema doctrinal de la Iglesia Romana."[43] Y esto no es sólo una noción de Protenant, como confirma el teólogo Jesuita Joseph de Guibert: "Por el hecho mismo de que alguien abrace la doctrina de Santo Tomás, abraza la doctrina más comúnmente aceptada en la Iglesia, segura y aprobada por la Iglesia misma." [44]

Aquino no era pre-reformista. Así como se opuso a los Valdenses en su día, se habría opuesto a los reformadores en su día. Era católico romano hasta la médula, y por algo los papas lo han venerado como su más grande teólogo.[45] Hasta el día de hoy, Aquino sigue siendo el teólogo de la Iglesia Católica. "Después de San Agustín", por ejemplo, "el Catecismo de la Iglesia Católica se refiere más veces a Tomás

---

41. Nota del traductor: "latina" aquí no se refiere a la iglesia latinoamericana, sino la iglesia medieval cuyo lenguaje fue latín, el idioma del imperio romano, y después sería el idioma usado entre teólogos y la traducción oficial de las Escrituras (Vulgata Latina).

42. Citado en Phillip Schaff, *History of the Christian Church* (Grand Rapids: Eerdmans, 1960), 5:662, 675, 754, 756.

43. Schaff, 5:756.

44. Joseph de Guibert, *De Ecclesia Christi* (Roma: Unversità Gregoriana, 1929), 386, citado en Cessario y Cuddy, *Thomas and the Thomists*, 94.

45. Por ejemplo, en el siglo XIX, el Papa León XIII afirmó: "Entre los doctores escolásticos, el principal y maestro de todos es Tomás de Aquino, quien, como observa Cayetano, porque 'veneró más a los antiguos doctores de la Iglesia, en cierto modo parece haber heredado el intelecto de todos'". (Citado en Cessario y Cuddy, *Thomas and the Thomists*, xi).

de Aquino que a cualquier otra autoridad personal de la tradición católica".[46] Así pues, que la verdad sea conocida por todos los que aman la verdad: Aquino *no* está entre los protestantes.

Conclusión

Así, unir a Tomás con los Reformadores es deshacer la Reforma. Aquino, como principal autoridad de la Contrarreforma, no es amigo sino enemigo del protestantismo. Aunque Tomás de Aquino es llamado el Doctor Angélico por algunos, la Palabra de Dios no es tan complaciente con aquellos que pervierten el evangelio de Jesucristo: "Si nosotros o un ángel del cielo os anunciare un evangelio diferente del que os hemos anunciado, sea anatema" (Gal 1:8).

46. Cessario y Cuddy, *Thomas and the Thomists*, 137.

Bibliografía

Aquinas, Thomas. "Aquinas Against the Averroists." En *On There Being Only One Intellect.* West Lafayette, IN: Purdue University Press, 1993.

———. *De quolibet* 2 8.2 ob.1–2 Editado por Raimondo Spiazzi. Turin: Marietti, 1956.

———. 'Dionysius' Divine Names and to Aquinas.' En *Librum Beati Dionysii De Nominibus Expositiio.* Editado por M. R. Cathala and R. Spiazzi. Turin: Marietti, 1964.

———. *Quaestiones Disputatae De Potentia Dei.* Trans. English Dominican Fathers. Westminster, MD: The Newman Press, 1952.

———. *On Being and Essence.* Translated by Armand Maurer. 2d rev. ed. Mediaeval Sources in Translation, vol. 1. Toronto: Pontifical Institute of Mediaeval Studies, 1968.

———. *Thomas Aquinas's Quodlibetal Questions.* Trans. Turner Nevitt y Brain Davies. New York: Oxford University Press: 2020.

———. *Summa Contra Gentiles, Book I-II.* En *Latin/English Edition of the Works of Thomas Aquinas*, Vol. 11. Translated by Fr. Laurence Shapcote. Green Bay, WI: Aquinas Institute, Inc., 2018.

———. *Summa Contra Gentiles, Books III-IV.* En *Latin/English Edition of the Works of Thomas Aquinas*, Vol. 12. Translated by Fr. Laurence Shapcote. Green Bay, WI: Aquinas Institute, Inc., 2018.

———. *Summa of the Summa.* Edited and Annotated by Peter Kreeft. San Francisco: Ignatius Press, 1990.

———. *Summa Theologica.* Translated by Fathers of the English Dominican Province. Revisado por Daniel J. Sullivan en "Great Books of the Western World." Gen. Ed., Robert Maynard Hutchins. New York: Encyclopedia Britannica, 1952.

———. *The Aquinas Catechism.* Manchester, NH: Sophia Institute Press, 2000.

Aristotle. *The Metaphysics: Books X-XIV.* En *Loeb Classical Library,* Vol. 287. Traducido por Hugh Tredennick. Cambridge, MA: Harvard University Press, 1997.

———. *Physics.* En *Great Books of the Western World.* Gen. Ed., Robert Maynard Hutchins. Translated by R. P. Hardie and R. K. Gaye. New York: Encyclopedia Britannica, 1952.

Augustine. *The Trinity.* Introducción y Traducción por Edmund Hill. Editado por John E. Rotelle. Hyde Park, NY: New City Press, 1991.

Báñez, Dominic. *The Primacy of Existence in Thomas Aquinas: A Commentary in Thomistic Metaphysics.* Proctorville, OH: Wythe-North Publishing, 2021.

Barr, James. *Biblical Faith and Natural Theology.* Oxford, UK: Clarendon Press, 1993.

Barron, Robert. *Thomas Aquinas: Spiritual Master.* New York: Crossroad Publishing Company, 1996.

Bavinck, *Reformed Dogmatics.* 4 Vols. Traducido por John Vriend. Grand Rapids: Baker, 2004.

Beeke, Joel R. and Paul M. Smalley. *Reformed Systematic Theology: Revelation and God.* Vol. 1. Wheaton, IL: Crossway, 2019.

Bellarmine, Robert. *Controversies of the Christian Faith.* Trans. Kenneth Baker. Keep the Faith, Inc., 2016.

Berkhof, Louis. *Systematic Theology.* Grand Rapids: Eerdmans, 1996.

Blankenborn, Bernhard. *The Mystery of Union with God: Dionysian Mysticism in Albert the Great and Thomas Aquinas.* Washington DC: The

Catholic University Press, 2015.

Bouwsma, William J. *John Calvin: A Sixteenth Century Portrait* (New York: Oxford University Press, 1998.

Brown, John. *Systematic Theology: A Compendious View of Natural and Revealed Religion* (Grand Rapids: Reformation Heritage Books, 2015).

Bullinger, Henry. *The Decades of Henry Bullinger*. Editado por Thomas Harding. Grand Rapids: Reformation Heritage, 2004.

Butin, Philip Walker. *Revelation, Redemption, and Response: Calvin's Trinitarian Understanding of the Divine-Human Relationship*. New York: Oxford University Press, 1995.

Cajetan, Tommansode Vio, *The Analogy of Names and the Concept of Being*. Trans. Edward A. Bushinski. Eugene, OR: Wipf & Stock, 2009.

Carter, Craig A. "Contemplating God with the Great Tradition: An Interview with Craig Carter," *Credo Magazine*, June 22, 2020, Vol. 10, Issue 2. Agosto 12, 2020, https://credomag.com/article/contemplating-god-with-the-great-tradition.

Cessario, Romanus. "Aquinas on Christian Salvation." En *Aquinas on Doctrine. A Critical Introduction*. 117–137. Editado por Thomas Weinandy, Daniel Keating, John Yocum (London: T&T Clark International, 2004).

———. The Godly Image: Christ and Salvation in Catholic Thought from Anselm to Aquinas, *Studies in Historical Theology*, Vol. 6. Petersham, MA: St. Bede's Publications, 1989.

——. "St Thomas Aquinas on Satisfaction, Indulgence, and Crusades" in *Medieval Philosophy and Theology*, Editado por Mark D. Jordan. Notre Dame, IN: University of Nota Dame, 1992.

Cessario, Romanus and Cajetan Cuddy, Thomas and the Thomists: The Achievement of Thomas Aquinas and His Interpreters. Minneapolis: Fortress Press, 2017.

Calvin, John. *Institutes of the Christian Religion*. 2 vols. Editado por John

T. McNeill. Translated by Ford Lewis Battles. Philadelphia: The Westminster Press, 1977.

Chenu, M. D. *Aquinas and His Role in Theology*. Trans. Paul Philibert. Collegeville, MN: Liturgical Press, 2002.

Chesterton, G. K. *Saint Thomas Aquinas*. Nashville: Sam Torade Book Arts, 2019.

Dabney, Robert L. *Systematic Theology*. Edinburgh: Banner of Truth, 1996.

Davies, Brian. *An Introduction to the Philosophy of Religion*. Oxford: Oxford University Press, 1993.

———. *The Thought of Thomas Aquinas*. Cambridge, UK: Clarendon Press, 1993.

———. *Thomas Aquinas on God and Evil*. Oxford: Oxford University Press, 2011.

Deane, Jenifer Kolpacoff. *A History of Medieval Heresy and Inquisition*. Plymouth, UK: Rowman & Littlefield Publishing Group, 2011.

Dionysius. "The Divine Names." En *Dionysius the Areopagite on the Divine Names and The Mystical Theology.* Translated by C. E. Rolt. Berwick, MI: Ibis Press, 2004.

Emery, Gilles. *The Trinitarian Theology of St. Thomas Aquinas*, Translated by Francesca Aran Murphy. Oxford: Oxford University Press, 2007.

Feser, Edward. *Aquinas*. London: Oneworld Publications, 2020.

———. *Five Proofs of the Existence of God*. San Francisco: Ignatius Press, 2017.

———. *Neo-scholastic Essays*. South Bend, IL: St Augustine's Press, 2015.

———. *Scholastic Metaphysics: A Contemporary Introduction*. Lancaster, UK: Editiones Scholaticae, 2014.

Fesko, J. V. *Reforming Apologetics: Retrieving the Classic Reformed Approach to Defending the Faith*. Grand Rapids: Baker Academic, 2019.

Foster, Kenelm. ed., *The Life of Saint Thomas Aquinas: Biographical Documents*. Baltimore: Helicon Press, 1959.

Fuller, B. A. G. "The Theory of God in Book V of Aristotle's Metaphysics." En *The Philosophical Review*, Vol. 16, No. 2 (Mar., 1907): 170-183.

Garrigou-Lagrange, Reginal. *Reality: A Synthesis of Thomistic Thought*. Translated by Patrick Cummins. St. Louis: Herder, 1950.

Gilson, Etienne. *The Philosophy of St. Thomas Aquinas*. Translated by Edward Bullough. Editado por G. A. Elrington. New York: Dorset Press, 1948.

———. *The Spirit of Mediaeval Philosophy*. Notre Dame, IN: University of Notre Dame, 1991.

Goodman, Micah. *Maimonides and the Book that Changed Judaism*. Philadelphia: The Jewish Publication Society, 2015.

Goodwin, Thomas. "A Discourse of Election," in *The Works of Thomas Goodwin*. Volume 9. Edinburgh: James Nichol, 1864.

———. "The Knowledge of God the Father and His Son Jesus Christ," in *The Works of Thomas Goodwin*. Grand Rapids: Reformation Heritage Books, 2006.

Gordon, Bruce. *Calvin*. New Haven, CT: Yale University Press, 2009.

Grabmann, Martin, *Thomas Aquinas: His Personality and Thought*. Translated by Virgil Michel. New York: Longmans, Green and Co., 1928.

Harris, C. R. S. "Duns Scotus and His Relation to Thomas Aquinas." *Proceedings of the Aristotelian Society*. vol. 25, (1924): 219–246.

Helm, Paul. *John Calvin's Ideas*. Oxford: Oxford University Press, 2004.

———. "Nature and Grace." En *Aquinas Among the Protestants*. Oxford: Wiley Blackwell, 2018, 229–247.

Hick, John. "Ineffability." *Religious Studies*. vol. 36, no. 1, (2000): 35–46.

Hodge, Charles. *Systematic Theology*. Vol. 1. Grand Rapids: Eerdmans, 1981.

Janz, Denis R. *Luther and Late Medieval Thomism: A Study in Theological Anthropology*. Ontario: Wilfrid Laurier University Press, 1983.

———. Luther on Thomas Aquinas: The Angelic Doctor in the Thought of the Reformer. Translated by Denis Janz. Franz Steiner, 1989.

Johnson, Jeffrey D. *The Absurdity of Unbelief.* Conway, AR: Free Grace Press, 2016.

Kelley, Douglas. *Systematic Theology: Grounded in Holy Scripture and Understood in Light of the Church.* 2 vols. to date. Fearn, Ross-shire, Scotland: Christian Focus, 2008-2014.

Kilby, Karen. "Aquinas, the Trinity and the Limits of Understanding." International Journal of Systematic Theology. Volume 7, Number 4, (October 2005): 414–427.

Knasas, John F. X. "Aquinas' Ascription of Creation to Aristotle." *Angelicum.* vol. 73, no. 4, (1996): 487–505.

Leibniz, Gottfried. *The Monadology.* Translated by Nicholas Rescher. Pittsburgh, PA: University of Pittsburgh Press, 1991.

Letham, Robert. "John Owen's Doctrine of the Trinity in Its Catholic Context and Its Significance for Today." En *John Owen: The Life, Thought, and Writings of John Owen (1616–83).* Accessed March 30, 2020. http://johnowen.org/media/letham_owen.pdf.

———. *Systematic Theology.* Wheaton, IL: Crossway, 2019.

———. *The Holy Trinity: En Scripture, History, Theology, and Worship.* Phillipsburg, NJ: P&R Publishing, 2004.

Lovejoy, Arthur O. *The Great Chain of Being.* Cambridge, MA: Harvard University Press, 1976.

Luther, Martin. 'Disputation on Indulgence." En *Works of Martin Luther.* Grand Rapids: Baker, 1915.

McCall, Thomas H. "Trinity Doctrine, Plain and Simple," in *Advancing Trinitarian Theology.* Grand Rapids: Zondervan, 2014.

Maimonides, Moses. *Guide of the Perplexed.* Translated by Shlomo Pines. Chicago: University of Chicago Press, 1966.

Manschreck, Clyde Leonard. *Melanchthon, The Quiet Reformer* (New York:

Abingdon Press, 1958.

Maritain, Jacques. *St. Thomas Aquinas: Angel of the Schools*, Translated by J. F. Scanlan. London: Sheed & Ward, 1948.

Maurer, Armand. "Introduction." En *Thomas Aquinas Faith, Reason and Theology*: *Questions I–IV of his Commentary on the De Trinitate of Boethius*. Translated by Armand Maurer. Toronto: Institute of Mediaeval Studies, 1987.

———. *St Thomas Aquinas: Faith, Reason and Theology: Questions I-IV of His Commentary on the De Trinitate of Boethius*. Translated with by Armand Maurer. Toronto: Institute of Mediaeval Studies, 1987.

McGrath, Allister E. *Luther's Theology of the Cross*. Oxford: Blackwell, 1985.

McInerny, Ralph. *Aquinas Against the Averroists: On There Being Only One Intellect*. West Lafayette, IN: Purdue University Press, 1993.

———. *Praeambula Fidei: Thomism and the God of the Phosphors*. Washington, DC: Catholic University of America Press, 2006.

McWhorter, Matthew R. "Aquinas on God's Relation to the World." *New Blackfriars* 94, no. 1049 (2013): 3–19.

Melanchthon, Philipp. "Letter on the Leipzig Debate." En *Melanchthon: Selected Writings*. Translated by Charles Leander Hill. Editado por Elmer Ellsworth Flack and Lower J. Satre. Minneapolis: Augsburg Publishing House, 1962.

———. Luther and the Paris Theologians," En *Melanchthon: Selected Writings*. Translated by Charles Leander Hill. Editado por Elmer Ellsworth Flack and Lower J. Satre. Minneapolis: Augsburg Publishing House, 1962.

———. "Paul and the Scholastics." En *Melanchthon: Selected Writings*. Translated by Charles Leander Hill. Editado por Elmer Ellsworth Flack and Lower J. Satre. Minneapolis: Augsburg Publishing House, 1962.

Moser, Christian. "Heinrich Bullinger's Efforts to Document the Zurich Reformation: History and Legacy, En *Architect of Reformation: An In-*

troduction to Heimrich Bullinger, ed. Bruce Gordon and Emidio Campi. Eugene, OR: Wipf & Stock, 2019.

Muller, Richard, *Post-Reformation Reformed Dogmatics*, 2nd ed. 4 vols. Grand Rapids: Baker, 3003.

———. "Reformation, Orthodoxy, Christian Aristotelianism, and the Eclecticism or Early Modern Philosophy." *Nederlands Archief Voor Kerkgeschiedenis / Dutch Review of Church History* 81, no. 3 (2001): 306–325. Accessed July 13, 2021. http://www.jstor.org/stable/24011334.

Novak, Michael. *On Cultivating Liberty: Reflections on Moral Ecology*. Lanham, MD: Rowman and Littlefield Publishers, 1999.

O'Meara, Thomas F. *Thomas Aquinas Theologian*. Notre Dame, IN: University of Notre Dame Press, 1997.

O'Rourke, Fran. *Pseudo-Dionysius and the Metaphysics of Aquinas.* Notre Dame, IN: University of Notre Dame Press, 2010.

Pegis, Anton. "General Introduction." En *Saint Thomas Aquinas: On the Truth of the Catholic Faith, Summa Contra Gentiles, Book One: God*, Translated by Anton C. Pegis. Garden City, NY: Hanover House, 1955.

Peters, Edward. *Inquisition*. Berkeley: University of California Press, 1989.

Pieper, Josef. *The Silence of St. Thomas*. Translated by John Murray, S. J., and Daniel O'Connor. South Band, IN: St. Augustine's Press, 1963.

———. *Guide to Thomas Aquinas*. Translated by Richard and Clara Winston. New York, NY: Pantheon Books, 1962.

Pinnock, Clark. *Most Moved Mover: A Theology of God's Openness.* Grand Rapids: Baker Academic, 2001.

Pole, Reginald. *Pole's Defense on the Unity of the Church*. Translated by Joseph G. Dwyer. Westminster, MD: Newman, 1965.

Poythress, Vern S. The Mystery of the Trinity: A Trinitarian Approach to the Attributes of God. Phillipsburg, NJ: Presbyterian & Reformed, 2020.

Purro, Pasquale. *Thomas Aquinas: A Historical and Philosophical Profile.* Translated by Joseph G. Trabbic and Roger W. Nutt. Washington, DC:

The Catholic University of America Press, 2012.

Provine, William. "Scientists, Face It! Science and Religion are Incompatible." The Scientist, 2[16] (1988):10, September 5.

Reeves, Michael. *Delighting in the Trinity*. Downers Grove, IL: InterVarsity Press, 2012.

Reymond, Robert L. "Dr. John H. Gerstner on Thomas Aquinas as a Protestant." Westminster Theological Journal (Spring 1997): 113-121.

Russell, Bertrand. *Why I Am Not a Christian*. New York, NY: Simon & Schuster, 1957.

Schaff, Phillip. *History of the Christian Church*. Vol. 5. Grand Rapids: Eerdmans, 1960.

Schwertner, Thomas. *St. Albert the Great: The First Universal Doctor.* Post Falls, ID: Mediarix Press, 2018.

Sleidanus, Johannes. *The General History of the Reformation of the Church, From the Errors and Corruptions of the Church of Rome: Begun in Germany by Martin Luther*. London: Edw, Jones.

Stump, Eleonore. "Atonement According to Aquinas." En *Philosophy and the Christian Faith*. Editado por Thomas V. Morris. Notre Dame, IN: University of Notre Dame, 1988.

Thornwell, James Henley. "Theological Lectures." En *The Collected Writings of James Henley Thornwell.* Vol. 1. Edinburgh: Banner of Truth, 1986.

Torell, Jean-Pierre. *Christ and Spirituality in Thomas Aquinas*. Washington, DC: The Catholic University of America Press, 2011.

———. *St. Thomas Aquinas*. Volume 1. *The Person and His Works*. Translated by Robert Royal. Washington, DC: The Catholic University of America Press, 2005.

Turretin, Frances. *Institutes of Elenctic Theology*. Translated by George Musgrave Giger. Editado por James T. Dennison, Jr. Vol. 1. Phillipsburg, NJ: Presbyterian and Reformed Publishing, 1992.

Van Til, Cornelius. *An Introduction to Systematic Theology*. 2nd ed. Editado por William Edgar. Philipsburg, NJ: P&R, 2007.

———. *The Defense of the Faith*. Phillipsburg, NJ: Presbyterian and Reformed, 1967.

Vos, Arvin. *Aquinas, Calvin, and Contemporary Protestant Thought: A Critique of Protestant Views on the Thought of Thomas Aquinas*. Grand Rapids: Christian University Press, 1985.

Vos, Geerhardus. "Theology Proper." En *Reformed Dogmatics*, Translated and edited by Richard B. Gaffin. Bellingham, WA: Lexham Press, 2012–2014.

Vost, Kevin. *St. Albert the Great: Champion of Faith and Reason*. Charlotte, NC: Tan Books, 2011.

Warfield, B. B. "Calvin and Calvinism." En the *Works of B. B. Warfield*, 10 Vols. Grand Rapids: Baker Book House, 2003.

———. *Biblical Doctrine*. Edinburgh: Banner of Truth, 1988.

SOBRE EL CÁNTARO INSTITUTE

Heredar, Informar, Inspirar

El Cántaro Institute es una organización evangélica reformada comprometida con el avance de la cosmovisión cristiana para la reforma y renovación de la iglesia y la cultura.

Creemos que a medida que la iglesia cristiana regresa al manantial de las Escrituras como su autoridad máxima para todo conocimiento y vida, y aplica sabiamente la verdad de Dios a cada aspecto de la vida, su actividad misiológica resultará no solo en la renovación de la persona humana, sino también en la reforma de la cultura, un resultado inevitable cuando el verdadero alcance y naturaleza del evangelio se dan a conocer y se aplican.

www.ingramcontent.com/pod-product-compliance
Lightning Source LLC
Chambersburg PA
CBHW021616120626
46545CB00001B/252

* 9 7 8 1 9 9 8 7 1 1 2 4 6 *